JN042563

試験対応

新

らくらく
ミクロ・マクロ経済学入門

計算
問題編

茂木喜久雄 [著]
Kikuo Mogi

講談社

はじめに

　「経済学」を短期間で習得しなければならない人の数は年々増加傾向にあります。

　「経済学」は、公務員試験における最大の主要科目であり、また公認会計士試験や不動産鑑定士試験など、各種資格試験突破に必要な科目でもあり、最大の難関だといわれています。

　「経済学」の出題パターンは、計算問題、文章問題、記述・論文試験に大別されます。その中で多くの受験生を悩ますものが計算問題です。

　本書は、『新・らくらくミクロ経済学入門』、『新・らくらくマクロ経済学入門』を基礎に、グラフを使って計算問題を解くという新しい手法を用いています。

　経済学の計算問題というのは、無理に解答の仕方を公式化したり、暗記したとしても、そのままの問題が出題されれば良いですが、ひねった問題には対応することができません。しかし、「なぜ、そうなるのか」ということを意識し、その問題の背景にあるグラフを理解していれば、必ず突破口が開け、複雑な問題でも単純なレベルへと噛み砕くことが可能になるはずです。

　また、計算問題は一般の文章問題のような思考や正誤判定の手間がなく、正答は常に１つになります。これは、言い方をかえれば、得意科目になれば試験において大きな得点源になりうるということです。是非、本書によって、楽しみながら計算の真の実力と合格を勝ち取ってください。

「夢を持つことの大切さ」そして「学習する楽しさ」

　大きな目標に向かって進むとき、最初は誰でも「夢を持つこと」から始まっています。

　その「夢」は、誰にでも必ず実現できると信じています。

　そのために毎日のチャレンジがあり、反復練習があり、次のステップへ躍進できるのです。

　　　　「やればできる！」

　本書が、皆様の夢実現のためのバネになることを熱望しております。

　資格試験や就職試験の合格者からの喜びの声が絶えません。次はあなたの番です。

◆「新・らくらくミクロ・マクロ経済学入門 計算問題編」の新装にあたって

　15年にわたってご愛願いただき、多くの読者に支えられ、読者の要望に応えながら進化してきた『らくらくミクロ・マクロ経済学入門 計算問題編』、そして『新・らくらくミクロ・マクロ経済学入門 計算問題編』はこのたび、講談社サイエンティフィクの皆さまのご協力により、さらにパワーアップして再スタートすることになりました。

　らくらく経済学入門シリーズの意志を引き継ぐ、講談社サイエンティフィクの皆さまに深く感謝するとともに、今後も資格試験や就職試験をめざす読者とともに歩み、夢実現に役立つような有用なテキストにしていきたいと熱望しています。

茂木経済塾　塾長　茂木喜久雄

◆経済学の情報はインターネットで、
　著者主宰ホームページをご利用ください。

＜茂木経済塾＞
「経済学」に関する解説や試験情報などの情報発信基地です。
www.mogijuku.jp
＜経済学の杜＞
www.oshie.com（おしえコム）
ここは「公務員試験」を中心とする情報が満載です。

第2章　マクロ経済学

解法テクニックを効率的に短期間で身につける工夫がいっぱい！

能率アップ 本書の特色と使い方

目的

　本書は既刊の経済学の入門書『新・らくらくミクロ経済学入門』『新・らくらくマクロ経済学入門』に対応した計算問題集となっています。

　初めて経済学を学ぶ方にとっても、計算問題が苦手だという方にとっても、

①入門書で学んだ学習効果を確認することができる。

②間違えたところも、基本的な理論や考え方を再確認しながらに身につけられる。

③入門書から、さらに発展した新しい知識が身につけられる。

以上の３点を主な目的としています。

　高度な数学の代表ともいえる微分などの難しい数式には、最初はなかなかなじめないものです。そこで、入門書同様に微分や数式を知らなくても簡単に理解できるように、グラフを中心に解説しています。経済学を長年講義して、さまざまな受講生を指導してきた、著者ならではのアイディアあふれる解説法や、つまずきやすい箇所のフォローなどを加えていますので、安心してご利用ください。

特色と使い方 数式嫌いの方でも大丈夫！

◇プロセス学習で計算過程を可視化

　入門書『新・らくらく経済学入門』で好評のプロセス学習を取り入れ、理解しやすくなっています。段階を追って、グラフや数式を変化させていくので、考え方がわかります。

◇《出題者の狙い》《解答のポイント》がわかる

　各項目の最初に、出題者がその問題を出題する意図を紹介しています。

　出題者の意図がわかれば、解答のポイントを簡単につかむことができます。確実に得点が取れる解答法をマスターできます。

◇掲載問題は入門から応用まで

　本書のレベルは入門・基本・発展・応用問題の４種類。簡単な問題から解いていき、徐々にレベルアップがはかれます。

◇問題と解答の間にひと工夫

　問題の後はすぐ解答ではなく、《考え方と解法のポイント》を設け、解答の糸口がつかめるよう、考え方をじっくり指導しています。

◇著者のオリジナル学習法を提供

　三角形を利用した計算法（茂木式・攻略三角形）やグラフから曲線を導出する方法など、アイディアあふれる学習法で、数学が苦手な方にもわかりやすく解説しています。

◇入門書で扱わなかった論点を習得できる

　入門書『新・らくらく経済学入門』にはあえて掲載しなかった論点に関する問題も収録しています。本書で初めて学習することになりますが、入門書同様にわかりやすい解説でフォローしています。

◇入門書との併用で論点を再確認できる

　入門書『新・らくらく経済学入門』の関連ページが掲載してあります。ミスがあっても簡単に入門書に戻って再確認できるから安心です。

◇補足情報も充実

　本文への理解をより深めるために、ページの右サイドで補足事項や関連事項を解説しています。

　それでは、このような特色が実際のページでどのように活かされているか見ていきます。

『読んでわかる』から『見てわかる』

　難しい計算問題の解法を、文章だけの解説を読んで身につけるのは困難です。ましてや、難しい数式が並んでいるだけの解説では、見ただけで学習意欲がわかなくなってしまいます。そこで本書では、入門書の『新・らくらく経済学入門』と同様、経済学を学ぶうえで必要不可欠なツールともいえるグラフを活用し、視覚も使いながら解説していきます。難しそうに見える問題もグラフを使って理解することで、スラスラと確実に理論が身につきます。

 プロセス学習で考え方が「見える」

　『新・らくらく経済学入門』で好評のプロセス学習を採用しています。結論だけでなく、考え方の過程までわかるように、思考のプロセスをグラフや数式を使い、順を追って学んでいきますので、初学者でもわかりやすく学習できます。

〈グラフによるプロセス学習の例〉

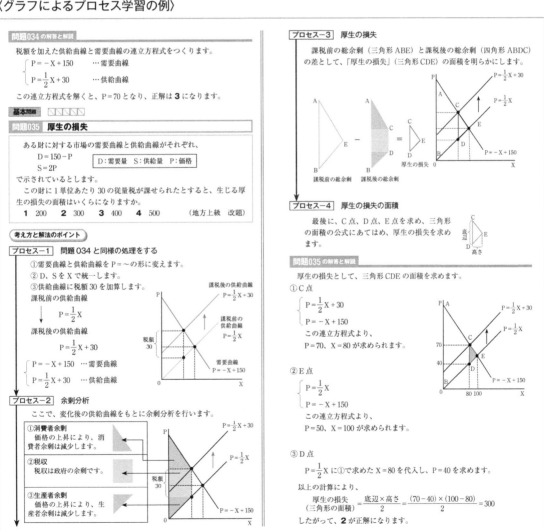

「出題者の狙い」「解答のポイント」を知れば、満点解答が見えてくる！

　出題者の狙いがわかり、解答のポイントを理解していれば、得点確保は容易です。各種資格試験の受験生を合格に導いてきた実績のある著者が、過去の出題傾向から出題者がどんな論点の力を試そうとしているのかを分析し、その出題意図に合致した解法を徹底指導します。

掲載問題は入門から応用まで

　各 Unit には問題を段階的に掲載してあります。問題のレベルによって「入門問題」「基本問題」「発展問題」「応用問題」の４種類に分かれています。

入門問題：理論と考え方から理解してもらう問題

基本問題：基本的な考え方や理論を十分に理解しているかの確認問題

発展問題：基本的な考え方や理論を自由に駆使できるかの実践問題

応用問題：他の学習項目との関連性など、経済学全般の理解を確認する総合理解問題

完全理解まで何度も繰り返し学習できる

　チェック欄（□）に✓をつけておくと、再学習するときに「前回の学習でどこを間違えたのか」がわかり、自分の理解度を知り、復習に便利です。

各 Unit に試験情報を掲載

　各資格試験の最新出題傾向などがわかり、学習の対策が立てやすくなります。

問題と解答の間にひと工夫

　問題を読んで、最初からつまずいた方へのフォローです。解法の糸口が見つけられない場合、いきなり解答ではなく、考え方のヒントが用意されています。ここで、方向性を確認して、問題を解いていきましょう。もちろん誤答だった場合の基本チェックとしても使えます。

Unit（学習項目）ごとに各種資格試験の難易度＆予想出題率を表示！

　本書は、特に資格試験受験者の方のために、各資格試験に応じて Unit ごとに予想出題率を表示しました。この出題率は過去の出題傾向を参考にしたものです。予想出題率はマークによる４段階表示（☆→◎→○→◇の順に出題の可能性が下がります）で示してあります。

　また、難易度（AA→A→B→Cの順に難度が下がります）も表示しました。自分の目標とする資格試験に合わせて参考にしてください。

 用語解説・補足説明・各種情報も充実

　各ページの右サイドでは、本文中に使用した専門用語などの解説、あるいは補足説明を記載しています。また、試験の傾向や対策についての情報も提供しています。さらにそれ以外にもいくつかの情報があります。これらの解説や情報は内容によって、マークがついています。このマークと内容は下記のように分類されています。

絶対に覚えないといけない重要項目。	本文中に出てきた用語の解説。	本文中に出てきた記述の補足説明。
他の項目との関連、および参照ページ。	資格試験の出題傾向や対策に関する記述。	

※ これ以外のものは◆で表しています。

 入門書との併用で論点を再確認できる

　本書は、入門書の『新・らくらく経済学入門』との連携にも配慮しました。入門書での確認が簡単にできるように、関連 Unit を各ページの右サイドに表示してあります。わからない論点、あるいは忘れてしまった論点の確認にお使いください。

入門書で扱わなかった問題で知識の拡大

　入門書の段階では理解しにくいために、あえて掲載しなかった論点があります。本書では、そうした論点に関する問題も収録し、プロセス学習による丁寧な解説で、展開していきます。これで、さらに高度な問題にも取り組むことが可能になっています。

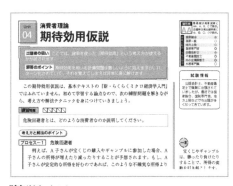

著者のユニークなオリジナル学習法で『難しい』を『簡単』に！

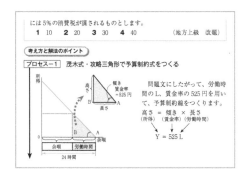

　本書では、多くの受講生を指導してきた著者の経験を生かし、アイディアあふれるオリジナル学習法（茂木式）を提供しています。

　例えば、数学が苦手な方に向けた、三角形を利用した計算法（茂木式・攻略三角形）や、方程式を数式からではなく、グラフから導出する方法など、実戦に役立つユニークで簡単な学習法です。

難易度 & 出題率表（資格試験別予想出題率付）

①難易度
　各種試験での初学者の受験生の反応や試験などの正解率を参考に、Unit ごとに難易度を表示してあります。難度の高い順に AA→A→B→C と表しています。

②出題率
　資格試験別に近年のデータをもとに抽出し、出題の可能性を予測しています。出題率の高い順に☆→◎→○→◇と表しています。

資格省略表記（表内）
国総：国家公務員総合職（大卒程度、平成 23 年度以前の国家Ⅰ種に対応）
国一：国家公務員一般職（行政、平成 23 年度以前の国家Ⅱ種に対応）
地上：地方上級　　国税：国税専門官　　公会：公認会計士　　不鑑：不動産鑑定士
中診：中小企業診断士　　外専：外務専門職

	難易度	資格試験別・予想出題率							
		国総	国一	地上	国税	公会	不鑑	中診	外専
Unit01　最適消費計画	B	◎	☆	◎	○	◎	○	◇	◇
Unit02　異時点間の消費理論	A	◎	◇	○	○	◎	○	◇	◇
Unit03　労働供給量の決定	A	◎	○	○	○	◎	○	◇	◇
Unit04　期待効用仮説	AA	☆	◇	◇	◎	☆	◎	◎	○
Unit05　需要の価格弾力性	C	○	☆	◎	◇	◇	○	○	○
Unit06　価格と生産量	B	○	◎	☆	○	○	○	☆	○
Unit07　最適生産計画	A	☆	◎	◇	◇	☆	◇	◇	◇
Unit08　租税の効果	C	○	☆	○	☆	◎	☆	◇	◇
Unit09　独占企業の行動	B	◎	☆	○	☆	◎	○	○	○
Unit10　複占市場	AA	☆	◇	○	◎	◎	◎	◇	○
Unit11　ゲーム理論	B	☆	◇	☆	○	○	○	☆	○
Unit12　公共財	C	○	○	◎	○	○	○	◇	○
Unit13　外部不経済	AA	☆	◇	◎	○	☆	☆	○	○
Unit14　費用逓減産業	B	◎	○	◎	○	○	○	◇	◇
Unit15　国際貿易	A	◎	○	◎	○	○	◇	◇	◇
Unit16　マクロ経済モデル	B	○	☆	◎	◎	◎	☆	◎	◎
Unit17　信用創造乗数	C	☆	☆	☆	○	○	○	☆	◎
Unit18　貨幣需要と資産価格	AA	◎	◇	○	○	○	☆	○	◇
Unit19　貨幣需要の各論	A	○	○	○	○	○	◎	◎	○
Unit20　投資関数の各論	A	○	○	○	○	◎	○	○	○
Unit21　IS－LM 分析の計算	B	◇	○	◇	☆	☆	◎	☆	○
Unit22　物価と所得水準	A	◎	○	○	○	◎	○	◇	○
Unit23　経済成長論	AA	☆	◇	◇	◎	◎	○	○	◎
Unit24　産業連関表	B	◎	○	○	◇	○	○	◇	◇
Unit25　国民経済計算	C	◇	◇	◎	◇	○	◇	☆	◇

※地方上級の試験傾向の中には、市役所上級も含まれています。

序　章

らくらく便利

微分のルール
無限等比級数のルール

微分なんて、攻略三角形と計算式の基本ルールで超らくらく

らくらく便利 微分のルール

試験攻略に必要な微分の知識は、基本的なもので十分です。道具の1つとして使えること、そのルールを知ることが重要であって、特に数学的な背景や理論を知る必要はありません。

■グラフのイメージ

経済学を難しいと思わせる大きな原因の1つに「**微分**」というものがあります。最初から、何の理由もなく微分をやるように言われれば、誰でもつらい作業になりますが、実は、普段、誰もが実際に使っているツールなのです。

微分の考え方を、具体的なものを使って見てみましょう。

例えば、A子さんが紙飛行機を投げたときに以下のようなグラフが描けたとします。そこで、この紙飛行機が一番高く上昇したときに「どのような様子だったのか？」という問いに、どのように答えるか考えてみます。

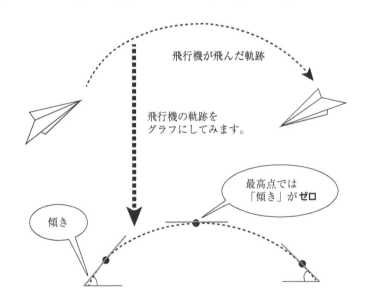

飛行機が飛んだ軌跡

飛行機の軌跡をグラフにしてみます。

傾き

最高点では「傾き」が**ゼロ**

遠くに飛ばそうとすると、力任せではく、どれくらいの角度で飛ばせば良いのか考えるよね！　経済学ではその「傾き」をとても考えることになるんだ。

紙飛行機の飛び方には「一定の法則」があります。その飛行線の「傾き」に注目してください。そうすると、一番高く上がったところは、傾きがゼロになっていることがわかります。紙飛行機は最高点に達するまでは上向きですが、最高点では水平（傾きゼロ）になり、それ以降は下向きになっています。

本書では、微分する作業を難しい計算ではなく、この「傾き」という概念を使って、簡単に答えを出していきます。微分という考え方は、経済学では多く使いますが、この方法を身につけておくと便利です。

簡単に言えば、角度によって分析してしまおうということです。

■グラフを作成する

経済学で微分を使う目的がわかったら、今度は、実際にグラフの「傾き」を追っていきます。そして元のグラフを微分した新しいグラフを作ってみましょう。この微分したグラフは経済学では、「**限界○○曲線**」という名称になります。

例えば、左下のグラフを微分すると、右下のグラフになります。

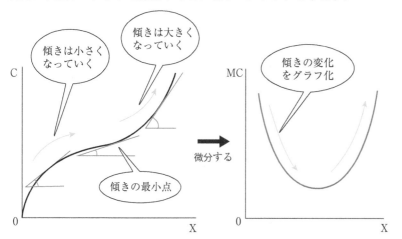

ここで、分度器を使って正確なものを用意する必要はありません。左上の図は、原点から見ていくと、だんだん傾きが小さくなっていくのがわかります。そして、一番傾きが小さくなったところを境目に、今度はだんだん大きくなっていきます。

次に、この性質を右のグラフで描いていきます。単純に「傾き」の大きさをグラフにするのですから、傾きがだんだん小さくなり、その後、大きくなっていく様子が示されます。

このような微分という作業を通じて導出されたグラフは、経済学では「限界」という言葉を付けて「**限界○○曲線**」と呼び、記号で表す場合は頭に**M**を付けます。例えば、Cというグラフを微分すると限界C（MC）という名称になるのです。

そして、この傾きの求め方なのですが、まず、曲線に接線を引き、三角形を作ります。傾きは「高さの変化分÷長さの変化分」で示されます。

また、「変化分」とは変化した量なのですが、変化量が大きいときは「⊿（デルタ）」を使い、変化量が微小のときは、「d（デルタ）」を使います。

簡便に処理するために、変化量は⊿を使うことが多いと思います。

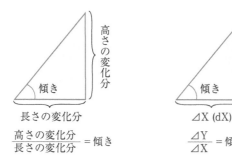

用語

例えば、効用関数の傾きをグラフにすると、限界効用曲線が描かれます。

効用がUで表されるので、限界効用はMUとなります。

用語

「限界」を表すMは、Marginal（マージナル）の頭文字です。マージンの派生語なので「増加分」のイメージができます。

用語

厳密には、⊿は変化分で、dは微分で使用します。

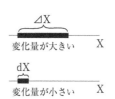

■ 表記上のルール

$5X^3$ を X で微分するときの表記は、

$$\frac{\Delta(5X^3)}{\Delta X} \cdots ① \quad または、(5X^3)' \cdots ②$$

となります。①の表記は割り算をするわけではなく、分数の形式で表されるということです。②は、肩に「′」を付けます。「′」はダッシュではなく、プライムと読みます。

■ 計算のルール

X^n を微分すると、次のようになります。

X の n 乗を微分する場合、(1)→(2) の手順で作業を行います。

> (1) 肩の数字を前の数字に掛ける。
> (2) 肩の数字から1を引く。
>
> $$(X^n)' = X^n = nX^{n-1}$$

この公式だけ見ると、どんな手順かはわからないので、プロセスを示します。

(1) X^n は肩の数字が n です。この数字を X の前の数字に掛けます。X^n は、X の前に数字の1があるはず（X＝1×X）なので、1に肩の数字 n を掛けます。

(2) 次に、肩の数字 n から1を引きます。

　微分とは、数式では単純にこの作業だけです。いくつかの練習問題を解きながら身につけていきましょう。

練習問題−1　$3X^2$ を X で微分しましょう。

(1) 肩の数字が2ですから、2を X の前の数字3に掛けます。

(2) 肩の数字の2から1を引きます。

　$3X^2$ を X で微分すると、6X になります。$6X^1$ なのですが、1乗は省略されます。

　　$(3X^2)' = 3 \times 2 \times X^{2-1} = 6 \times X^1 = 6X$

答え　6X

練習問題−2　7X を X で微分しましょう。

(1) 7X は肩の数字が1です。$7X^1$ が本来の姿で1が省略された形になっています。ですから、肩の数字1を X の前の数字7に掛けます。

(2) 肩の数字は1ですから、肩の数字から1を引いたら0になります。この X の0乗とは、1のことですから、$X^0 = 1$ となり X の文字も消えてしまいます。

　結局、7×1になってしまいます。

　　$(7X)' = 7 \times 1 \times X^{1-1} = 7 \times X^0 = 7 \times 1 = 7$

答え　7

練習問題―3 5 を X で微分しましょう。

X の肩に数字がないのに、どうやって公式にあてはめるのだろうと思います が、ここは無理矢理に肩の数字を作ってしまいます。

$X^0 = 1$ ですから、$5 = 5X^0$ ということにします。

すると、肩の数字 0 を X の前の数字 5 に掛けます。

この段階で $5 \times 0 = 0$ ですから、0 に何を掛けても 0 です。

これで完了です。

$$(5)' = 5 \times X^0 = 5 \times 0 \times X^{0-1} = 0 \times X^{-1} = 0$$

答え　0

練習問題―4 $6X^3 + 2X^2 + 7X + 8$ を X で微分しましょう。

$$(6 \times 3 \times X^{3-1}) + (2 \times 2 \times X^{2-1}) + (7 \times 1 \times X^{1-1}) + (8 \times 0 \times X^{0-1})$$
$$= (18 \times X^2) + (4 \times X) + (7 \times X^0) + (0 \times X^{-1})$$
$$= 18X^2 + 4X + 7 + 0$$
$$= 18X^2 + 4X + 7$$

答え　$18X^2 + 4X + 7$

　経済学の中では、この微分の知識は非常に役立ちます。

　「食わず嫌い」では不健康になってしまいますから、このルールを覚えて、 おいしくいただきましょう。

COLUMN：よくある質問

Q なぜ、$X^0 = 1$ なのですか？

A これは、とても簡単な考え方でわかります。まず、解くための道具 をそろえます。

(1) $X^1 = X$ です。これはいいですね。

(2) 次に、X^{-1} は？ と聞かれると、黙ってしまうかもしれません が、これは、$\frac{1}{X}$ になります。分数は、肩の数字にマイナス（－） を付けて表すというルールがあります。

　　すると、$X^0 = X^{1-1} = X^1 \times X^{-1} = X \times \frac{1}{X} = \frac{X}{X} = 1$ になります。

無限等比級数なんて、考え方と公式で超らくらく

無限等比級数のルール

マクロ経済学を学習する上で重要な計算パターンとして「無限等比級数の和」という少し難しそうなものがあります。計算式は難解に見えますが、要領をつかめば非常に簡単に解くことができるのです。

このテーマを考える前に非常に関連がある「アキレスと亀のパラドックス」のお話を先に紹介しておきます。

〈アキレスと亀のパラドックス〉
　あるところに足の速いアキレスと足の遅い亀がいて、二人が競走をすることになりました。しかし、亀の後からスタートしたアキレスは、先を歩く亀をいつまでたっても追い越すことができません。

現実には、楽々追い越すことができるはずですが、以下のプロセスにしたがって解説します。

プロセス–1

　話を単純化させるために、アキレスの走る速さは、亀の2倍とします。
　アキレスは、亀より10m後ろからスタートし、亀を追い越そうと走ります。

プロセス–2

　次に亀とアキレスの距離を表します。
①アキレスが10m進むと、
　　その間に亀は5m進みます。
②アキレスが5m進むと、
　　その間に亀は2.5m進みます。
③アキレスが2.5m進むと、
　　その間に亀は1.25m進みます。
　実際には簡単に追い抜けるはずですが、このような上記の説明では、いつまでも追い抜けないのはなぜでしょう。

プロセス–3

　本来、2倍の距離を進むことができるアキレスは、20m先で追いつけるはずです。しかし、実はこの話は、進む距離が無限に小さくなっていって、20mにならないようになっているのです。

確認問題
　アキレスの進む距離は以下の式で表され、無限に足し合わされる形になります。結局、距離は何mになるでしょうか。
　　距離 = 10m + 5m + 2.5m + 1.25m + ……

補足

「アキレスと亀のパラドックス」の話は、紀元前5世紀頃の古代ギリシャの哲学者ゼノンが提示したもので、「ゼノンのパラドックス」として紹介されています。

一言

このパラドックスにマクロ経済学で頻繁に使う計算のヒントが隠されているよ！

確認問題の解答と解説

　距離 = 10 m + 5 m + 2.5 m + 1.25 m + ……

　上式のように、最初の数字（初項）に一定の数値（公比）を掛け算したものが次の項になり、また次の項はその値に同じ数値を掛け算したものになるという作業を繰り返した数列をなし、それが無限に続くものを無限等比級数といいます。この無限等比級数の和の計算を考えた場合、正の数を無限に足していくのですが、答えは無限にはなりません。

考え方－1

　距離 = 10 m + 5 m + 2.5 m + 1.25 m + ……

　　↓ 変形します。

　距離 = $10\,\text{m} + \dfrac{10}{2}\,\text{m} + \dfrac{10}{4}\,\text{m} + \dfrac{10}{8}\,\text{m} + \cdots$

　まず、距離を S とおき、上式を①とします。

　$S = 10\,\text{m} + \dfrac{10}{2}\,\text{m} + \dfrac{10}{4}\,\text{m} + \dfrac{10}{8}\,\text{m} + \cdots$①

この式の各項の関係を観察すると、分母が 2 倍ずつ大きくなっています。これは、公比が $\dfrac{1}{2}$ と考えます（つまり、$\dfrac{1}{2}$ の掛け算になっています）。

　次に、①式に公比 $\dfrac{1}{2}$ を両辺に掛け算した式を②式とします。

　$\dfrac{1}{2}S = \dfrac{10}{2}\,\text{m} + \dfrac{10}{4}\,\text{m} + \dfrac{10}{8}\,\text{m} + \dfrac{10}{16}\,\text{m} + \cdots$②

　ここで①式から②式を引き算します。

$$S = 10\,\text{m} + \dfrac{\cancel{10}}{\cancel{2}}\,\text{m} + \dfrac{\cancel{10}}{\cancel{4}}\,\text{m} + \dfrac{\cancel{10}}{\cancel{8}}\,\text{m} + \cdots ①$$

$$- \Big) \dfrac{1}{2}S = \dfrac{\cancel{10}}{\cancel{2}}\,\text{m} + \dfrac{\cancel{10}}{\cancel{4}}\,\text{m} + \dfrac{\cancel{10}}{\cancel{8}}\,\text{m} + \dfrac{10}{16}\,\text{m} + \cdots ②$$

$$\left(1 - \dfrac{1}{2}\right)S = 10\,\text{m}$$

（引き算をするので、$\dfrac{10}{2}$ 以降の数値はすべて消えてしまいます）

$$\dfrac{1}{2}S = 10\,\text{m} \quad \rightarrow \quad S = 20\,\text{m}$$

　アキレスは 20 m 地点で亀に追いつけるはずなのに、進む距離は無限に足し算されてようやく 20m になるのですから、いつまでも追いつけないというパラドックスになっていたわけです。

考え方－2

　無限等比級数の和の公式 $\dfrac{\text{初項}}{1 - \text{公比}}$

　無限等比級数の和は、マクロの問題で頻繁に登場してくるので、考え方さえ理解しておけば、公式を使って解くこともできます。

　この問題では、初項が 10 m で、公比が $\dfrac{1}{2}$ なので公式にあてはめます。

$$\dfrac{\text{初項}}{1 - \text{公比}} = \dfrac{10\,\text{m}}{1 - \dfrac{1}{2}} = \dfrac{10\,\text{m}}{\dfrac{1}{2}} = 10\,\text{m} \div \dfrac{1}{2} = 10\,\text{m} \times 2 = 20\,\text{m}$$

補足

無限等比級数の和の例

　1 枚のピザを半分に切り、またそれを半分にし、そのまた半分に切ることを続けたとします。この切ったピザを全部足し合わせてもピザの数は 1 枚より多くはなりません。

　つまり、分割は無限に可能ですが、それをいくら足し合わせても、ピザ自体の量は増えないという考え方です。

◆式の①−②の計算では、式②の最後の項の数値は消えずに残ってしまいます。この数値は、限りなく 0 に近いものであり、取り去っても影響はありません。

◆S は $1 \times S$ のことで、通常は S の前の数値である 1 が省略されています。

　ですから、$S - \dfrac{1}{2}S$ は、$\left(1 - \dfrac{1}{2}\right)S$ の形でくくれます。

第 **1** 章

ミクロ経済学

計算問題

Unit 01 消費者理論
最適消費計画

難易度	難易度は高難度順に AA、A、B、Cで表示。 出題率は高出題率順に ☆、◎、○、◇で表示。

B

資格試験別・予想出題率	
国家総合	◎
国家一般	☆
地方上級	◎
国税専門官	○
公認会計士	◎
不動産鑑定士	○
中小企業診断士	◇
外務専門職	◇

出題者の狙い 消費者理論の計算問題は、どの試験でも頻出です。その理由は、ミクロ経済学の中の基本が多く含まれているからです。

解答のポイント 基本的には微分の作業が最重要課題であり、最適消費量の計算における3パターンの解き方をマスターすることです。

▶基本テキスト『新・らくらくミクロ経済学入門』Unit01 関連

試　験　情　報

　国家一般、地方上級では毎年のように出題されます。国家総合、不動産鑑定士、公認会計士も単独での出題はなくても、論点に組み込まれるので要注意です。

基本問題 ▽▽▽▽▽▽

問題001　最適消費量の計算－1

　2財 X、Y を消費するある個人の効用関数が、U＝2XY（U：効用水準、X：X 財の消費量、Y：Y 財の消費量）で示されています。

　X 財の価格が2、Y 財の価格が4、所得が144であるとき、効用を最大にしようとするこの個人は、X 財をいくら消費するでしょうか。

　1　24　　**2**　36　　**3**　40　　**4**　50

（地方上級　改題）

考え方と解法のポイント

　最適消費計画は、グラフ上では無差別曲線と予算制約線が接している E 点において、それぞれ X 財、Y 財の最適消費量が決定され、X*、Y* で表されます。

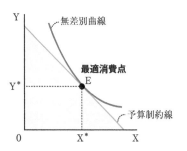

　計算上では、解法のテクニックとして3通りあります。

　①加重限界効用均等の法則を使うパターン

　②微分してゼロとおくパターン

　③裏ワザを使うパターン

◆**最適消費量の考え方**

　無差別曲線と予算制約線が接する点であり、均衡式は、限界代替率＝価格比になります。

 Unit01

問題001 の解答と解説

解法パターン①
加重限界効用均等の法則を使うパターン

プロセス－1　予算制約式をつくる

〈予算制約式〉
$$M＝P_X・X＋P_Y・Y$$

所得　X 財の消費量　Y 財の消費量
X 財の価格　Y 財の価格

　ここで仮定として、消費者は持っている所得をすべて X 財と Y 財の購入に使い果たすことを前提に予算制約式がつくられます。左の式に問題文の「X 財の価格が2、Y 財の価格が4、所得が144」の各数値をあてはめると、

　　144＝2X＋4Y　…①

となります。

◆**最適消費量の計算**

　消費者は予算制約のもと、2種類の財の購入量（消費量）を決定します。

 【らくらく計算】最適消費量の計算

プロセス−2 加重限界効用均等の法則

最適消費点では以下の条件が成立します。

$$\frac{X\text{財の限界効用}}{X\text{財の価格}} = \frac{Y\text{財の限界効用}}{Y\text{財の価格}}$$

X 財の限界効用：MU_X
Y 財の限界効用：MU_Y

X 財の限界効用とは、効用関数 $U = 2XY$ を X で微分することで求められます。

$$MU_X = (2XY)' = 1 \times 2X^{1-1} \times Y = 2X^0 \times Y = 2 \times 1 \times Y = 2Y$$

※ XY を X で微分するとき、他の記号 Y は数値と同じように処理します。

Y 財の限界効用とは、効用関数 $U = 2XY$ を Y で微分することで求められます。

$$MU_Y = (2XY)' = 2X \times 1 \times Y^{1-1} = 2X \times 1 \times Y^0 = 2X \times 1 \times 1 = 2X$$

※ XY を X で微分するとき、他の記号 X は数値と同じように処理します。

次に、求めた数値をあてはめます。

$$\frac{2Y}{2} = \frac{2X}{4} \xrightarrow{\text{整理する}} X = 2Y \quad \cdots ②$$

プロセス−3 連立方程式を解く

プロセス−1と2より導出した式で連立方程式を組み立てます。

$$\begin{cases} 144 = 2X + 4Y & \cdots ① \\ X = 2Y & \cdots\cdots\cdots ② \end{cases}$$

これを解いて $X = 36$、$Y = 18$ を導出します。正解は **2** になります。

解法パターン②
微分してゼロ（0）とおくパターン

プロセス−1 予算制約式をつくる

$$144 = 2X + 4Y \quad \cdots ①$$

プロセス−2 効用関数への代入

$144 = 2X + 4Y \quad \cdots$①を X = の式にします。

$X = 72 - 2Y$ とし、効用関数 $U = 2XY$ に代入します。

プロセス−3 微分してゼロにする

〈効用関数〉
$$U = 2XY$$
$$= 2(72 - 2Y)Y$$
$$= 144Y - 4Y^2$$

効用が最大になるということは、U を Y で微分して 0 のときなので、
$$(144Y - 4Y^2)' = 144 \times 1 \times Y^{1-1} - 4 \times 2 \times Y^{2-1} = 144 - 8Y = 0$$

$8Y = 144$ より、$Y = 18$ が求められます。

同様に $Y = 18$ を予算制約式に代入して、$X = 36$ を出します。

◆**加重限界効用均等の法則**

1 円あたりの限界効用が両財で等しくなっている状態です。

◆**微分の計算**

14 ページの【らくらく便利】『微分のルール』を参照。

もしもに備えて、3パターンを身に付けておこう！

微分してゼロ

効用を最大にするのですから、グラフ上では傾きがゼロになっているはずです。

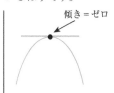
傾き＝ゼロ

【らくらく計算】最適消費量の計算

解法パターン③
コブ゠ダグラス型ならば、裏ワザを使うパターン

コブ゠ダグラス型は、$U = X^a Y^b$ のように効用関数が右肩の小さい数字（指数）を持った掛け算の形のものです。この問題の効用関数はコブ゠ダグラス型なので、以下のような手順で簡単に求めることができます。

プロセス−1

実は、このような効用関数の場合、指数は何乗を示しているのではなく、その財への支払ったお金（支出額）の割合を示していると考えます。
つまり、$U = 2XY$ の場合は、$U = 2X^1 Y^1$ と書き換えれば、X財とY財への支出額に占める割合は1:1の関係になっているということです（Xの前にある2という数字は無視してください）。

◆ Xの前にある2は、効用の大きさを示しているだけなので、パターン③では考慮しなくても構いません。

プロセス−2

〈効用関数〉$U = 2X^1 Y^1$ とおきます。

指数 | 1 | 1 |　合計は2です。
これは、所得144を2としてX財とY財に1:1の割合でお金を支払う（支出額）ということです。

所得（支出額）＝144

全体を2とおくと

X財の支出額：72	Y財の支出額：72
1	1

$\dfrac{1}{2}$ ← X財への支出の割合
$\dfrac{2}{}$ ← 合計

X財の支出額の割合が1 ⟶ $\dfrac{1}{2}$ × $\underset{\text{所得}}{144}$ ÷ $\underset{\substack{1個の \\ 価格}}{2}$ ＝ $\underset{\substack{X財の \\ 消費量}}{36}$

　　　　　　　　　　　　$\underbrace{\qquad\qquad}_{\text{X財への支出額}}$

$\dfrac{1}{2}$ ← Y財への支出の割合
$\dfrac{2}{}$ ← 合計

Y財の支出額の割合が1 ⟶ $\dfrac{1}{2}$ × $\underset{\text{所得}}{144}$ ÷ $\underset{\substack{1個の \\ 価格}}{4}$ ＝ $\underset{\substack{Y財の \\ 消費量}}{18}$

　　　　　　　　　　　　$\underbrace{\qquad\qquad}_{\text{Y財への支出額}}$

以上のような方法でも求めることができます。

一言

公務員試験は、このコブ゠ダグラス型での出題が多いよ！

基本問題 ▽▽▽▽▽▽

問題002 **最適消費量の計算－2（パターン③を効率的に使う）**

> 所得のすべてを2財 X、Y の購入にあてる消費者の効用関数が、
> $$U = X^{0.8} Y^{0.2}$$
> で示されているとします。
>
> この消費者の所得が1,000、X 財の価格が8、Y 財の価格が10である
> とき、X 財の消費量として妥当なものはどれですか。
>
> **1** 10 　**2** 100 　**3** 120 　**4** 150
>
> （国税専門官　改題）

考え方と解法のポイント

　最適消費量の計算なので、3つのパターンをすべて使うことができますが、
指数（右肩の小さな数字）が小数や分数になっている場合、パターン①やパ
ターン②では非常に計算が厄介になります。試験時間内で効率的に解答を出
すには、パターン③を使って解くのが適当だと思えます。

問題002の解答と解説

　$U = X^a Y^b$ のようにコブ゠ダグラス型の効用関数になっていることを確認し
ます。

　〈効用関数〉$U = X^{0.8} Y^{0.2}$ とおきます。

指数 0.8 0.2　合計は1です。
　　　　　　　これは、所得1,000を1として X 財と Y 財
　　　　　　　に 0.8:0.2 の割合でお金を支払う（支出額）
　　　　　　　ということです。

　　　　　　　所得（支出額）=1,000

　　　　　　　　　　全体を1とおくと
　　　　　　| X 財の支出額:800 | Y 財の支出額:200 |
　　　　　　　　　　0.8　　　　　　　　0.2

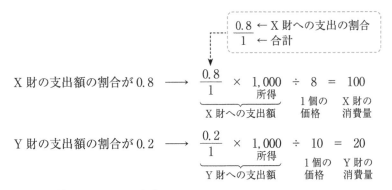

> 0.8 ← X 財への支出の割合
> 1 ← 合計

X 財の支出額の割合が 0.8 　⟶　$\dfrac{0.8}{1} \times \underset{\text{所得}}{1{,}000} \div \underset{\substack{1個の \\ 価格}}{8} = \underset{\substack{X 財の \\ 消費量}}{100}$

　　　　　　　　　　　　　　　　X 財への支出額

Y 財の支出額の割合が 0.2 　⟶　$\dfrac{0.2}{1} \times \underset{\text{所得}}{1{,}000} \div \underset{\substack{1個の \\ 価格}}{10} = \underset{\substack{Y 財の \\ 消費量}}{20}$

　　　　　　　　　　　　　　　　Y 財への支出額

したがって、正解は**2**になります。

一言

　肩の数字の比率で配
分すればいいわけだ
ね！

| 発展問題 | ◇◇◇◇◇◇ |

問題003 最適消費量の計算－3（パターン③が使えない）

所得のすべてを2財X、Yの購入にあてる消費者の効用関数が、2財の消費量をX、YとしてU＝X(Y＋4)で示されるとします。(U：効用関数)

この消費者の所得が200、X財の価格がP_X、Y財の価格が5であるとき、X財の需要関数として妥当なものはどれですか。

1 $\dfrac{100}{P_X}$　　**2** $\dfrac{110}{P_X}$　　**3** $\dfrac{120}{P_X}$　　**4** $\dfrac{130}{P_X}$

（国家Ⅰ種　改題）

考え方と解法のポイント

効用関数がコブ゠ダグラス型ではないのでパターン③は使えません。そこで、パターン①を用いて解答していきます。

問題003 の解答と解説

プロセス－1　予算制約式をつくる

$200 = P_X \cdot X + 5Y$　…①

プロセス－2　加重限界効用均等の法則

$$\frac{MU_X}{P_X} = \frac{MU_Y}{P_Y}$$　X財の限界効用：MU_X　Y財の限界効用：MU_Y

X財の限界効用は効用関数 (U) を X で微分することで求められます。

$$MU_X = (XY + 4X)'$$
$$= (Y \times 1 \times X^{1-1}) + (4 \times 1 \times X^{1-1})$$
$$= (Y \times 1 \times 1) + (4 \times 1 \times 1) = Y + 4$$

※ XY＋4X を X で微分するとき、他の記号 Y は数値と同じように処理します。

$$MU_Y = (XY + 4X)'$$
$$= (X \times 1 \times Y^{1-1}) + (4 \times 0 \times Y^{0-1})$$
$$= (X \times 1 \times 1) + (0) = X$$

※ XY＋4X を Y で微分するとき、他の記号 X は数値と同じように処理します。

次に、求めた数値をあてはめます。

$$\frac{Y+4}{P_X} = \frac{X}{5} \xrightarrow{\text{整理する}} \frac{Y+4}{P_X} \diagup\diagdown \frac{X}{5}$$　分数の等式はタスキで掛けると等しいので、$5(Y+4) = P_X \cdot X$ …②とします。

プロセス－3　連立方程式を解く

プロセス－1、2より導出した式で連立方程式を組み立てます。

$$\begin{cases} 200 = P_X \cdot X + 5Y & \cdots ① \\ 5(Y+4) = P_X \cdot X & \cdots ② \end{cases}$$

②の式を整理して、$5Y = P_X \cdot X - 20$ とし、①に代入します。

$$P_X \cdot X + P_X \cdot X - 20 = 200$$

$$2P_X \cdot X = 220 \longrightarrow P_X \cdot X = 110 \longrightarrow X = \frac{110}{P_X}$$

したがって、正解は**2**になります。

問題004 補償所得の計算

　所得のすべてを支出してX財とY財を購入する消費者の効用関数が、

　U＝XY　（U：効用水準　X：X財の購入量　Y：Y財の購入量）

で示されます。消費者の所得は120であり、当初X財とY財の価格が
それぞれ4と2であったとします。

　X財の価格が4から9に上昇した場合、当初の効用水準を実現するの
に必要な最小の所得（補償所得）はいくらになりますか。

1　150　　**2**　180　　**3**　210　　**4**　240

（国税専門官　改題）

考え方と解法のポイント

　最適消費量の求める計算の中で、応用問題として価格が変化した場合の所
得を求めるパターンです。コブ=ダグラス型なのでパターン③を使えますが、
基本的な消費者理論の考え方が必要になります。

問題004 の解答と解説

加重限界効用均等の法則で求めるケース

プロセス－1　購入量を求める（裏ワザ）

　X財とY財の肩の数字がそれぞれ1:1なので、所得を1:1の割合で
支出することになります。

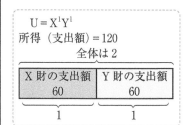

X財の支出額の割合が1

$$\frac{1}{2} \times \underset{\text{所得}}{120} \div \underset{\substack{1個の\\価格}}{4} = \underset{\substack{X財の\\購入量}}{15}$$

X財への支出額

Y財の支出額の割合が1

$$\frac{1}{2} \times \underset{\text{所得}}{120} \div \underset{\substack{1個の\\価格}}{2} = \underset{\substack{Y財の\\購入量}}{30}$$

Y財への支出額

　X財の購入量は15、Y財の購入量は30として求められます。

プロセス－2　効用水準を求める

　効用水準はU＝XYより、数値を代入して求められます。

　U＝XY

　U＝15×30＝450　…①（効用水準）

プロセス－3　予算制約式をつくる

　価格変化によって、X財の価格が4から9に上昇した後の予算制約線
をつくります。

　M＝9X＋2Y　…②

　450という効用水準を維持しながらM（所得）を求めることになりま
すが、上記の方程式①、②のみならず、X、Y、Mという3つの未知数
があるため、3つの方程式が必要になります。

情報

　試験では、効用水準
を求める問題も出題さ
れます。

　X財、Y財の購入量
を求めて、効用関数に
代入するだけです。

　そこで、もう1つの方程式を「加重限界効用均等の法則」の式から用意しなければなりません。

プロセス−4　ここで公式を用意する

> **加重限界効用均等の法則**
> $$\frac{X\text{財の限界効用}}{X\text{財の価格}} = \frac{Y\text{財の限界効用}}{Y\text{財の価格}}$$

$U = XY$ より

X財の限界効用（MU_X）

$= (XY)' = 1 \times X^{1-1} \times Y = 1 \times X^0 \times Y = 1 \times 1 \times Y = Y$

Y財の限界効用（MU_Y）

$= (XY)' = X \times 1 \times Y^{1-1} = X \times 1 \times Y^0 = X \times 1 \times 1 = X$

$$\frac{Y}{9} \diagdown\diagup \frac{X}{2}$$

分数の等式はタスキ
掛けで一致します。

$2Y = 9X$

$Y = 4.5X$ … ③

プロセス−5　連立方程式を解く

$$\begin{cases} XY = 450 & \cdots\cdots ① \\ M = 9X + 2Y & \cdots ② \\ Y = 4.5X & \cdots\cdots ③ \end{cases}$$

　まず、③を①に代入します。$X(4.5X) = 450$、$4.5X^2 = 450$、$X^2 = 100$、$X = 10$ となり①に代入して $Y = 45$。

　$X = 10$ と $Y = 45$ を②に代入して、

　$M = 9 \times 10 + 2 \times 45 = 180$、正解は **2** になります。

「裏ワザ」だけで求めるケース

　パターン③の裏ワザのみで解答することも可能です。

プロセス−1　購入量を求める（裏ワザ）

　X財とY財の肩の数字がそれぞれ1:1なので、所得を1:1の割合で支出することになります。

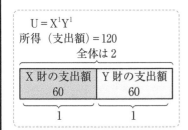

X財の支出額の割合が1

$$\underbrace{\frac{1}{2} \times \underset{\text{所得}}{120}}_{X\text{財への支出額}} \div \underset{\substack{1\text{個の}\\\text{価格}}}{4} = \underset{\substack{X\text{財の}\\\text{購入量}}}{15}$$

Y財の支出額の割合が1

$$\underbrace{\frac{1}{2} \times \underset{\text{所得}}{120}}_{Y\text{財への支出額}} \div \underset{\substack{1\text{個の}\\\text{価格}}}{2} = \underset{\substack{Y\text{財の}\\\text{購入量}}}{30}$$

　X財の購入量は15、Y財の購入量は30として求められます。

情報

　効用関数が $U = XY$ での出題可能性が高いので、試験前にX財、Y財の限界効用は暗記しておくのも作戦の1つです。

プロセス−2　効用水準を求める

効用水準は U＝XY より、数値を代入して求められます。

U＝XY

U＝15×30＝450（効用水準）

プロセス−3　価格変化後の状況把握（裏ワザ）

解答すべき価格変化後に必要な所得を M とした場合、やはりそれも1:1の比率で X 財と Y 財に支出されることになります。つまり、M の $\frac{1}{2}$ ずつ配分されるということです。

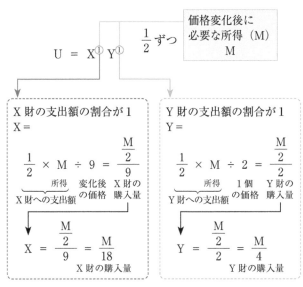

支出額を変化後の価格で割り算することによって、X 財の購入量（X）、Y 財の購入量（Y）は上記のように表されます。

プロセス−4　効用水準 450 にあてはめる

当初の効用水準は U＝XY＝450 より、数値を代入して求められます。

$$\underset{\substack{\text{X 財の}\\\text{購入量}}}{\frac{M}{18}} \times \underset{\substack{\text{Y 財の}\\\text{購入量}}}{\frac{M}{4}} = 450$$

$$\frac{M^2}{72} = 450$$

$$M^2 = 32,400$$

$$M = 180$$

所得水準は 180 であり、正解は **2** です。

◆ $M^2 = 32,400$ から M を求めるのは難しいですが、選択肢から推測して、180 になることがわかります。

応用問題　▽▽▽▽▽▽

問題005　**支出額の割合の計算**

　　ある消費者は所得のすべてをX財とY財に支出しており、横軸にX財の量、縦軸にY財の量をとって描かれる無差別曲線の接線の傾きが $\frac{1}{4}$ になるところで効用最大化を達成しています。この時のX財とY財の購入量がちょうど同じ量となっているとすると、この消費者の支出全体に占めるX財の支出の割合はいくらになりますか。

　1　10%　　**2**　20%　　**3**　30%　　**4**　40%

（地方上級　改題）

考え方と解法のポイント

　最適消費量の考え方を利用して、様々な出題パターンがありますが、根本的な手法はどれも同じであって、必ず突破口は開けるものです。

　この問題も効用最大化条件をもとにパズル的に解いていきましょう。

問題005 の解答と解説

プロセス−1　予算制約式をつくる

　　問題文では特に指示はありませんが、通常の予算制約式を用意します。

　〈予算制約式〉

$$M = \underbrace{P_X \cdot X}_{\substack{\text{X財への}\\\text{支出額}}} + \underbrace{P_Y \cdot Y}_{\substack{\text{Y財への}\\\text{支出額}}} \quad \cdots ①$$

　　　↑
　　所得

　　ここで、問題文の「消費者の支出全体に占めるX財の支出」は、予算制約式上でどの部分のことか確認できます。

プロセス−2　効用最大化条件

　　効用最大化条件より、

　　　限界代替率＝価格比

　　　　↓　　　　　↓
　　無差別曲線　予算制約線
　　の傾き　　　の傾き

$$\frac{1}{4} = \frac{P_X}{P_Y}$$

　　これを整理して、　$4P_X = P_Y$　 $\cdots ②$ とします。

プロセス−3　割合を求める

　　問題文より、「X財とY財の購入量がちょうど同じ量となっている」ことから、$X = Y$　$\cdots ③$ が成り立ちます。

　　最後に、②、③を①に代入します。

$$M = P_X \cdot X + 4P_X \cdot X$$
$$= 5P_X \cdot X$$

　所得（支出額）M は、$5P_X \cdot X$ の大きさと等しくなります。X 財の支出額は $P_X \cdot X$ なので、支出額全体の $\dfrac{1}{5}$ を X 財への支出にあてることになります。

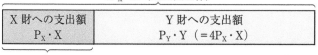

$\dfrac{1}{5}$ ⟶ 支出全体に占める X 財の支出の割合は $\dfrac{1}{5}$、つまり、20%になります。したがって、**2** が正解になります。

◆ミクロ経済学では、所得はすべて財の支出に使い切ることを前提としています。
　そこで、所得＝支出額となります。

　試験では似たような計算パターンが多いです。整理して実戦で使えるようにしておこう！

Unit 02 消費者理論
異時点間の消費理論

難易度	難易度は高難度順にAA、A、B、Cで表示。出題率は高出題率順に☆、◎、○、◇で表示。
A	

資格試験別・予想出題率	
国家総合	◎
国家一般	◇
地方上級	○
国税専門官	◎
公認会計士	◎
不動産鑑定士	○
中小企業診断士	◇
外務専門職	◇

出題者の狙い 予算制約式を構築できるかが問われます。また、計算上では微分が試されます。

解答のポイント 難易度の高い問題が出題されることがありますが、茂木式・攻略三角形を使って攻略の糸口をつかみましょう。

▶基本テキスト『新・らくらくミクロ経済学入門』Unit06 関連

試 験 情 報

地方上級の全国型、国税専門官などの公務員や不動産鑑定士試験などで出題傾向が強く、記述試験としても要注意です。

基本問題　▽▽▽▽▽

問題006 異時点間モデルー1（所得がないケース）

　ある個人は自己の資金を2期間に分けて消費します。ただし、所得は無く、2期間で資金を使い切るものとします。

　このとき、第2期の消費 C_2 の予算制約式を導出してください。ただし、第1期の消費を C_1、利子率を r とします。

（国税専門官　改題）

　異時点間の消費理論とは、2期間（第1期と第2期）における消費理論です。まず、問題文にしたがって、第1期の消費を C_1、第2期の消費を C_2、とおきます。

考え方と解法のポイント

プロセスー1　貯蓄

　第1期だけの消費を行う場合、資金を使ってA点まで消費をすることが可能とします。

　しかし、この消費者が第1期の消費を一部あきらめたとしましょう。

　つまり、B点まで消費を行って、AB間は貯蓄するとします。

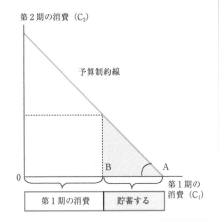

異時点間の消費理論の考え方

　例えば、無人島にとうもろこしだけを持って生活をした場合、とうもろこしをすべて第1期の消費として使うことができますが、第1期の消費を一部あきらめて「種」として使うことも可能。そうすれば第2期には、それが実って、もっと多くのとうもろこしが食べられます。ココで言う種が「貯蓄」になります。

プロセス−2 利子率

　また、第1期の貯蓄分 AB に予算制約線の傾き（1＋r）を掛けた大きさが第2期の消費として可能になります。

　ここで r は利子率と呼ばれ、例えば、20％ならば 0.2 になるので、貯蓄分の 1.2 倍、（1＋0.2）の大きさで第2期に消費できるということです。

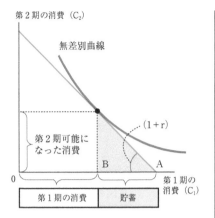
第2期の消費（C₂）

プロセス−3 予算制約式をつくる

　茂木式・攻略三角形の考え方にしたがって、予算制約式をつくります。

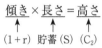

$$\underset{(1+r)}{傾き} \times \underset{貯蓄(S)}{長さ} = \underset{(C_2)}{高さ}$$

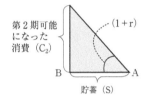

補足

利子率の考え方

　とうもろこしを「種」として使った場合、第2期には種として使った以上の収穫が期待できます。その倍率、つまり収益率こそが「利子率」なのです。

補足

　予算制約式のつくり方は茂木式・攻略三角形を使うと簡単です。

（茂木式・攻略三角形）

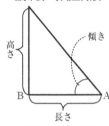

傾き×長さ＝高さ

ミクロ参照 【らくらく便利】グラフの味方

問題006 の解答と解説

　上記のプロセスにしたがって予算制約式をつくります。第1期の消費は、第1期の所得で可能ですが、その一部を貯蓄したとします。

　第1期の消費 $C_1 = Y$（資金）$- S$（貯蓄）　…①

　次に、第2期の消費 C_2 は、第1期の貯蓄に $1+r$（利子率）を掛けた分が可能になります。

　第2期の消費　$\underset{高さ}{C_2} = \underset{傾き}{(1+r)} \times \underset{長さ}{S}$　…②

　$S = \dfrac{C_2}{1+r}$ となり、

①、②を S を消して整理すると、予算制約式

　Y（資金）$= C_1 + \dfrac{C_2}{1+r}$ が導出されます。

基本問題 ▽▽▽▽▽▽

問題007 異時点間モデル−2（所得があるケースの計算問題）

　ある個人は第1期において得た 100 の所得を2期間にわたって支出します。この個人の効用関数は、

　　$U = C_1 C_2$　（C_1：第1期の消費、C_2：第2期の消費）

で表され、個人の第1期における貯蓄には 20％ の利子がつきます。

　このとき、この個人が効用を最大化するものとして、第1期の貯蓄額はいくらになりますか。

1 40　　**2** 45　　**3** 50　　**4** 55

（地方上級　改題）

考え方と解法のポイント

プロセス-1　茂木式・攻略三角形で予算制約線をつくる

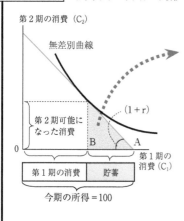

高さ ＝ 傾き × 長さ
C_2　　（1＋r）　（100-C_1）

　　左図のように、原点から A 点までの長さを 100 として、第 1 期に消費可能な長さを示します。そのうち AB の長さ（100-C_1）だけ貯蓄にまわせば、それに利子が付いた分の大きさが、第 2 期に消費可能となります。

プロセス-2

　　予算制約式ができれば、問題文の効用関数 $U = C_1 C_2$ と合わせて、効用最大の消費量を決定します。

問題007 の解答と解説

〈予算制約式〉　$C_2 = (1+r) \times (100 - C_1)$

　問題文より、r＝0.2 をあてはめます。

　　$C_2 = 1.2 (100 - C_1)$

　　カッコを外します。

　　$C_2 = 120 - 1.2 C_1$　（予算制約式の完成）

次に、効用関数 $U = C_1 C_2$ に予算制約式を代入し、微分してゼロとおきます。

　　$U = C_1 (120 - 1.2 C_1)$

　　$U = 120 C_1 - 1.2 C_1^2$

　　$U' = (120 C_1 - 1.2 C_1^2)' = 0$

　　　$= 120 - 2.4 C_1 = 0$　より、$C_1 = 50$

第 1 期の消費は 50 であることから、貯蓄も 50 となります。正解は **3** です。

発展問題 ◇◇◇◇◇◇

問題008 異時点間モデル-3（計算問題に課税が入る場合）

　　ある個人は第 1 期において得た 100 の所得を 2 期間にわたって支出します。この個人の効用関数は、

　　$U = C_1 C_2$　（C_1：第 1 期の消費、C_2：第 2 期の消費）

で表され、個人の第 1 期における貯蓄には 5 ％の利子がつきます。

　　このとき、この個人が効用を最大化するものとして、第 1 期の貯蓄額はいくらになりますか。ただし、個人の第 1 期と第 2 期の利子収入には 10％の所得税が課せられるものとします。

　　1　40　　**2**　45　　**3**　50　　**4**　55　　　　（地方上級　改題）

重要

微分してゼロ

　効用を最大にするのですから、グラフ上では傾きがゼロになっているはずです。

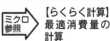

【らくらく計算】最適消費量の計算

◆微分の計算

　14 ページの【らくらく便利】『微分のルール』を参照。

考え方と解法のポイント

プロセス－1 茂木式・攻略三角形より予算制約線の土台をつくる

$$\underset{C_2}{高さ} = \underset{(1+r)}{傾き} \times \underset{(100-C_1)}{長さ}$$

r = 0.05 をあてはめます

$$C_2 = 1.05 (100 - C_1)$$

三角形の図:
高さ — 傾き
B ── A
長さ

プロセス－2 予算制約式に所得税を導入させる

$$C_2 = 1.05 \ (100 - C_1)$$

課税

$$C_2 = 1.045 \ (90 - C_1)$$

| 利子収入に10%の所得税が課せられる。 | 所得に10%の所得税が課せられる。 |

10%が引かれ90%になる。　　10%が引かれ90%になる。

$0.05 \times 0.9 = 0.045$　　　$100 \times 0.9 = 90$

課税後の利子率は0.045。　　課税後の所得は90。

補足

10%の所得税

所得に10%課税された場合、課税後の所得計算は①課税前の所得から10%か税額を控除する方法、②課税前の所得を90％にする方法という2通りの求め方が可能です。

ここでは、②の手順で計算を進めています。

プロセス－3

予算制約式ができれば、問題文の効用関数 $U = C_1 C_2$ と合わせて、効用最大の消費量を決定します。

問題008 の解答と解説

〈予算制約式〉　$C_2 = (1 + r) \times (100 - C_1)$

問題文より、r = 0.05 をあてはめ、利子収入、所得に10%の課税を課します。

$$C_2 = 1.045 \ (90 - C_1)$$

（※計算の過程は上記プロセス 1～2 を参照）

カッコを外します。

$C_2 = 94.05 - 1.045 C_1$　（予算制約式の完成）

次に、効用関数 $U = C_1 C_2$ に予算制約式を代入し、微分してゼロとおきます。

$$U = C_1 \ (94.05 - 1.045 C_1)$$
$$U = 94.05 C_1 - 1.045 C_1^2$$
$$U' = (94.05 C_1 - 1.045 C_1^2)' = 0$$
$$= 94.05 - 2.09 C_1 = 0$$
$$C_1 = 45$$

第1期の消費は45になります。

これを課税後の所得90から除いて、貯蓄は45になります。したがって、正解は **2** になります。

Unit 03　消費者理論
労働供給量の決定

出題者の狙い 労働供給量の問題は、どの資格試験でも頻出ではありません。しかし、消費者理論の基本的な計算パターンをベースにして、基本的な微分の知識が試されます。

解答のポイント 解法パターンを茂木式・攻略三角形をもとに構築し、計算の際にグラフがイメージできるようにしましょう。

▶基本テキスト『新・らくらくミクロ経済学入門』Unit05 関連

試験情報

ここでの論点は、頻出とはいえないまでも、国家総合、国税専門官、地方上級、国家一般では定期的に出題されています。

基本問題 ◇◇◇◇◇◇

問題009　労働供給量（労働時間）の決定

　ある消費者の効用関数が、$U = 3LY - 2L^2 - Y^2$ で示されています。1時間あたりの賃金が２であるとき、この消費者が効用最大化を図った場合の１日の労働時間は何時間ですか。ただし、この消費者は１日（24時間）を余暇と労働以外にはあてないとします。（L：余暇時間、Y：所得）

1　7時間　　**2**　8時間　　**3**　9時間　　**4**　10時間

（地方上級　改題）

　１日24時間を余暇時間と労働時間に分けて予算制約式を求めれば、通常の最適消費量の計算と同様になります。

考え方と解法のポイント

プロセス−1　労働時間を図示する

　まず、横軸の余暇時間に注目します。

　１日のすべてを余暇時間に消費した場合でも24時間が限度なので、右図のA点までの長さを24とします。

　次に、余暇時間をLとすると、労働時間はB点からA点までの長さであり、（24−L）として表せます。

プロセス−2　予算制約式をつくる

　予算制約線の傾きは賃金率（時給）になります。このことから、茂木式・攻略三角形の考え方にしたがって、予算制約式をつくります。

$$\underset{\substack{所得 \\ Y}}{高さ} = \underset{\substack{賃金率 \\ W}}{傾き} \times \underset{\substack{労働時間 \\ (24-L)}}{長さ}$$

プロセス−3

　予算制約式ができれば、問題文の効用関数 $U = 3LY - 2L^2 - Y^2$ と合わせて、効用最大の労働供給量を決定します。

補足

　予算制約式のつくり方は茂木式・攻略三角形を使うと便利です。

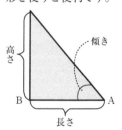

傾き×長さ＝高さ

ミクロ参照　【らくらく便利】グラフの見方

問題009 の解答と解説

〈予算制約式〉

　所得＝賃金率×労働時間

　　Y＝2×(24−L)

　　Y＝48−2L

次に、効用関数 U＝3LY−2L²−Y² に予算制約式を代入して、U を L で微分してゼロとおきます。

　　U＝3L(48−2L)−2L²−(48−2L)²

　　U＝−12L²+336L−2,304

これを、微分してゼロとおきます。

　　U′＝(−12L²+336L−2,304)′＝0

　　　＝−12×2×L²⁻¹+336×1×L¹⁻¹−2,304×0×L⁰⁻¹＝0

　　　＝−24L+336＝0

上の式から、24L＝336 → L＝14

余暇時間は 14 時間になり、1 日 24 時間から余暇時間 14 時間を除いた時間が労働時間になります。

　　24−14＝10

したがって 10 時間となり、正解は **4** になります。

◆効用最大を前提としているので、最大値における効用関数の傾きはゼロになるので、微分してゼロとおき、最適な余剰時間 (L) を求めます。

◆ $(X−a)^2$
　 $＝X^2−2aX+a^2$

◆微分の計算
　14 ページの【らくらく便利】『微分のルール』を参照。

基本問題 ▽▽▽▽▽▽

問題010　労働供給量の計算−1

> ある個人は労働力 L を供給し、それによって得た賃金のすべてを X 財の購入に支出したとします。
>
> 　個人の効用関数は U＝X (24−L)
>
> 　ただし、0≦L≦24、U は効用水準、X は X 財の消費量、L は労働時間で示されています。X 財の税抜き価格が 200 円、賃金率が 525 円であるとき、この個人の消費量はいくらになりますか。ただし、X 財の購入には 5%の消費税が課されるものとします。
>
> **1**　10　　**2**　20　　**3**　30　　**4**　40　　　　　（地方上級　改題）

考え方と解法のポイント

プロセス−1　茂木式・攻略三角形で予算制約式をつくる

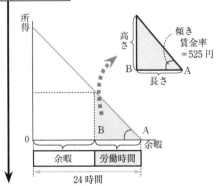

　問題文にしたがって、労働時間の L、賃金率の 525 円を用いて、予算制約線をつくります。

　高さ　＝　傾き　×　長さ
　(所得)　　(賃金率)　(労働時間)

　　　　Y ＝ 525 L

プロセス−2　予算制約式の変形

　プロセス−1で導出した予算制約式 Y＝525 L を、問題文に合わせて変形させます。

　問題文にあるように「賃金のすべてを X 財の購入に支出する」を予算制約式にあてはめてみます。

〈予算制約式〉

$\boxed{Y}$＝525 L

→ この所得を使って財を購入します。 → X 財の購入　$\underset{\substack{\text{X 財の1個} \\ \text{の価格}}}{P_X} \times \underset{\substack{\text{X 財の} \\ \text{消費量}}}{X}$ → P_X は、200(1＋0.05)＝210 → 以上より、所得 Y は、210X と表すことができます。

以上のように、予算制約式を変形させ、

$525 L＝210X$

$L＝0.4X$

と整理します。

◆課税後の価格

　X 財の税抜き価格を P_1 とすると、課税後の価格 P_X は、$P_1(1＋0.05)$ として表せます。

プロセス−3

　予算制約式ができれば、問題文の効用関数 U＝X(24−L) と合わせて、効用最大の消費量を決定します。

問題010 の解答と解説

　X 財の税抜き価格が 200、それに 5％ の税金が課せられると、

　$200(1＋0.05)＝210$ 円　になります。

　所得 Y はすべて X 財の購入にあてられることから、

〈予算制約式〉

　$Y＝210X$　…①

また、

　Y（所得）＝賃金率×労働時間　の式から、

　$Y＝525 L$　…②

①、②を整理して、

　$525 L＝210X$

　　$L＝0.4X$　…③　予算制約式の完成です。

そして、効用関数 U＝X(24−L) に③の予算制約式を代入します。

　$U＝X(24−0.4X)$

　$U＝24X−0.4X^2$

次に、U を微分してゼロとおきます。

　$U'＝(24X−0.4X^2)'＝0$

　　$＝24×1×X^{1-1}−0.4×2×X^{2-1}＝0$

　　$＝24−0.8X＝0$

上の式から、$24＝0.8X$　→　$X＝30$

X 財の消費量は 30 になり、正解は **3** になります。

◆微分の計算

　14 ページの【らくらく便利】『微分のルール』を参照。

発展問題 ◇◇◇◇◇◇

問題011 労働供給量の計算－2（計算が複雑なケース）

　ある個人は１日の時間をすべて余暇と労働にあて、この個人の効用関数が、U＝2yL－y²－2L（U：効用水準　y：所得　L：余暇時間）で示されるとします。当初、この個人の１時間あたりの賃金は１であったとします。いま、１時間あたりの賃金が２に上昇したとすると、この個人の労働供給時間はどのように変化しますか。

1 約２時間13分減少します。

2 約１時間６分減少します。

3 変化しません。

4 約１時間６分増加します。
（国家Ⅰ種　改題）

問題011 の解答と解説

プロセス－1 　茂木式・攻略三角形で予算制約式をつくる

◆１日の時間＝24

労働時間を x とおくと、
高さ　＝　傾き　×　長さ
所得　　賃金率　　労働時間

$$y = 1 \times x \quad \cdots ①$$

余暇時間（L）は、
L＝24－x
となります。…②

効用関数：U＝2yL－y²－2L へ代入します。

プロセス－2 　予算制約式へ代入→微分してゼロとおく

　次に、効用関数 U＝2yL－y²－2L に①、②を代入して、U を x で微分してゼロとおきます。

$$U = 2x(24-x) - x^2 - 2(24-x)$$
$$U = 48x - 2x^2 - x^2 - 48 + 2x$$

　これを、微分してゼロとおくと次のようになります。

$$U' = 48 - 4x - 2x + 2 = 0$$
$$6x = 50 \quad x = 8\frac{2}{6}$$

　これにより、当初の労働時間は８時間20分になります。

プロセス－3 　同様に、賃金２の場合を求める

　y＝2x として、予算制約式に代入します。

$$U = 4x(24-x) - 4x^2 - 2(24-x)$$

　これを展開し、微分してゼロとおくと次のようになります。

$$U' = 96 - 8x - 8x + 2 = 0$$
$$16x = 98 \quad x = 6\frac{1}{8}$$

プロセス－4 　比較する

$$6\frac{1}{8} - 8\frac{2}{6} = -2\frac{12.5}{60}$$

　これにより、２時間12分30秒減少し、**1** が正解となります。

補足

　分数を時間に置き換えます。１時間は60分ですから、分母を60（分）にし、分子に「分単位」の数値を導き出します。

$$\frac{2}{6} \rightarrow \frac{20}{60}$$
$$\rightarrow 20分$$

発展問題 **発展問題** ◇◇◇◇◇◇

問題012　コブ=ダグラス型効用関数における労働供給量

　　ある個人は働いて得た賃金の全てを Y 財の購入に支出するものとします。この個人の効用関数が、$U = x^3 y^2$

（U：効用水準、x：1 年間（365 日）における余暇（働かない日）の日数、y：Y 財の消費量）

で示され、Y 財の価格が 2、労働 1 日あたりの賃金率が 4 であるとき、この個人の 1 年間（365 日）の労働日数はいくらになりますか。ただし、この個人は効用を最大にするように行動するものとします。

1　73　　**2**　92　　**3**　146　　**4**　219　　**5**　292

（国税専門官　改題）

情報

　労働供給量の問題で、通常は「24 時間」で制限されますが、本問のように「365 日」で出題されることも稀にあります。

考え方と解法のポイント

　コブ=ダグラス型効用関数の解法テクニックを応用して、労働の最適供給量の問題でも使うことができます。

問題012 の解答と解説

プロセス－1　予算制約式をつくる

　　問題文より、余暇時間は x、労働時間（365 − x）、賃金率の 4 を用いて、予算制約式をつくります。

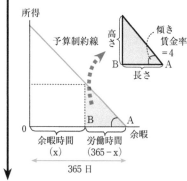

$$\underset{\text{(所得)}}{\text{高さ}} = \underset{\text{(賃金率)}}{\text{傾き}} \times \underset{\text{(労働時間)}}{\text{長さ}}$$

$$\text{所得} = 4 \, (365 - x) \quad \cdots ①$$

「4×労働時間」だけの所得（予算）が得られます。

プロセス－2　予算制約式を再構築

　　所得（予算）はすべて Y 財の購入にあてるので、それをふまえた形につくりかえます。

$$\boxed{\text{所得}} = 4 \, (365 - x) \quad \cdots ①$$

　　　　└→ この所得を　→　所得 ＝ 価格 × 消費量　→　= 2y　…②
　　　　　　使って Y 財を　　　　　　　　2　　　 y
　　　　　　購入します。

①、②を合わせます。

$$4 \, (365 - x) = 2y$$
$$4x + 2y = 1,460$$
$$2x + y = 730 \quad \cdots ③$$

と整理します。ここまでが予算制約式の作業です。

補足

（茂木式・攻略三角形）

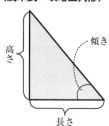

長さ×傾き＝高さ

プロセス－3 効用関数はコブ=ダグラス型なので、支出分を分ける

効用関数がコブ=ダグラス型なので、ここで裏ワザを使ってみます。

予算制約式より求められた支出分 730 は余暇と Y 財へ 3:2 の割合で配分されます。

余暇への配分は、$730 \times \dfrac{3}{5} = 438$

Y 財への配分は、$730 \times \dfrac{2}{5} = 292$

予算制約式を確認すると、

$$2x + y = 730$$

438 292

余暇＝余暇価格 2×余暇日数 x＝438 なので、

$438 \div 2 = 219$　…④

これが余暇の日数になります。

問題文では、労働日数が問われているので、365 日（1 年の日数）から 219（余暇日数）を引き算して、146 日になります。

したがって、正解は **3** になります。

補足

予算制約式は、余暇という時間概念、Y 財という物質的な概念が 1 つの方程式に入っていて違和感があると思います。どちらも上級財で「財」という考え方が経済学にあります。

Unit	消費者理論
04	**期待効用仮説**

> **出題者の狙い** ここでは、確率を使った「期待効用」という考え方が使えるかが試されます。
>
> **解答のポイント** 期待効用を用いる計算問題は難しいように見えますが、パターン化されていて、それを覚えてしまえば非常に楽に解けます。

試 験 情 報

公認会計士、不動産鑑定士で頻繁に出題されていましたが、最近では国家総合、国税専門官、地方上級などでも出題が多くなってきています。

　この期待効用仮説は、基本テキストの『新・らくらくミクロ経済学入門』ではふれていません。初めて学習する論点なので、次の練習問題を解きながら、考え方や解法テクニックを身につけていきましょう。

練習問題 ◇◇◇◇◇

> 危険回避者とは、どのような消費者なのか説明してください。

考え方と解法のポイント

プロセス−1　危険回避者

　例えば、A 子さんが宝くじの購入やギャンブルに参加した場合、A子さんの所得が増えたり減ったりすることが予想されます。もし、A子さんが安定的な所得を好むのであれば、このような不確実な所得よりも変動が少ないほうを好むはずです。

　このような消費者を危険回避者といい、宝くじの購入やギャンブルに参加しないことを望むはずです。

> **一言**
> 　宝くじやギャンブルは、勝ったり負けたりすることで、所得の変動を引き起こします。

プロセス−2　不確実性

　宝くじやギャンブルのように、ある条件が定まれば一定量を得るが、条件が定まらなければ何も得ないという性質のものがあります。

　このような財を**条件つきの財**といい、他の事例としては、事故が発生すれば保険金がもらえますが、無事故のままだと掛け損になってしまう「保険」なども該当します。

> ◆条件つきの財は、宝くじや保険以外にも、チケットの当日券購入や証券取引のオプション契約などが考えられます。

プロセス−3　期待効用の考え方

　単純化のために、条件つきの財が P という確率で X_1 という金額が得られ、Q という確率で X_2 という金額が得られるもの（賭け事）を想定してみます。

> この財の期待効用は
> $$U(X) = P \times U(X_1) + Q \times U(X_2)$$

$U(X_1)$ … 所得が X_1 のときの効用水準
$U(X_2)$ … 所得が X_2 のときの効用水準

　上式のように、X_1、X_2 から得られる効用の期待値（確率を基にした平均値）のトータルとして期待効用が表されます。そして、消費者は効用最大化を前提にすると、より高い期待効用を求めると考えます。

　早速、具体例で説明していきます。

> ◆確率の性質
> 　確率の性質として、すべての確率を足し合わせると 1 になることから、
> 　$P + Q = 1$
> になります。
>
> ◆期待効用＝
> 確率×効用水準

【具体例】

　A子さんの所得を100万円として、以下のような賭け事への挑戦を想定します。

◆コインの裏表ゲーム
　裏か表かどちらが出るのかは、どちらも確率が$\frac{1}{2}$（50%）になるはずです。

|賭け事1| コインの表が出れば20万円得られるが、裏が出れば20万円失う。

|賭け事2| コインの表が出れば50万円得られるが、裏が出れば50万円失う。

　そこで、A子さんは、①賭け事1に挑戦する。②賭け事2に挑戦する。③どちらの賭け事にも挑戦しない。①②③のうち、どれかを選択します。

|プロセス－4| **賭け事1**

　下図においてA子さんの効用関数Uは、所得とその所得が得られるときの効用の関係を表しています。

　効用関数Uを用いて、上記の賭け事の期待効用を計算してみます。

　賭け事1を選択した場合、$\frac{1}{2}$の確率で20万円得られるから、そのときの所得は100万円と合わせると120万円になります。

　しかし、20万円失う確率も$\frac{1}{2}$であるから、所得は$\frac{1}{2}$の確率で80万円になる可能性もあります。

　このときの期待効用は

> 賭け事1の期待効用U_1 $= \frac{1}{2} \times U(80) + \frac{1}{2} \times U(120)$

　この式のU(80)は所得が80万円のときの効用水準であり、U(120)は所得が120万円のときの効用水準です。どちらの確率も$\frac{1}{2}$なのでU(80)とU(120)の中点になり、期待効用はU_1とします。

重要 関連
　期待効用は、効用水準に確率を掛けて、その和として求められます。

効用関数
ミクロ参照 Unit01

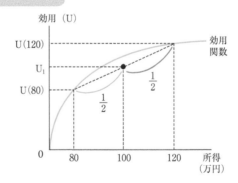

◆グラフを見やすくするために、軸の数字の位置は少しデフォルメしています。

|プロセス－5| **賭け事2**

　賭け事2を選択した場合の期待効用は

> 賭け事2の期待効用U_2 $= \frac{1}{2} \times U(50) + \frac{1}{2} \times U(150)$

　この式のU(50)は所得が50万円のときの効用水準であり、U(150)は所得が150万円のときの効用水準です。どちらの確率も$\frac{1}{2}$なのでU(50)とU(150)の中点になり、期待効用はU_2とします。

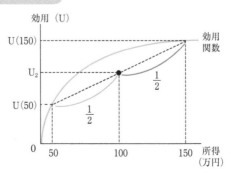

プロセス−6　賭け事に挑戦しない

A子さんが、賭け事に挑戦しない場合の期待効用は

> 賭け事に挑戦しない期待効用 U_0 ＝ $1 \times U(100)$

となります。

この式の $U(100)$ は所得が100万円のときの水準であり、この確率は1です。

期待効用 $U(100)$ は U_0 とします。

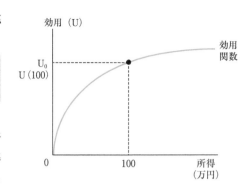

プロセス−7　まとめ

こうしたプロセスから次のことがわかります。

危険回避者のA子さんの期待効用は $U_0 > U_1 > U_2$ となり、この賭け事に挑戦しない場合が最も期待効用の水準が高くなっています。

このように危険回避者は、所得の変動を好まず、さらに確実な所得を好み、所得が不確実な場合は、変動が少ないほうを好むことになります。

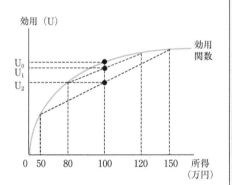

効用関数の形状

危険回避者の効用関数は、所得の限界効用が逓減する形状になります。したがって、確実な所得は効用関数の線上で求められますが、所得の変動幅が大きいほど、効用関数から遠ざかり、効用水準が小さくなります。

 Unit01

基本問題

問題013　期待効用

ある個人Aが900万円の財産をある1種類の株式の購入にあてることを考えています。

この株式が値上がった場合は2,500万円になり、値下がった場合は100万円になってしまいます。

個人Aの効用関数は $U = X^{\frac{1}{2}}$ として表される場合、個人Aは値上がるか値下がるか確実に知ることができるとすると、値上がる確率が最低何％ならば個人Aはこの株式を買うことになりますか。

1　20%　　**2**　30%　　**3**　40%　　**4**　50%

（国税専門官　改題）

考え方と解法のポイント

解法のフローチャート

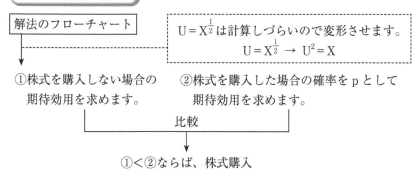

$U = X^{\frac{1}{2}}$ は計算しづらいので変形させます。
$$U = X^{\frac{1}{2}} \rightarrow U^2 = X$$

①株式を購入しない場合の期待効用を求めます。

②株式を購入した場合の確率を p として期待効用を求めます。

比較

①<②ならば、株式購入

情報

$U = X^{\frac{1}{2}}$ は試験では、$U = \sqrt{X}$ の形でも出題されます。

これらは、どちらも同じ意味であり、$U^2 = X$ として、計算したほうが使い勝手が良いはずです。

問題013 の解答と解説

プロセス-1　株式を購入しない場合（所得の単位は万円）

$U = X^{\frac{1}{2}}$ は $U^2 = X$ として計算を行います。

株式を購入しない場合、所得は 900 なので、
$$U^2 = 900$$
$$U = 30$$

確率は 1 なので、株式を購入しない場合の期待効用は、
$$1 \times 30 = 30$$
になります。

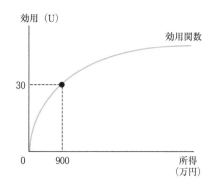

補足

株式を購入しない場合は、所得の変動がないので確率は 1 となります。この確率 1 とは 100% という意味です。

プロセス-2　株式を購入する場合（所得の単位は万円）

株価が上昇する確率を p とした場合、下落する確率は、$1 - p$ になります。それを使って期待効用 U_1 を求めます。

株価が上昇する場合

$$U^2 = 2,500$$
$$U = 50$$

確率は p なので、期待効用は、
$$p \times 50 = 50p \quad \cdots ①$$
になります。

株価が下落する場合

$$U^2 = 100$$
$$U = 10$$

確率は $1 - p$ なので、期待効用は、
$$10 \times (1 - p)$$
$$= 10 - 10p \quad \cdots ②$$
になります。

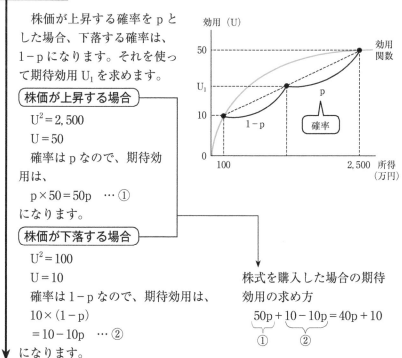

株式を購入した場合の期待効用の求め方
$$\underbrace{50p}_{①} + \underbrace{10 - 10p}_{②} = 40p + 10$$

◆確率の合計は 1 になるので、一方の確率が p ならば、もう一方は $1 - p$ となります。

プロセス−3　株式購入の意思決定

　　最後に、購入しない場合の期待効用と株式を購入したときの期待効用を比較します。

$$\underbrace{30}_{\substack{\text{購入しない場合}\\\text{の期待効用}}} < \underbrace{40p + 10}_{\substack{\text{株式を購入した}\\\text{ときの期待効用}}}$$

$$\frac{1}{2} < p$$

　　最低、株価上昇の確率が50%以上になれば購入します。正解は**4**。

発展問題　▢▢▢▢▢

問題014　**保険加入の保証所得**

　　ある個人の所得は不確実であり、$\frac{1}{2}$ の確率で100万円、$\frac{1}{2}$ の確率で2,700万円になるとします。また、この個人の効用関数は、
　　$U = X^{\frac{1}{3}}$　と表されます。
　　この個人にy円の所得を確実に保証する保険が提供されたとき、所得yがいくら以上ならば、この個人は保険に加入するでしょうか。その最小値を求めてください。ただし、個人は期待効用の最大化をはかるものとします。

　1　800万円　　**2**　1,000万円　　**3**　1,200万円　　**4**　1,400万円
（地方上級　改題）

問題014 の解答と解説

　　危険回避者は、不確実な所得より、確実な所得を好みます。そこで、保険に加入する場合、確実に保証される所得の効用水準が不確実な所得に対する期待効用を上回ると考えられます。

プロセス−1　保険に加入していないときの期待効用

　　まず、不確実な所得の期待効用を求めます。

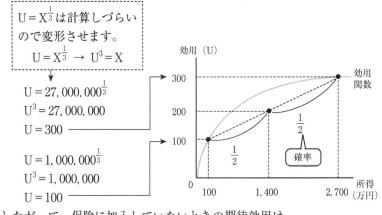

したがって、保険に加入していないときの期待効用は、

$$\frac{1}{2} \times 100 + \frac{1}{2} \times 300 = 200$$

になります。

　保険に加入していれば、急な支出が起きてもそれをカバーできるわけです。
　つまり、所得の減少を抑えることができるのです。

　実際に試験を受ける場合は、2,700万円を27,000,000円と書いて計算したほうが間違いを予防できます。
　そうすることで、300×300×300＝27,000,000 と 0 の数で検算ができるからです。

プロセス－2 保険に加入したときの期待効用

　保険をかけることによって、確実に得られる所得を y 円とし、その
ときの効用水準は、
　　$U = y^{\frac{1}{3}}$ であり、確率は 1 になるので、期待効用は、
　　$1 \times y^{\frac{1}{3}} = y^{\frac{1}{3}}$
になります。

プロセス－3 保険加入への最小所得

　保険に加入しなかった場合
の期待効用は、200なのです
から、保険に加入した場合に
期待効用が200以上であるこ
とが条件になります。

$$200 \leq y^{\frac{1}{3}}$$
$$\downarrow$$
$$200^3 \leq y$$
$$\downarrow$$
$$8,000,000 \leq y$$

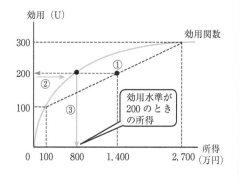

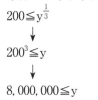

◆ **図中の1,400万
円について（期待所得）**

$2,700$ 万円 $\times \dfrac{1}{2}$

$+100$ 万 $\times \dfrac{1}{2}$

$=1,400$ 万円
と求めています。

　これは、保険をかけることにより、確実に得られる所得が800万円以
上の金額が保証される限り、期待効用も保険に加入しない場合より上回
るので保険に加入することになります。

　したがって、正解は **1** です。

◆確実に得られる所得
は効用関数の線上に対
応します。

> グラフ上の矢印の見方
> ①期待所得における期待　→　②→③効用水準が200のときの確実な
> 　効用200を求めます。　　　　　　所得を求めています。

《解説》

危険回避者・危険愛好者・危険中立者

●危険回避者

　44ページのプロセス－7にお
いて、危険回避者は所得の変動
を好まないことを説明しまし
た。

　危険回避者の効用水準は、右
の図で示されるとおり、
　　$U_0 > U_1 > U_2$
となります。

　つまり、この賭け事に挑戦し
ない場合が、最も期待効用の水
準が高いということになります。

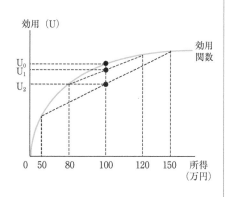

　みんなが危険回避者
というわけではありま
せん。

●危険愛好者

危険愛好者の効用関数は、右図のように、所得の限界効用が所得が増加するにつれて逓増する形状になります。

このような人は、期待所得が大きく変動して、大きな所得を得るチャンスがある賭け事を優先するために危険愛好者と呼ばれます。

$$U_0 < U_1 < U_2$$

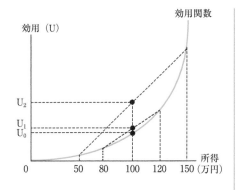

危険愛好者は、所得の変動幅が大きければ、大きいほど高い効用水準を示すことになります。

●危険中立者

それぞれの賭け事が無差別である効用関数は、右図のような形状になります。

このような人は所得の変動に無関心な存在であり、危険中立者と呼ばれています。

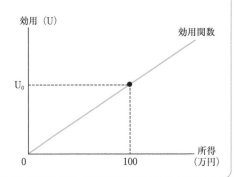

発展問題

問題015　危険愛好者

> 1,000円の所持金を持つ個人が1,000円の宝くじを購入する場合について考えます。この宝くじが当たる確率は0.04であり、宝くじに当たると賞金がもらえますが、はずれると何ももらえません。この人がこの宝くじを購入するためには、この宝くじの賞金は最低どれくらいでしょうか。
>
> ただし、この人の、所持金に関する効用関数は、$U = Y^2$ であるとします（U は効用関数、Y は所持金）。
>
> **1**　1,000円　　**2**　4,000円　　**3**　5,000円　　**4**　10,000円
>
> （国家Ⅰ種　改題）

考え方と解法のポイント

宝くじの購入に関して、効用関数から危険愛好者だと判断できますが、危険回避者の場合と同様に計算を行っていきます。

一言

リスクがあってもリターンが大きいような波があるものを好む人もいるということだね。

問題015 の解答と解説

　宝くじを買わない場合は、所持金が変動しないから、確率「1」と考えるんだね。

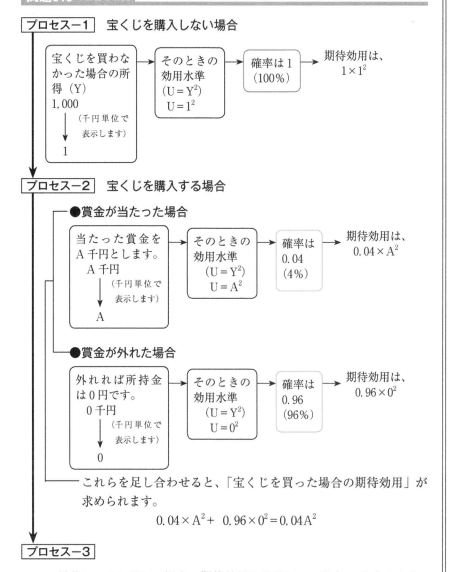

プロセス-1　宝くじを購入しない場合

宝くじを買わなかった場合の所得（Y）
1,000
（千円単位で表示します）
↓
1
→ そのときの効用水準
$(U=Y^2)$
$U=1^2$
→ 確率は1
（100%）
→ 期待効用は、
1×1^2

プロセス-2　宝くじを購入する場合

●賞金が当たった場合

当たった賞金をA千円とします。
A千円
（千円単位で表示します）
↓
A
→ そのときの効用水準
$(U=Y^2)$
$U=A^2$
→ 確率は0.04
（4%）
→ 期待効用は、
$0.04\times A^2$

●賞金が外れた場合

外れれば所持金は0円です。
0千円
（千円単位で表示します）
↓
0
→ そのときの効用水準
$(U=Y^2)$
$U=0^2$
→ 確率は0.96
（96%）
→ 期待効用は、
0.96×0^2

◆賞品が外れた場合の確率は、
1（100%）− 0.04（4%）
＝0.96（96%）

　これらを足し合わせると、「宝くじを買った場合の期待効用」が求められます。

$$0.04\times A^2+\ 0.96\times0^2=0.04A^2$$

プロセス-3

　最後に、それぞれの場合の期待効用を比較して、賞金Aを求めます。

宝くじを買わなかった場合の期待効用		宝くじを買った場合の期待効用
1	≦	$0.04A^2$
↓		↓
25	≦	A^2
↓		↓
5	≦	A

　このプロセスは千円単位で行っていたので、賞金は5,000円以上の場合になります。

　したがって、**3**が正解になります。

《解説》

保険の経済

●ケース1

ここでは、危険回避者が、どのような条件であれば保険に加入するかについて考えていきます。

〈事例〉

ある個人の来年の所得が 600 万円ですが、$\frac{1}{2}$ の確率で病気になり、健康保険のきかない入院費用が 200 万円かかることが予想されます。

したがって、この個人の来年の所得は $\frac{1}{2}$ の確率で 600 万円、$\frac{1}{2}$ の確率で 400 万円（入院費用を払った場合）と予想されます。

ここで、どのような保険ならば加入するかを検討していきます。

まず、この個人の期待効用は、所得が 600 万円と 400 万円になる確率がそれぞれ $\frac{1}{2}$ になることから右図の U_1 になります。

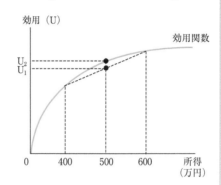

そして、下の囲みのように 100 万円の保険料を支払えば、入院したときに 200 万円の保険金が受け取れる保険があったとします。

入院保険
支払う保険料
100 万円
（保険期間 1 年間）
保険金
入院時 200 万円

この個人にとって、

（1）入院しなかったとき

所得 600 万円 − 保険料 100 万円 = 500 万円

（2）入院したとき

所得 600 万円 − 保険料 100 万円 − 入院費 200 万円 + 保険金 200 万円 = 500 万円

(1)、(2) より、入院をしてもしなくても所得は確実に 500 万円になることから、期待効用は U_2 になり、この個人の効用水準は U_1 より高くなるために、保険に加入することが考えられます。

◆確実な所得 500 万円は、変動がないために、500 万円における効用関数上の点に対応した効用 U_2 が実現できます。

●ケース2

ケース1で問題なのは、保険会社の収入がゼロになることです。そこで、保険会社の利益も考慮したケースを見ていきます。

この個人が保険に加入していないときの期待効用は U_1 であり、この水準を少しでも上回れば保険に加入することになります。

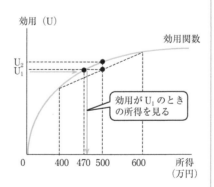

効用が U_1 のときの所得を見る

下図において、期待効用水準がU_1になり、所得が470万円に確定するような保険があった場合について考えます。

> **入院保険**
> 支払う保険料
> 　　130万円
> （保険期間1年間）
> 保険金
> 入院時200万円

┌（1）入院しなかったとき
　所得600万円 − 保険料130万円 = 470万円
　（2）入院したとき
　所得600万円 − 保険料130万円 − 入院費200
└万円 + 保険金200万円 = 470万円

上の囲みの保険では、ケース1と比較して保険料が30万円多く、保険会社の利益をも考慮しています。

この30万円を「**保険プレミアム**」といいます。

ケース2のように保険料が保険プレミアム分上回る場合には、その個人にとって保険に加入するかしないかは無差別になります。

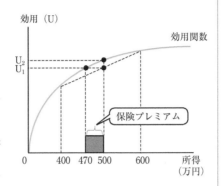

用語

保険プレミアム
　これは不確実な所得を回避して、確実な所得を得るために、消費者が最大支払って良いと考える金額です。

発展問題 ◇◇◇◇◇

問題016 保険プレミアム

ある個人の所得がMのときの効用水準Uが、右図のように表されます。

右図から、この個人は危険 ① 的であるといえます。この個人が確率$\frac{1}{2}$で2,000円の所得がありますが、確率$\frac{1}{2}$で病気になれば、何も得られない場合を考えます。

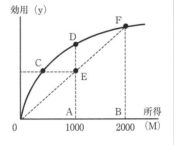

この個人が保険に加入する際の ② は1,000円であり、保険プレミアムは ③ で表されます。

文中の空欄①、②、③に当てはまる組み合わせとして、最も適切なものはどれですか。

ア ①愛好　②所得の割引現在価値　③CEの長さ
イ ①愛好　②所得の期待効用値　③DEの長さ
ウ ①回避　②確率性等価　③DEの長さ
エ ①回避　②所得の期待値　③CEの長さ

（中小企業診断士　改題）

補足

保険料

実際の保険料がケース1の保険料より保険プレミアムを超えて上回る場合
期待効用の低下のため、保険に加入しないと考えられます
実際の保険料とケース1の保険料の差額が保険プレミアムよりも下回った場合
所得の安定を確保しようとするために、保険に加入すると考えられます

問題016の解答と解説

①グラフの形状から危険回避者。②確率×所得＝期待所得（所得の期待値）。③は（保険に加入しなかったときの期待所得−保険に加入したときの確実な所得）として表されます。したがって、正解は**エ**になります。

Unit 05　消費者理論
需要の価格弾力性

出題者の狙い 需要の価格弾力性の出題では、解法のテクニックを自分のツールとして使えるくらい練習がなされているかが問われます。試験では最初のほうに出題され、スムーズに解答できれば幸先の良いスタートになるはずです。

解答のポイント 慣れてくると容易に解答できますが、応用論点が入った場合は必ずグラフをイメージし、うまく解答テクニックをあてはめられるようにしましょう。

▶基本テキスト『新・らくらくミクロ経済学入門』Unit04 関連

試験情報

国家一般、地方上級などでは最頻出です。中小企業診断士や国税専門官では発展問題に出てくるような問題の出題傾向があります。

入門問題 ▽▽▽▽▽

問題017　ある点からある点への価格弾力性

価格が 80 円で需要量が 800 個ある財が、72 円で需要量が 1,000 個になったときの需要の価格弾力性はいくらになりますか。

1 1.0　　**2** 1.5　　**3** 2.0　　**4** 2.5

（地方上級　改題）

問題017 の解答と解説

プロセス−1　**公式**

需要の価格弾力性（e）は、価格が 1% 変化したとき、需要量が何%変化するかを示すものです。これは、以下の式で示されます。

$$価格弾力性（e）= - \frac{需要量の変化率}{価格の変化率} = - \frac{\frac{\Delta X}{X}}{\frac{\Delta P}{P}}$$

プロセス−2　**公式へのあてはめ**

次に、公式に数値を代入していきます。

$$- \frac{\frac{\Delta X}{X}}{\frac{\Delta P}{P}}$$

分子へのあてはめ

ΔX ΔX というのは、需要量（X）がどれだけ変化したのかを示すものです。$\Delta X = 800 - 1,000 = -200$

X X は、変化前の需要量を示しています。$X = 800$

$\frac{\Delta X}{X}$ 変化分（ΔX）を需要量（X）で割ることによって、「需要量の**変化率**」になります。$\frac{\Delta X}{X} = \frac{-200}{800} = -\frac{1}{4}$

分母へのあてはめ

ΔP ΔP というのは、価格（P）がどれだけ変化したのかを示すものです。$\Delta P = 80 - 72 = 8$

P P は、変化前の価格を示しています。$P = 80$

$\frac{\Delta P}{P}$ 変化分（ΔP）を価格（P）で割ることによって、「価格の**変化率**」になります。$\frac{\Delta P}{P} = \frac{8}{80} = \frac{1}{10}$

補足

価格弾力性（e）

e＝1：価格の変化率と需要の変化率が等しい。

e＞1：需要の反応が大きく、「**弾力的**」

e＜1：需要の反応が小さく「**非弾力的**」で表現されます。

ミクロ参照 Unit04

◆公式にマイナス記号が付いているのは、正値にするための便宜的なものです。

プロセス−3 計算

$$-\frac{\dfrac{\Delta X}{X}}{\dfrac{\Delta P}{P}} = -\frac{-\dfrac{1}{4}}{\dfrac{1}{10}} = \frac{1}{4} \div \frac{1}{10} = \frac{1}{4} \times \frac{10}{1} = \frac{10}{4} = 2.5$$

したがって、**4** が正解になります。

入門問題 ▽▽▽▽▽▽

問題018 **ある点の価格弾力性−1**

ある財の需要曲線と供給曲線がそれぞれ、

$$D = 16 - \frac{1}{6}P \qquad S = \frac{5}{2}P$$

で示されるとき、市場均衡点におけるこの財の需要の価格弾力性はいくらになりますか。

1 $\dfrac{1}{9}$ **2** $\dfrac{1}{12}$ **3** $\dfrac{1}{15}$ **4** $\dfrac{1}{18}$

(国家Ⅱ種　改題)

考え方と解法のポイント

ここでは、もっと単純に「需要の価格弾力性」を解くためのテクニックを考えていきます。

プロセス−1 図形を工夫

まず、価格弾力性の式を書き換えます。

$$価格弾力性 (e) = -\frac{\dfrac{\Delta X}{X}}{\dfrac{\Delta P}{P}} \quad \rightarrow \quad -\frac{\Delta X}{\Delta P} \times \frac{P}{X}$$

前問では、数値をあてはめましたが、ここではそれぞれの文字の意味をグラフ上に置き換えて考えてみます。

最初に、問題で示されている市場均衡点を需要曲線上に示し、A〜D の長さで記します。

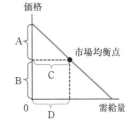

$$\left(-\frac{\Delta X}{\Delta P}\right) \times \left(\frac{P}{X}\right)$$

まず、$-\dfrac{\Delta X}{\Delta P}$ の部分は、**変化分**なので図中では $\dfrac{C}{A}$ になります。

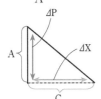

また、$\dfrac{P}{X}$ の部分は、原点からの**長さ**なので、図中では $\dfrac{B}{D}$ になります。

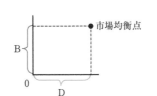

補足 **情報**

通常、試験では需要曲線は右下がりの直線で出題されますが、ごくまれに「右下がりの曲線」(直角双曲線)で出題されます。

このような場合は、どこの点でも需要の価格弾力性 (e) は 1 になります。

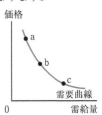

a 点：e = 1
b 点：e = 1
c 点：e = 1

覚えておくと便利です。

プロセス-2　式の整理

　ここで、需要の価格弾力性を図の長さに置き換えて、改めて式にすると、$-\dfrac{\Delta X}{\Delta P} \times \dfrac{P}{X} = \dfrac{C}{A} \times \dfrac{B}{D}$

　図より、C＝Dになりますから　$\dfrac{\not{C}}{A} \times \dfrac{B}{\not{D}} = \dfrac{B}{A}$

> このように、需要の価格弾力性は単純に$\dfrac{B}{A}$で求めることが可能になるのです。

問題018 の解答と解説

プロセス-1　市場均衡点

　需要曲線と供給曲線の交点より、市場均衡点を求めます。

　「P＝〜」の形に置き換え、D、Sを需給量Xに統一します。

需要曲線

$D = 16 - \dfrac{1}{6}P$

↓

$P = 96 - 6D$

↓

$P = 96 - 6X$

供給曲線

$S = \dfrac{5}{2}P$

↓

$P = \dfrac{2}{5}S$

↓

$P = \dfrac{2}{5}X$（均衡点では D＝S＝X です）

需要曲線＝供給曲線によって、均衡点における需給量と価格を求めます。

$96 - 6X = \dfrac{2}{5}X$

$X = 15$　（均衡需給量）

　このX＝15を需要曲線か供給曲線に代入

$P = 96 - 6 \times 15$

$P = 6$　（均衡価格）

プロセス-2　グラフ化

　需要曲線と供給曲線のグラフを用意し、均衡価格P＝6を定めます。

　次に、需要曲線と縦軸の交点（G）を需要曲線にX＝0を代入して96を求めます。

　そこで、右図のAの長さとBの長さによって、需要の価格弾力性を求めることができます。

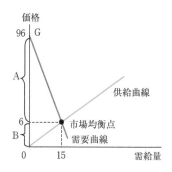

プロセス-3　計算

　最後に、解法のポイントの公式に数値を代入します。

　　需要の価格弾力性$= \dfrac{B}{A} = \dfrac{6}{(96-6)} = \dfrac{1}{15}$

したがって、**3**が正解となります。

補足

　価格弾力性の式を書き換えずに長さをあてはめても求めることができます。

$-\dfrac{\dfrac{\Delta X}{X}}{\dfrac{\Delta P}{P}} = \dfrac{\dfrac{C}{D}}{\dfrac{A}{B}}$

$= \dfrac{C}{D} \div \dfrac{A}{B}$

$= \dfrac{C}{D} \times \dfrac{B}{A}$

（C＝D より）

$= \dfrac{\not{C}}{\not{D}} \times \dfrac{B}{A}$

$= \dfrac{B}{A}$

【らくらく計算】
最適消費量の計算

（情報）

多少、複雑な形で出
題される場合は、まず
グラフをイメージしま
しょう。必ず突破口は
見つけられます。

発展問題　◇◇◇◇◇

問題019　ある点の価格弾力性－2

　ある財の需要量を X、価格を P とし、需要曲線が X＝3a－bP（a、b
は正の数）で与えられたとします。

　需要の価格弾力性が $\frac{2}{5}$ になるときの X の値はいくらになりますか。

1　X＝3a　　**2**　X＝$\frac{15a}{7}$　　**3**　X＝$\frac{0.4b}{a}$　　**4**　X＝a＋0.4b

（国家Ⅰ種　改題）

問題019 の解答と解説

プロセス－1　グラフ化

　需要曲線を「P＝〜」の形に置き換え、
グラフ上にイメージします。

　需要曲線：X＝3a－bP
　　　　　↓
　　　　　P＝$\frac{3a}{b}-\frac{1}{b}$X

　需要曲線と縦軸の交点である G 点は
X＝0 を代入して、$\frac{3a}{b}$ と定めます。

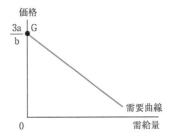

プロセス－2

　問題の価格弾力性 $\frac{2}{5}$ を図の中に組み込みます。

　需要の価格弾力性 $\frac{2}{5}=\frac{B}{A}$

　需要の価格弾力性が $\frac{2}{5}$ とな
る価格（H 点）は G 点の高さの
$\frac{B}{A+B}$、つまり $\frac{2}{5+2}=\frac{2}{7}$ にな
ります。

〈H 点の価格 P〉

　　$\frac{3a}{b}\times\frac{2}{7}=\frac{6a}{7b}$

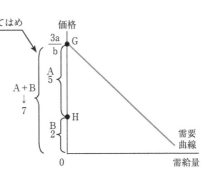

プロセス－3

　H 点の価格を需要曲線に代入すれ
ば、需要の価格弾力性が $\frac{2}{5}$ のときの
需要量 X が求められます。

　需要曲線：P＝$\frac{3a}{b}-\frac{1}{b}$X
　　　　　　↓
　代入　$\frac{6a}{7b}=\frac{3a}{b}-\frac{1}{b}$X

　　　　X＝$\frac{15a}{7}$

したがって、**2** が正解です。

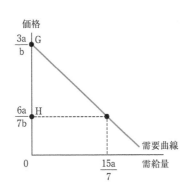

Unit 06 生産者理論
価格と生産量

出題者の狙い ①微分ができることが最低条件です。②限界～と平均～の概念の違いを理解していて、ツールとして使えるかどうかが試されます。

解答のポイント それぞれの問題の背景にあるグラフをイメージして、何と何が均等なのかを判断します。計算は微分が中心になるパターンがほとんどです。

▶基本テキスト『新・らくらくミクロ経済学入門』Unit08,09 関連

試験情報

公務員全種、中小企業診断士などで毎年のように出題され、論点はグラフによって機械的に解答できますが、国家総合、公認会計士ではレベルの高い問題が出題されます。

入門問題 ◇◇◇◇◇◇

問題020 利潤最大の生産量

完全競争市場において、ある財を生産している企業の総費用曲線が、
$$TC = Y^3 - 6Y^2 + 24Y \quad (TC:総費用、Y:生産量)$$
で示されているとします。財の価格が60で与えられたとき、この企業の利潤が最大になる生産量はいくつになりますか。

1 3 **2** 4 **3** 6 **4** 8

(国税専門官 改題)

考え方と解法のポイント

完全競争市場において、企業の利潤最大における生産量は、
$$MC(限界費用) = MR(限界収入) = P(価格)$$
になります。また、完全競争市場の定義から、MR（限界収入）とP（価格）は同値になるために、本問ではMC（限界費用）＝P（価格）として、解答を導くことになります。

問題020 の解答と解説

プロセス-1 限界費用を求める

総費用（TC）を微分することによって、限界費用（MC）を求めます。
$$TC = Y^3 - 6Y^2 + 24Y$$
限界費用（MC）＝（TC）′
$$= 1 \times 3 \times Y^{3-1} - 6 \times 2 \times Y^{2-1} + 24 \times 1 \times Y^{1-1}$$
限界費用（MC）＝ $3Y^2 - 12Y + 24$

プロセス-2 方程式を解く

利潤最大の生産量は、MC（限界費用）＝P（価格）より、
$$3Y^2 - 12Y + 24 = 60$$
これを整理して、
$$Y^2 - 4Y - 12 = 0$$
$$(Y-6)(Y+2) = 0$$
となり、Y＝6、－2 が求められます。
したがって、生産量は6となり、正解は **3** になります。

企業の利潤最大化行動
「利潤＝総収入－総費用」を求めた場合、完全競争市場では、
$$\underset{(限界費用)\;(価格)}{MC = P}$$
の均衡条件のもと、利潤最大の生産量が求められます。

ミクロ参照 Unit08

◆微分のルール
14ページの【らくらく便利】『微分のルール』を参照。

基本問題 \\\\\\

問題021 **損益分岐点**

ある企業は完全競争市場において生産物を販売しています。この企業の総費用関数が、

$$TC = Q^3 - 2Q^2 + 5Q + 8 \quad (TC：総費用、\quad Q：生産量)$$

で示されているとします。この企業の損益分岐点における生産量はいくつになりますか。

1 2　　**2** 3　　**3** 4　　**4** 5　　　　　　（国家Ⅱ種　改題）

考え方と解法のポイント

プロセス－1 損益分岐点

右下図のとおり、市場で決定された価格が P_1 の水準では、生産者は $MC = P$ になるように Q_1 で生産量を決定します。

この P_1 での価格水準では、（超過）利潤はゼロになり、収入（価格×生産量）と費用が均等になり損益分岐点価格になります。

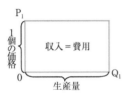

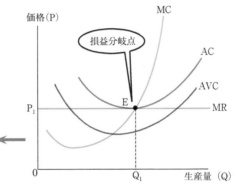

プロセス－2 方程式をつくる

E 点では、MC = AC（交点）になっています。

問題文の総費用（TC）から、限界費用（MC）と平均費用（AC）を求めて、方程式をつくります。

問題021 の解答と解説

総費用関数：$TC = Q^3 - 2Q^2 + 5Q + 8$ から、AC（平均費用）、MC（限界費用）を求めます。

$$AC（平均費用）= \frac{TC}{Q} = Q^2 - 2Q + 5 + \frac{8}{Q}$$

MC（限界費用）= $(TC)'$

$$(TC)' = 1 \times 3 \times Q^{3-1} - 2 \times 2 \times Q^{2-1} + 5 \times 1 \times Q^{1-1} + 8 \times 0 \times Q^{0-1}$$
$$= 3Q^2 - 4Q + 5$$

AC = MC より、

$$Q^2 - 2Q + 5 + \frac{8}{Q} = 3Q^2 - 4Q + 5$$

$$Q^3 - 2Q^2 + 5Q + 8 = 3Q^3 - 4Q^2 + 5Q$$

$$\rightarrow 2Q^3 - 2Q^2 - 8 = 0 \quad \rightarrow \quad Q^3 - Q^2 - 4 = 0$$

これを因数分解して、$(Q-2)(Q^2+Q+2) = 0$

これより Q = 2 が求められます。したがって、正解は **1** になります。

重要

損益分岐点

損益分岐点は、1個あたりの収入と費用が均等化しています。

式で表すと、

$$\underset{\text{（価格）}}{P} = \underset{\text{（平均費用）}}{AC}$$

となります。

Unit09

◆$Q^3 - Q^2 - 4 = 0$ の因数分解ができない場合は、問題文の選択肢の数値を代入して、X の値を見つけることも可能です。

基本問題 ◇◇◇◇◇◇

問題022 操業停止点価格

X 財を生産するある企業の総費用関数が、

$$TC = X^3 - 6X^2 + 15X + 30$$

で示されています。この企業の短期操業停止点価格はいくらになりますか。

1 3　　**2** 6　　**3** 10　　**4** 15

（地方上級　改題）

考え方と解法のポイント

プロセス－1　操業停止点価格

　下図において、市場で決定された価格水準が P_1（MC＝AVC）では、固定費用の回収すらできなくなり、さらにそれ以下の価格水準では可変費用も回収できなくなるために生産を続けることは、損失を拡大させることにつながります。

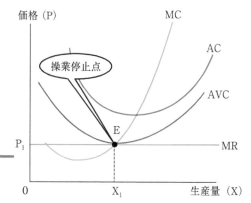

このような MC＝AVC の水準を操業停止点（企業閉鎖点）と呼び、そのときの価格水準が操業停止点価格になります。つまり、企業の生産をストップさせる水準として表されることになります。

プロセス－2　方程式をつくる

　上図より、E 点の状況から操業停止点における生産量は、2 つの手法で方程式をつくることができます。

〈解法－1〉

E 点では、MC＝AVC（交点）になっています。

　問題文の総費用（TC）から、限界費用（MC）と平均可変費用（AVC）を求めて、方程式をつくります。

〈解法－2〉

E 点は、AVC の**最低点**になっています。

　問題文の総費用（TC）から、平均可変費用（AVC）を求めて、生産量で微分してゼロとします。

操業停止点

　操業停止点は、1 個あたりの収入（価格）と 1 個あたりの費用（平均可変費用）が均等化しています。

$$\underset{\text{(価格)}}{P} = \underset{\text{(平均可変費用)}}{AVC}$$

という式で表せます。

　Unit09

問題022 の解答と解説

解法－1

限界費用（MC）＝平均可変費用（AVC）として、短期操業停止点価格における生産量を求めます。

① 問題文の総費用（TC）から、平均可変費用（AVC）を求めます。

TC（総費用）＝ $\underbrace{X^3 - 6X^2 + 15X}_{} + \underbrace{30}_{}$

可変費用（VC） 固定費用（FC）
生産量（X）に依存し 生産量（X）に依存しな
て増加する費用です。 い費用です。

可変費用（VC）＝ $X^3 - 6X^2 + 15X$

平均可変費用（AVC）は、「1個あたりの可変費用」なので、全体の可変費用（VC）を生産量（X）で割り算します。

平均可変費用（AVC）＝ $\dfrac{VC}{X} = X^2 - 6X + 15$

② 問題文の総費用（TC）から、限界費用（MC）を求めます。

TC（総費用）＝ $X^3 - 6X^2 + 15X + 30$ を生産量（X）で微分します。

MC（限界費用）＝ $(TC)'$

$(TC)' = 1 \times 3 \times X^{3-1} - 6 \times 2 \times X^{2-1} + 15 \times 1 \times X^{1-1} + 30 \times 0 \times X^{0-1}$
$= 3X^2 - 12X + 15$

③ ①、②から方程式をつくります。

$3X^2 - 12X + 15 = X^2 - 6X + 15$

$2X^2 - 6X = 0$

$X(X - 3) = 0$ より、

上の式から、生産量（X）＝3が求められます。

④ 操業停止点価格を求めます。

操業停止点では、価格（P）＝限界費用（MC）＝平均可変費用（AVC）なので、生産量（X）の3を限界費用、もしくは平均可変費用に代入します。平均可変費用（AVC）に代入すると、

$X^2 - 6 + 15 = 3 \times 3 - 6 \times 3 + 15 = 6$

したがって、**2**が正解になります。

解法－2

② 操業停止点はAVCの最低点であるから、AVCをXで微分してゼロとします。

平均可変費用（AVC）＝ $X^2 - 6X + 15$

$(AVC)' = 1 \times 2 \times X^{2-1} - 6 \times 1 \times X^{1-1} + 15 \times 0 \times X^{0-1}$
$= 2X - 6 = 0$

上の式から、X＝3が求められ、生産量（X）は3になります。

③ 生産量（X）の3を平均可変費用（AVC）または限界費用（MC）に代入します。

操業停止点価格6を求めます。

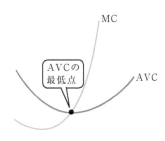

MC

AVCの
最低点

AVC

一言
解法－2は簡単にできますが、解法－1の解き方と両方とも覚えておいた方が良いですね。

重要

微分の考え方
微分は接線の傾きをとらえるものであり、最大や最小では、その値がゼロになります。

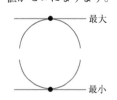

最大

最小

基本問題 ◇◇◇◇◇◇

問題023　可変費用と限界費用

Y財を生産するある企業の平均可変費用が、
$$AVC = Y^2 - 6Y + 15 \quad (AVC：平均可変費用、Y：Y財の生産量)$$
で示されます。市場において、Y財の価格が30であるとき、短期においてこの企業の生産量はいくらになりますか。

1　5　　**2**　10　　**3**　15　　**4**　20

（地方上級　改題）

考え方と解法のポイント

プロセス－1　限界費用の考え方

●総費用と限界費用

　総費用曲線（TC）の接線の傾きが限界費用になります（下図）。

総費用＝可変費用＋<u>固定費用</u>
　　　　　　　　　　↑
　　　　　　　　　一定値

●可変費用と限界費用

　総費用曲線（TC）は、固定費用（FC）分に可変費用（VC）を上乗せした形状なので、可変費用曲線（VC）の接線の傾きも限界費用（MC）になるはずです（下図）。

◆固定費用（FC）がわからなくても、可変費用（VC）がわかれば、限界費用（MC）は求められます。

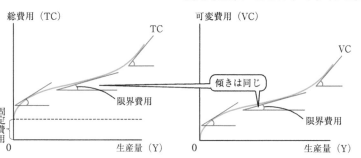

プロセス－2　限界費用を求める

$$AVC = \frac{VC}{Y} = Y^2 - 6Y + 15 \quad （平均可変費用は、可変費用を生産量で割ったものです）$$

$$VC = Y^3 - 6Y^2 + 15Y$$

↓生産量（Y）で微分して、限界費用（MC）を求めます。

$$MC = 1 \times 3 \times Y^{3-1} - 6 \times 2 \times Y^{2-1} + 15 \times 1 \times Y^{1-1}$$
$$= 3Y^2 - 12Y + 15$$

プロセス－3　利潤最大の生産量の決定

　最後に、限界費用（MC）＝価格（P）とし、生産量（Y）を求めます。

問題023の解答と解説

　利潤最大の生産量は、限界費用（MC）と価格（P）の均等化になります。

　$VC = Y^3 - 6Y^2 + 15Y$ より、

　$MC = 3Y^2 - 12Y + 15$

　利潤最大化の生産量の条件、MC＝P より、

　$3Y^2 - 12Y + 15 = 30$

$3Y^2 - 12Y - 15 = 0 \rightarrow Y^2 - 4Y - 5 = 0$

$(Y+1)(Y-5) = 0$

$Y = -1, 5$ になり、生産量は正値であることから、5になります。

したがって、**1** が正解になります。

発展問題 ◇◇◇◇◇

問題024 **長期産業均衡**

ある財を生産する産業全体の需要曲線が、

$X = 80 - P$ （X：需要量　P：価格）

で示され、また、その産業の各企業の費用曲線が

$C = 4X^2 + 64$

で示されています（すべての企業が同一の費用曲線とします）。

自由な参入により競争均衡が成り立つときの個別企業の生産量とそのときの企業の数はいくつになりますか。

	個別企業の生産量	企業数
1	2	8
2	4	12
3	8	14
4	10	16

（国税専門官、国家Ⅰ種　改題）

考え方と解法のポイント

プロセス－1 「長期」における企業の行動

●短期均衡

生産者は、LMC＝P（＝MR）になるように生産量 X_1 を決定します。このときの均衡点であるA点を見ると、下図の四角形 P_1CBA の分が超過利潤分であることがわかります。

●長期均衡

超過利潤が発生していると、新規企業が参入します。新規参入企業により市場全体での生産量は拡大し、超過供給によって価格は引き下げられます。この新規参入による価格の下落は、超過利潤がゼロになるまで続きます。

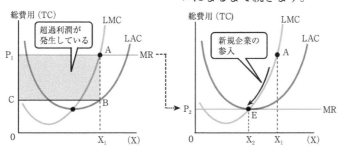

プロセス－2 長期産業均衡点

右上図より、長期産業均衡点では、以下の条件が成立しています。

E点では、P（価格）＝
LMC＝LAC（交点）

超過利潤がゼロになっていることから、新規の企業の参入・退出がなく、産業全体の均衡が達成されたことを意味しています。

補足

問題文の「自由な参入により競争均衡が成り立つ」の意味は、新規企業の参入・退出がある「**長期（産業）均衡**」のことを言っています。

重要

**長期均衡
（長期産業均衡）**

**ミクロ
参照** Unit10

補足

グラフ上では、個別企業の生産量は、X_1 から X_2 へと減少していますが、産業全体では新規企業の参入に伴って生産量は拡大していて、価格を P_2 へと引き下げることになります。

| プロセス－3 | 長期産業均衡における生産量と企業数 |

　　実際の経済、例えばビール産業といってもA
社もB社もC社もすべて異なった費用で生産
されていると考えられます。

すべて同じ費用で生産
していると考えます。

　　しかし、問題の考え方ではビール産業に参加
しているすべての企業が同じ費用という前提に
なります。

①　P（価格）＝LMC（長期限界費用）＝LAC（長期平均費用）より長期
産業均衡における生産量（X）と価格（P）を求めます。

②　①で求められる生産量は、各個別企業の生産量です。そして、価格
（P）を需要曲線に代入することによって市場全体の需要量が導出され
ます。これが、市場全体の生産量であり、その数値を各個別企業の生産
量（X）で割れば参加している企業数が導出できるはずです。

| 問題024 の解答と解説 |

① 長期産業均衡における生産量を求めます。

$LTC = 4X^2 + 64$

$\rightarrow LAC = \dfrac{LTC}{X} = 4X + \dfrac{64}{X}$

$\rightarrow LMC = (TC)' = 4 \times 2 \times X^{2-1} + 64 \times 0 \times X^{0-1} = 8X$

LMC＝LAC より、

$8X = 4X + \dfrac{64}{X}$　$X^2 = 16$　$X = 4$（個別企業の生産量）

② 長期産業均衡における価格を求めます。

P＝LMC＝LAC より、生産量(X)＝4をLMC、またはLACに代入します。
ここではLMCの式に代入してみます。

　P（価格）＝LMC＝$8 \times 4 = 32$

③ 次に、価格を需要曲線に代入することによって、市場での需要量が求め
られます。これは、完全競争市場では需要量＝供給量が成立しているため
に、市場（産業全体）の生産量となります。

　問題文より、需要曲線 X＝80－P より、

　X（需要量）＝$80 - 32 = 48$

④ 最後に、市場（産業）全体の生産量を個別企業の生産量で割れば、企業
数が求められます。

市場（産業）全体の生産量		個別企業の生産量		企業数
48	＝	4	×	n

以上より、企業数はn＝12です。したがって、正解は**2**です。

重要

**長期産業均衡における
生産量の考え方**

　損益分岐点での生産
量と同様に、
　MC＝AC
で求めましょう。

◆問題のCは長期総
費用（LTC）に置き
換えて使っています。

発展問題 ＼＼＼＼＼

問題025 長期費用曲線の導出

ある企業の短期費用曲線が、

$C = (2X - k)^3 + k^3 + 10$ （C：総費用、X：生産量）

で示されています。kは設備費用を表す正のパラメータであり、短期において一定だとします。長期において、企業は設備規模kを調達費用なしに選ぶことができるとします。その場合、この企業の長期費用曲線はどのように表されますか。

1 $C = X^3 + 10$ 　　　**2** $C = 2X^3 + 10$

3 $C = 3X^3 + 10$ 　　　**4** $C = X^2 + 10$

(国家Ⅰ種　改題)

考え方と解法のポイント

プロセス－1 短期費用曲線（STC）

まず、「短期」における総費用曲線について考えていきます。当初、小規模の設備規模の場合の短期費用曲線をSTC1とします。

この規模では、生産量がX_1であれば費用は最小にすることが可能です。しかし、それ以上の生産を行う場合、小規模では生産の効率性が悪化していきます。

そこで、生産の非効率を回避するために、設備規模を拡大させ、短期費用曲線をSTC2にさせるはずです。

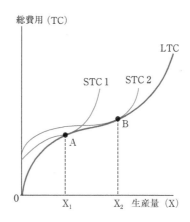

このように、長期費用曲線（LTC）は、それぞれの設備規模において最も費用効率が最小の部分（A点、B点）を結ぶことによって導出されます。

プロセス－2 最小の費用

プロセス－1では、2つの生産規模だけ取り上げましたが、実際には無数の設備規模が考えられ、その生産量ごとの費用効率の最小点の軌跡が長期費用曲線になります。

そこで、生産量（X）を固定して、設備規模（k）によって費用を微分すれば、指定した生産量のもとで費用効率が最小になる設備規模（k）を求めることができます。

〈考え方－1〉

問題022でも解説したように、費用が生産量に依存する関数ならば、費用を生産量で微分したときに最小の値を求めることができます。この考え方を応用してみましょう。

重要

長期（総）費用曲線（LTC）

長期費用曲線は、短期（総）費用曲線の包絡線になります。

ミクロ参照 Unit10

〈考え方－2〉
　同様に、費用が設備規模（k）に依存する関数ならば、費用を設備規模（k）で微分したときに最小の値を求めることができるはずです。

費用

傾きはゼロ

設備規模で微分してゼロとおく

プロセス－3

　短期費用曲線 $C = (2X - k)^3 + k^3 + 10$ を k で微分してゼロとおき、整理すると長期費用曲線が導出できます。

問題025 の解答と解説

　短期費用曲線 $C = (2X - k)^3 + k^3 + 10$ のカッコを外します。

$$C = 8X^3 - 12kX^2 + 6k^2X - k^3 + k^3 + 10$$
$$= 8X^3 - 12kX^2 + 6k^2X + 10$$

これを、k で微分します。k 以外の記号 X は数値と同じように扱います。

$$(C)' = 0 \times 8X^3 \times k^{0-1} - 1 \times 12 \times k^{1-1} \times X^2 + 2 \times 6 \times k^{2-1} \times X + 0 \times 10 \times k^{0-1}$$
$$= -12X^2 + 12kX = 0 \quad （微分してゼロとおきます）$$
$$12X(k - X) = 0$$

より、$k = X$ が求められます。これを短期費用曲線に代入します。

$$C = (2X - X)^3 + X^3 + 10$$
$$= 2X^3 + 10$$

このように長期費用曲線が求められます。よって、正解は **2** になります。

◆$(a-b)^3$ の計算
$= a^3 - 3a^2b + 3ab^2 - b^3$

応用問題　▨▨▨▨▨

問題026　定額税と従量税の費用曲線への影響

　完全競争市場において生産物を販売している企業の費用曲線が、
$$C = X^3 - 6X^2 + 15X + 10 \quad （C：総費用、X：生産量）$$
で表されます。（A）この企業に1単位あたり 2.28 の従量税が課せられた場合、及び、（B）この企業に、10 の定額税が課せられた場合のそれぞれにおいて、この企業の生産量の組み合わせとして正しいものはどれですか。ただし、この企業の生産物の1単位あたりの価格は 15 です。

	（A）	（B）
1	0.2 減少する	変化しない
2	0.1 減少する	変化しない
3	0.2 減少する	0.1 減少する
4	0.1 減少する	0.2 減少する

（国家I種　改題）

考え方と解法のポイント

（A）従量税を課した場合
　　限界費用（MC）に従量税を加算させます。
（B）定額税を課した場合
　　総費用（TC）に定額税を加算させます。

→ 次ページの「定額税と従量税の考え方」参照

問題026 の解答と解説

① 利潤最大の生産量を求めます

総費用：$C = X^3 - 6X^2 + 15X + 10$ を生産量（X）で微分して限界費用（MC）を求めます。

限界費用（MC）＝（C）′

$(C)' = 3 \times 1 \times X^{3-1} - 6 \times 2 \times X^{2-1} + 15 \times 1 \times X^{1-1} + 10 \times 0 \times X^{0-1}$
$\qquad = 3X^2 - 12X + 15$

利潤最大の均衡条件は、限界費用（MC）＝価格（P）より、

$3X^2 - 12X + 15 = 15$
$3X^2 - 12X = 0$
$3X(X - 4) = 0$

上の式より X＝0、4。したがって、生産量（X）は 4 になります。

② 従量税を課した場合

限界費用（MC）に、従量税 2.28 を加算します。

課税後の限界費用（MC）＝ $3X^2 - 12X + 15 + 2.28$

利潤最大の均衡条件は、限界費用（MC）＝価格（P）より、

$3X^2 - 12X + 15 + 2.28 = 15$
$X^2 - 4X + 0.76 = 0$
$(X - 0.2)(X - 3.8) = 0$

X＝0.2、3.8 より、生産量（X）は 3.8 が妥当と考えられます。

これは、課税前（①で求めた X＝4）より 0.2 減少しています。

◆小数の因数分解はかなり厄介だと思われますが、問題の選択肢には、0.1 と 0.2 の解答があり、それをヒントにして計算することができます。

> 限界費用曲線（MC）は、右図のような2次曲線になるために、2つの解が正値になったときは、どちらが利潤最大の生産量かを判断する必要があります。

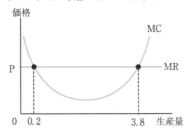

◆企業の利潤最大の均衡式、限界費用（MC）＝価格（P）において、利潤最大値と利潤最小値の2つの値が求められます。

③ 定額税を課した場合

定額税によって、限界費用（MC）は変化しないために、①と同じ生産量になります。したがって、正解は **1** になります。

《解説》

定額税と従量税の考え方

●定額税の考え方

定額税は、生産量に依存しない税金です。性質的には固定費用の上乗せのようなものと考えてください。

すると、グラフ上では、総費用曲線の上方への平行シフトとなります。

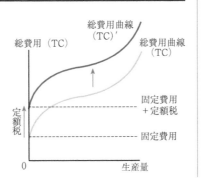

●定額税のグラフの表現

総費用曲線から読み取ります

定額税を課した場合の総費用曲線の形状から、平均費用（AC）と限界費用（MC）の課税前と課税後の状況を見ていきましょう。

平均費用（AC）

平均費用（AC）は、グラフ上では原点から任意の点への傾きになります。

そこで、定額税を課した場合、平均費用は上昇します。

限界費用（MC）

限界費用（MC）は、グラフ上では任意の点における接線の傾きになります。

定額税は、平行に上方シフトにすぎなく限界費用は変化しないことがわかります。

●従量税のグラフの表現

従量税は、1個あたりa円でかかる税金であり、供給曲線（S）の上方へ平行シフトとして表されます。

また、市場価格がいくらであろうと1個あたりの税額が決まっているために量が増加すると、税収も増加していきます。

限界費用（MC）

供給曲線（S）は、限界費用曲線（MC）です。したがって、従量税額分の限界費用曲線（MC）が上方へ平行シフトすることになります。

そして、限界費用曲線（MC）は総費用曲線上では任意の点における接線の傾きなので、それが上昇すれば平均費用（AC）にも影響し、上方シフトさせます。

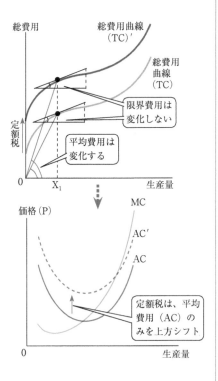

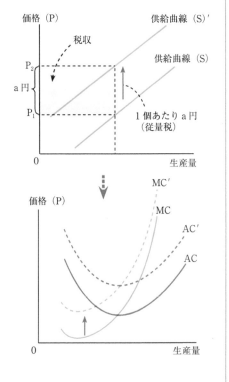

重要

平均費用（AC）

これは、グラフ上では、原点から任意の点を結んだ傾きになります。

〈茂木式・攻略三角形〉

$$傾き = \frac{高さ}{長さ}$$

$$平均費用 = \frac{総費用}{生産量}$$

【らくらく便利】
グラフの見方

重要

供給曲線は限界費用曲線と同じ

限界費用曲線は縦軸に限界費用、横軸に生産量で右上がりになります。また、価格（限界収入曲線）は横軸に平行となるため、2つの曲線の交点（生産量の決定）はすべて限界費用曲線上であることから、価格と生産量の関係を示す供給曲線は限界費用曲線と一致します。

Unit11
Unit13

発展問題 ◇◇◇◇◇◇

問題027 **従量税と定額税のグラフの読解**

　下図に関して、従量税と定額税を課したときのある企業の平均費用曲線（AC）と限界費用曲線（MC）の移動の組み合わせは次のうちどれですか。

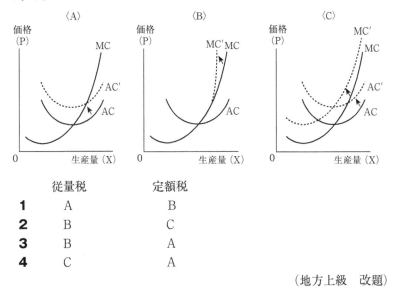

	従量税	定額税
1	A	B
2	B	C
3	B	A
4	C	A

（地方上級　改題）

問題027の解答と解説

　従量税は、限界費用曲線（MC）の上方シフトになります。それに伴って平均費用曲線（AC）も上方にシフトさせます。

　また、定額税は平均費用曲線（AC）のみのシフトになります。

　したがって、**4**が正解です。

Unit 07 生産者理論 最適生産計画

難易度	難易度は高難度順に AA、A、B、Cで表示。出題率は高出題率順に ☆、◎、○、◇で表示。
A	

資格試験別・予想出題率	国家総合	☆
	国家一般	◎
	地方上級	◇
	国税専門官	◇
	公認会計士	☆
	不動産鑑定士	
	中小企業診断士	◇
	外務専門職	◇

出題者の狙い 消費者行動の援用議論として出題されます。まず、最適消費計画と最適生産計画を分別できることが重要です。また、計算問題としてコブ=ダグラス型では分配率（指数）が分数や小数で出題されるため、数学的な力も試されます。

解答のポイント コブ=ダグラス型の計算問題は難易度が高く、見た目にも難しく感じるはずです。分配率を使って方程式に結びつけられることが最大のカギになります。

▶基本テキスト『新・らくらくミクロ経済学入門』Unit08 関連

試験情報
国家総合、国家一般で出題される傾向が強く、国税専門官では周期的に出題されています。公認会計士ではレベルの高い問題が出題されます。

基本問題 ◇◇◇◇◇◇

問題028 費用最小化の均衡条件

　右図は、生産要素 K と L を用いて生産物を生産する企業の等量曲線 Q と等費用線を示しています。

　この図に関する記述のうち、正しいものはどれですか。

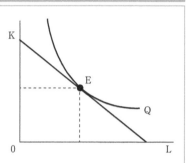

1 等量曲線上では、技術的限界代替率は常に一定です。

2 等量曲線では、原点に近いほど生産量が多くなっています。

3 点 E では、要素価格で割った限界生産力が等しくなっています。

4 点 E では、企業の利潤が最大化しています。

（国税専門官　改題）

用語

生産要素
　生産に用いられる資源のことで試験では主に、資本（K）と労働（L）の2種類が登場します。

資本（K）
　資本というとお金のようなイメージですが、ここではカナヅチやカマのような道具や製造機器をイメージしましょう。

労働（L）
　労働はそのまま労働者をイメージしましょう。

考え方と解法のポイント

プロセス-1 企業の費用最小化行動と利潤最大化行動

　企業の行動での出題は、大きく2つに大別されます。

① **費用最小化で生産投入量の決定**　　企業は、2つの生産要素（資本 K と労働 L）を用いて、一定の生産量のもと、費用が最小になるようにその投入量を決定します。

> 　費用最小化の考え方は、できるだけコストを抑えるように生産要素（資本の労働）の投入量を決定しようとするものです。
> 　例えば、農業では田畑の面積が限られていて生産量は一定なので、極力コストを抑えて生産要素を投入する必要があります。

② **利潤最大化で生産生産量の決定**　　企業は、生産量が可変であることを前提に、利潤〔総費用（TC）－総収入（TR）〕が最大になるように生産量を決定します。

重要

利潤最大化計画
　完全競争市場において、限界費用（MC）＝限界収入（MR）＝価格（P）で生産量を決定します。

ミクロ参照 Unit08

プロセス－2　限界生産力

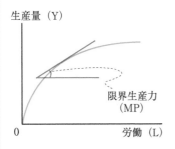

生産量（Y）

限界生産力
（MP）

0　　　　　　労働（L）

資本（K）と労働（L）という2つの生産要素のうち、どちらか一種類の生産要素の投入量と生産量の関係を見ていきます。

例えば、労働（L）を投入した場合、左図のように労働者の追加的な投入に対して生産量の大きさは次第に小さくなっていくことが仮定されます。

ここで、グラフより2つのキーワードを説明しておきます。

◆**限界生産力**…ある生産要素を追加的に1個投入したときの生産量の変化分です（生産関数の接線の傾き）。

◆**限界生産力逓減の法則**…ある生産要素の投入量を増加させていくと、限界生産力（傾き）は次第に減少することです。

<茂木式・攻略三角形>

傾き　　　限界生産力

高さ

長さ　　　$\triangle L$

$\triangle Y$

傾き $= \dfrac{高さ}{長さ}$ 　 限界生産力 $= \dfrac{\triangle Y}{\triangle L}$

なぜ限界生産力が逓減するのかは、生産設備が固定されている場合、労働者（L）をいくら増やしても、生産量はそれに比例して増加するわけではないからです。

プロセス－3　等量曲線の導出

①プロセス－2では、1種類の生産要素（労働）だけを投入した場合の生産関数でしたが、2種類の生産要素（労働と資本）では、生産関数は下図のようなフード型（生産曲面）になります。

②次に、生産量（Y）が一定のもと、生産曲面を**輪切り**にし、切り口を真上から見ます。

<生産曲面>

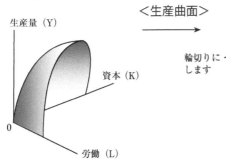

生産量（Y）

0

資本（K）

労働（L）

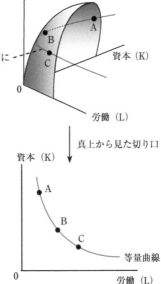

生産量（Y）

輪切りにします

A

B

C

資本（K）

0

労働（L）

真上から見た切り口

資本（K）

A

B

C

等量曲線

0　　　　　　労働（L）

③この切り口をグラフにしたものを**等量曲線（等生産量曲線）**といいます。このグラフは、生産量が一定になる2種類の生産要素（L、K）の組み合わせの集合となります。

◆生産量が拡大し、さらに労働者を追加的に1人投入するということは、現時点でそこで働いている熟練工のようなスキルに満たないか、スキルがあっても余所で働いていた人を新たに雇うということなので、生産性は低下してしまいます。

用語

限界生産力（MP）
= Marginal
Productivity

補足

茂木式・攻略三角形

ミクロ参照　【らくらく便利】グラフの見方

重要

等量曲線の作図

これは、効用関数から無差別曲線を導出する過程と同じです。

ミクロ参照　Unit01

補足

等量曲線は生産量の等高線として表されています。

つまり、生産量に応じて何本でも描くことができるということです。

プロセス—4　等量曲線の特徴

　等量曲線上のA点、B点、C点などでは、生産要素の組み合わせは異なっていても、一定の（同じ）生産量を実現することが可能です。

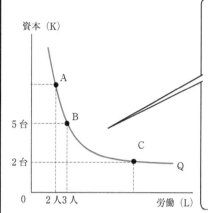

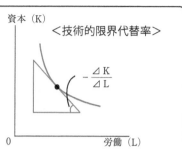

　等量曲線の傾きは、技術的限界代替率と呼ばれ、生産量を一定にしたときの2生産要素間の数量変化の比率を示します。

　等量曲線は、①右下がり　②原点に対して凸型　③交わらない　④原点から遠いほど生産量が大きいという特徴があります。

　以上の議論を、生産量（Y）を効用水準、生産要素の投入量を消費量に置き換えれば、消費者行動における「無差別曲線」と同じ考え方になります。

プロセス—5　等費用線の導出

　次に2種類の生産要素を用いての支出（費用）について考えていきます。

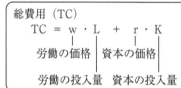

　等費用線
傾きは、生産要素の価格比になります。

```
総費用（TC）
    TC ＝ w・L ＋ r・K
         |       |
      労働の価格  資本の価格
      労働の投入量  資本の投入量
```

　企業は2種類の生産要素（労働、資本）に総費用（TC）を使い切ってしまうという前提により、総費用（TC）は、上の式で表されます。

プロセス—6　費用最小の生産要素の決定

　最後に、一定の生産量（Q）を実現するための最小の費用について右図で見ていきます。

A_1…費用は最小ですが、一定の生産量の実現はできません。

A_3…もっと低い費用でも生産が可能なはずです。

　結局、等量曲線と等費用線が接するE点において費用最小の生産要素の投入量が決定します。

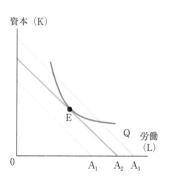

補足

技術的限界代替率逓減の法則

　一方の生産要素の増加にしたがって傾きが小さくなることです。これは、数量の増加にしたがってその生産要素の希少性が減少するためです。

◆技術的限界代替率に−（マイナス記号）が付いているのは、正値で表すためです。

用語

労働の価格＝賃金率のことです。

　w＝wages の頭文字
資本の価格＝賃借料のことです。

　r＝rent の頭文字

重要

等費用線の傾きの求め方

　茂木式・攻略三角形を使います。

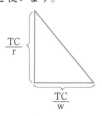

傾き $= \dfrac{高さ}{長さ}$

$= \dfrac{\dfrac{TC}{r}}{\dfrac{TC}{w}} = \dfrac{w}{r}$

費用最小の生産要素投入量における均衡式は、

$$-\frac{\Delta K}{\Delta L} = \frac{w}{r}$$

等量曲線の接線の傾き ＝ 等費用線の傾き

技術的限界代替率　　生産要素の価格比

となります。

問題028 の解答と解説

　最適生産計画に関する問題は、消費者行動における最適消費計画の考え方を素直に置き換えられることが重要になります。

	最適消費計画		最適生産計画	
効用の表現	無差別曲線	生産量の表現	等量曲線	
制約条件	予算制約線	制約条件	等費用線	
無差別曲線の傾き	限界代替率	等量曲線の傾き	技術的限界代替率	
予算制約線の傾き	財の価格比	等費用線の傾き	生産要素の価格比	
均衡式	限界代替率＝価格比	均衡式	技術的限界代替率＝生産要素の価格比	
均衡式の応用形	$\dfrac{X財の限界効用}{X財の価格} = \dfrac{Y財の限界効用}{Y財の価格}$	均衡式の応用形	$\dfrac{労働の限界生産力}{労働の価格} = \dfrac{資本の限界生産力}{資本の価格}$	

ここの置き換えがポイント！

　上表より、消費者行動における加重限界効用均等の法則を応用すれば、生産者行動における最適生産点（費用最小）の均衡条件が、

$$\frac{労働の限界生産力}{労働の価格} = \frac{資本の限界生産力}{資本の価格}$$

となることが推測できるはずです。したがって、**3** が正解になります。

基本問題　□□□□□□

問題029　コブ=ダグラス型生産関数－1

　生産関数が、x＝L・K（L：労働投入量、K：資本投入量）で与えられたとします。労働の価格が20、資本の価格が30であり、企業の利用可能な費用総額が1,500であるとき、この費用制約の下で最大の生産量を得るためには、労働と資本をそれぞれ何単位投入すればよいでしょうか。

	労働	資本
1	22.5	35
2	30	30
3	37.5	25
4	45	20

（国家Ⅱ種　改題）

重要 関連

加重限界効用均等の法則

　最適消費点では、1円あたりの限界効用が等しくなります（Unit01 参照）。

$$\frac{X財の限界効用}{X財の価格}$$

$$= \frac{Y財の限界効用}{Y財の価格}$$

ミクロ参照　Unit01

考え方と解法のポイント

　コブ゠ダグラス型は、$x = L^a K^b$ のように生産関数が右肩の小さい数字（指数）を持った掛け算の形のものです。この問題の等量曲線（生産関数）はコブ゠ダグラス型なので、消費者行動での学習と同様の手順で簡単に求めることができます。

問題029 の解答と解説

プロセス－1　最適消費量の計算を援用してみる

　最適消費量の計算で、効用関数がコブ゠ダグラス型の場合に使った裏ワザを援用してみます。

　まず、生産関数の場合、指数は何乗を示しているのではなく、その生産要素への支払ったお金（支出額）の割合を示していると考えます。

　つまり、$x = L \cdot K$ の場合は、$x = L^1 \cdot K^1$ と書き換えれば、労働（L）と資本（K）への支出額に占める割合は1：1の関係になっているということです。

プロセス－2

　$x = L^1 K^1$ とおきます。

　指数 $\boxed{1}\,\boxed{1}$　合計は2です。

　これは、費用総額1,500を2として労働の投入（L）と資本の投入（K）に1：1の割合でお金を支払う（支出額）ということです。

　　費用総額＝1,500

　　　　　　全体を2とおくと

労働の投入への支出額：750	資本の投入への支出額：750
1	1

$$\frac{1}{2} \xleftarrow{} \text{労働への支出の割合}$$
$$\xleftarrow{} \text{合計}$$

労働への支出額の割合が1 → $\dfrac{1}{2} \times \underset{\text{費用総額}}{1,500} \div \underset{\substack{\text{労働の}\\\text{価格}}}{20} = \underset{\substack{\text{労働の}\\\text{投入量}}}{37.5}$

労働への支出額

$$\frac{1}{2} \xleftarrow{} \text{資本への支出の割合}$$
$$\xleftarrow{} \text{合計}$$

資本への支出額の割合が1 → $\dfrac{1}{2} \times \underset{\text{費用総額}}{1,500} \div \underset{\substack{\text{資本の}\\\text{価格}}}{30} = \underset{\substack{\text{資本の}\\\text{投入量}}}{25}$

資本への支出額

　以上のような方法で簡単に求めることができます。正解は**3**になります。

重要

　最適消費量の計算問題で、効用関数がコブ゠ダグラス型の場合、裏ワザで解くことができます。

【らくらく計算】
ミクロ参照 最適消費量の計算

一言

　解き方は、消費者の最適消費量を求めるパターンと同じです。

◇◇◇◇◇◇

問題030 コブ=ダグラス型生産関数－2

ある財 Y の生産関数が、
$$Y = K^{\frac{2}{3}}L^{\frac{1}{3}} \quad (K：資本投入量、L：労働投入量)$$
で示され、資本の価格（賃借料）は 2、労働の価格（賃金率）は 1 であるとします。

生産者が財 Y を 10 だけ生産するのに最適な資本投入の大きさはいくらになりますか。

1 10 　**2** 20 　**3** 30 　**4** 40 　（国家Ⅰ種、国家Ⅱ種 改題）

考え方と解法のポイント

この問題では、単に消費者行動の援用という考え方から離れて、生産者行動に合った背景からコブ=ダグラス型生産関数を見ていきます。

プロセス－1 **コブ=ダグラス型生産関数の考え方**

基本的にコブ=ダグラス型生産関数は肩の数字（指数）の合計を足し合わせると 1 になるという性質を持っているため、肩の数字はそれぞれ生産者が財を生産して販売したときに得られる収入の資本家と労働者の取り分（分配の割合）として考えます。

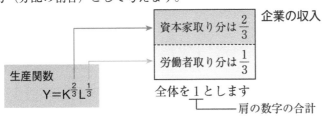

重要

分配率

生産関数が、
$Y = K^{\frac{2}{3}}L^{\frac{1}{3}}$ の場合、

資本の分配率
$$\frac{2}{3} = \frac{rK}{PY}$$

労働の分配率
$$\frac{1}{3} = \frac{wL}{PY}$$

プロセス－2 **方程式をつくる**

企業が得られる収入から資本と労働への分配率をもとに方程式をつくります。

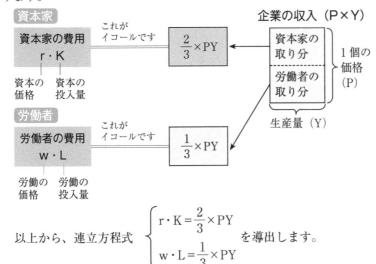

以上から、連立方程式
$$\begin{cases} r \cdot K = \dfrac{2}{3} \times PY \\ w \cdot L = \dfrac{1}{3} \times PY \end{cases}$$
を導出します。

補足

企業（生産者）の収入は、価格（P）×生産量で示されます。それを資本家と労働者で肩の数字の比率で分け合う（分配）ことになります。例えば、労働者であれば、分配された金額は労働者の価格（賃金）×労働者の投入量（働いている人の数）としてイコールで結ぶことができるはずです。

プロセスー3

　　最後に、問題からr=2、w=1を連立方程式に代入して、生産量Yと
資本の投入量Kの関係を見ることになります。

問題030 の解答と解説

①生産関数の分配率をもとに方程式をつくります。

〈生産関数〉

$$Y = K^{\frac{2}{3}} L^{\frac{1}{3}}$$

〈連立方程式〉

$$
\begin{cases}
rK = \dfrac{2}{3}PY \\
wL = \dfrac{1}{3}PY
\end{cases}
\xrightarrow{\text{整理します}}
\begin{array}{l}
PY = \dfrac{3}{2}rK \\
PY = 3wL
\end{array}
$$

PYを消去します。

$$\frac{3}{2}rK = 3wL$$

②連立方程式の整理ができたら、問題からr=2、w=1を代入します。

$$\frac{2}{3} \times 2 \times K = 3 \times 1 \times L \text{ より}$$

　　　K=L　となります。

③最後に、生産関数にK=Lを代入して、YとKの関係を調べます。

〈生産関数〉

$$Y = K^{\frac{2}{3}} L^{\frac{1}{3}} \xrightarrow{\text{K=Lを代入}} Y = K^{\frac{2}{3}} K^{\frac{1}{3}} \longrightarrow Y = K^{\frac{2}{3}+\frac{1}{3}}$$

$$Y = K$$

◆指数の掛け算

$$Y = K^{\frac{2}{3}} K^{\frac{1}{3}}$$

指数の足し算
で求めます

$$Y = K^{\frac{2}{3}+\frac{1}{3}}$$

　　これは、生産量（Y）と資本の投入量（K）が等しいことであり、財を10
生産するのに資本の投入量（K）も10必要になるということです。

　　したがって、**1**が正解です。

応用問題 ◇◇◇◇◇◇

問題031 **生産関数と費用関数**

　　等量曲線が下図のように示されているとき、規模に関して収穫逓増を
示しているものはどれですか。

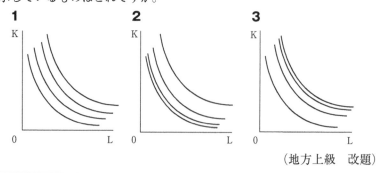

（地方上級　改題）

問題031 の解答と解説

最適生産計画と費用曲線の関係を説明します。

（図−1）最適生産計画

企業は最小の費用を行うように2種類の生産要素（K、L）を投入し、生産量を増加させます（y＝1→y＝2→y＝3…）。

このとき、生産量を増加させていくとその間隔がだんだん縮まっていき、そして、ある水準を超えると、広がっていくような性質があります。

これは、生産水準が低い段階では、生産要素の投入が効率的に機能しますが、生産水準がある程度を超えると非効率的になっていくからです。

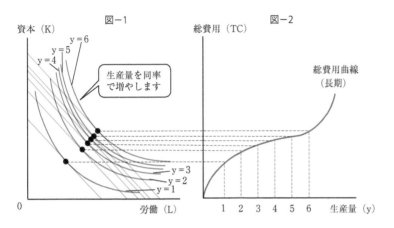

労働量を増やせば生産はスピードアップできる！
しかし、増やし過ぎるとスピードダウン！

（図−2）費用曲線がなぜ逆S字型になるのかはこのような等量曲線の間隔に影響されると考えられます。

（図−3）

●規模に関して収穫逓増

これは、生産要素である資本（K）と労働（L）を同じ比率で増加させていった場合、生産水準がそれ以上の比率で増加するケースのことです。逆の言い方をすると、生産量が2倍、3倍と増加すると、等量曲線の間隔が次第に狭くなっていくことになります。

●規模に関して収穫逓減

今度は、生産要素である資本（K）と労働（L）を同じ比率で増加させていった場合、生産水準がそれ以下の比率でしか増加しないケースです。

このケースでは、等量曲線の間隔は次第に広がっていくことになります。

以上のことから、正解が**3**であることがわかります。

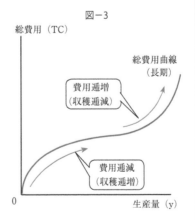

総費用曲線（TC）
逆S字型の形状になります。

Unit08

発展問題 ◇◇◇◇◇◇

問題032　限界生産力と平均生産力

　完全競争市場における企業の生産関数が次のように与えられています。

$$Y = K^{0.2}L^{0.8}$$

　ここでYは生産量、Kは資本量、Lは労働量を表します。実質賃金率が20のとき、労働の平均生産力$\dfrac{Y}{L}$として正しいものはどれですか。

1 25　**2** 30　**3** 35　**4** 40　**5** 45

（国税専門官　改題）

考え方と解法のポイント

　コブ＝ダグラス型生産関数の特徴がわかっていれば瞬時に解答を出せる問題です。限界生産力は、平均生産力にLの肩の数字αを掛け算しただけのものになります。

問題032の解答と解説

プロセス－1　コブ＝ダグラス型生産関数の特徴

　コブ＝ダグラス型生産関数の限界生産力と平均生産力に見られる特徴を説明します。

　まず、コブ＝ダグラス型生産関数を用意します。

$$Y = L^{\alpha} \cdot K^{\beta}$$

（Y：生産量、L：労働投入量、K：資本投入量）

労働の

限界生産力 $= \dfrac{\varDelta Y}{\varDelta L} = \alpha \times L^{\alpha-1} \cdot K^{\beta}$　**生産関数をLで微分します。**

$$= \alpha \cdot L^{\alpha-1} \cdot K^{\beta} \quad \cdots ①$$

労働の

平均生産力 $= \dfrac{Y}{L} = L^{\alpha} \times K^{\beta} \times \left(\dfrac{1}{L}\right)$　**生産関数をLで割り算します。**

$$L^{\alpha} \times K^{\beta} \times L^{-1}$$
$$= L^{\alpha-1} \cdot K^{\beta} \quad \cdots ②$$

　ここで、①と②の計算式を見ると、平均生産力にLの肩の数字αを掛け算しただけのものが限界生産力になっていることに気が付きます。

$$\underset{\text{平均生産力}}{\overset{\text{労働の}}{②}}\left(\dfrac{Y}{L}\right) \times \boldsymbol{\alpha} = \underset{\text{限界生産力}}{\overset{\text{労働の}}{①}}\left(\dfrac{\varDelta Y}{\varDelta L}\right)$$

（同様に、資本の限界生産力は資本の平均生産力にβを乗じたものに等しくなります）

プロセス－2　利潤最大の条件にあてはめ

　企業の利潤最大化の条件は、価格（限界収入）＝限界費用ですが、労働市場に置き換えると、実質賃金率＝労働の限界生産力と表すことも可能になります。

補足

$\dfrac{1}{L} = L^{-1}$

$A^{m} \times A^{n} = A^{m+n}$

利潤最大化の条件

どちらも可能

財市場 ←──────→ 労働市場

価格（限界収入）＝限界費用　　実質賃金率＝労働の限界生産力

この条件式に、プロセス－1で求めた式を合わせると、芋づる式に解答を導き出すことができます。

> 実質賃金率＝
> 労働の限界生産力＝Lの肩の数字×労働の平均生産力

実質賃金率が20なので労働の限界生産力も20、Lの肩の数字が0.8より、20＝0.8×労働の平均生産力となり、労働の平均生産力25を求めます。

以上より、正解は **1** になります。

関係さえわかっていれば、芋づる式で簡単に解法を引き出せます。

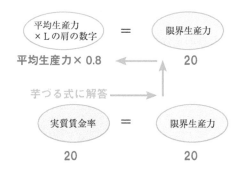

平均生産力
×Lの肩の数字　＝　限界生産力

平均生産力× 0.8　←──　　20

芋づる式に解答──→

実質賃金率　＝　限界生産力

20　　　　　　20

（情報）

　事前にコブ゠ダグラス型生産関数の特徴を知っていれば、試験会場で 20÷0.8＝25、より解答をすぐに出すことが可能です。

（一言）

　一見、難しく見えても、必ず突破口は見つかるよ！

Unit 08 市場機構
租税の効果

難易度は高難度順に AA、A、B、Cで表示。
出題率は高出題率順に ☆、◎、○、◇で表示。

資格試験別・予想出題率	
国家総合	○
国家一般	☆
地方上級	○
国税専門官	☆
公認会計士	◎
不動産鑑定士	☆
中小企業診断士	○
外務専門職	◇

出題者の狙い 従量税と従価税の課税によるグラフの変化が理解できているか、さらに余剰分析の把握、面積による分析・計算が試されます。

解答のポイント 基本的には需要曲線と供給曲線との連立方程式や厚生の損失の三角形の面積など、計算自体の難度は高くないので、普段から図を描く癖を付け、ケアレス・ミスを防ぎ、手堅く得点源にしましょう。

▶基本テキスト『新・らくらくミクロ経済学入門』Unit13 関連

試験情報

公務員試験では、経済以外でも、財政学や経済政策の科目として出題される傾向が強く、不動産鑑定士や国税専門官、地方上級などの記述試験では計算の知識が必要とされる分野です。

入門問題　▽▽▽▽▽▽

問題033　余剰分析

完全競争市場において、ある財の価格を P とし、

需要曲線：D ＝ 60 − 4P

供給曲線：S ＝ 2P

で表される場合、市場均衡が成立しているときの需給量、消費者余剰、生産者余剰の組み合わせとして妥当なものはどれですか。

	需給量	消費者余剰	生産者余剰
1	10	50	100
2	10	250	50
3	20	50	50
4	20	50	100

（地方上級　改題）

考え方と解法のポイント

プロセス−1　「P＝〜」の形にして、D と S を X でそろえる

縦軸が P（価格）なので、需要曲線と供給曲線を P＝〜の形にします。

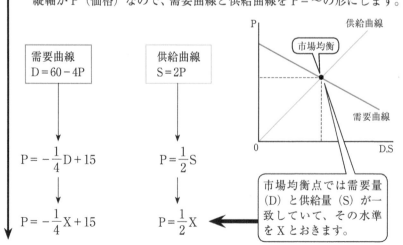

需要曲線
D ＝ 60 − 4P

$P = -\dfrac{1}{4}D + 15$

$P = -\dfrac{1}{4}X + 15$

供給曲線
S ＝ 2P

$P = \dfrac{1}{2}S$

$P = \dfrac{1}{2}X$

市場均衡点では需要量（D）と供給量（S）が一致していて、その水準を X とおきます。

◆ 最初に、「P＝〜」の形で式をつくる

下のグラフのような一次関数を学習したときを思い出してください。

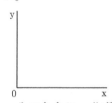

そのときに、必ず縦軸の y＝〜の式をつくったはずです。

これと同じ要領で、縦軸の文字である P＝〜にします。

プロセス―2　連立方程式とグラフ

$$\begin{cases} \text{需要曲線} \\ P = -\dfrac{1}{4}X + 15 \\ \text{供給曲線} \\ P = \dfrac{1}{2}X \end{cases}$$

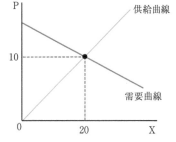

この連立方程式を解いて、P＝10、X＝20を求めます。

この値は、市場均衡点における均衡価格と均衡需給量になります。

プロセス―3　消費者余剰と生産者余剰の面積

次に、消費者余剰と生産者余剰を面積として求めます。

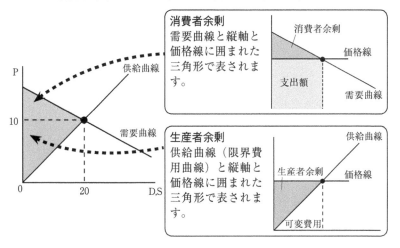

消費者余剰
需要曲線と縦軸と価格線に囲まれた三角形で表されます。

生産者余剰
供給曲線（限界費用曲線）と縦軸と価格線に囲まれた三角形で表されます。

問題033 の解答と解説

均衡需給量を X とし、需要曲線と供給曲線を整理します。

$$\begin{cases} \text{需要曲線} \\ P = -\dfrac{1}{4}X + 15 \\ \text{供給曲線} \\ P = \dfrac{1}{2}X \end{cases}$$

上の連立方程式から、

P＝10、X＝20を求めます。

次に、需要曲線に X＝0 を代入して、

縦軸との交点を15として、消費者余剰を求めることができます。

$$\underset{\text{(三角形の面積)}}{\text{消費者余剰}} = \frac{\text{底辺×高さ}}{2} = \frac{20 \times (15-10)}{2} = 50$$

$$\underset{\text{(三角形の面積)}}{\text{生産者余剰}} = \frac{\text{底辺×高さ}}{2} = \frac{20 \times 10}{2} = 100$$

以上の計算により、正解は **4** になります。

重要・用語

消費者余剰

消費者余剰とは、消費者が買わずに済ますより、それを購入するほうが良いと考えた場合、払っても良いと思う金額と実際に払った金額の差額のことです。

生産者余剰

生産者余剰とは、生産者が供給して販売した金額から、その製品の生産に要したコストを引いた部分のことです。

ここでいう「コスト」とは可変費用のことであり、生産者余剰は収入から可変費用を引いた利潤＋固定費用になります。

ミクロ参照　Unit13

一言

与えられた式を「P＝～」の形に直す習慣をつけておきましょう。

入門問題　◇◇◇◇◇

問題034　従量税の課税後の価格

　ある財に対する市場の需要曲線と供給曲線がそれぞれ、

　　D＝150－P
　　S＝2P

| D：需要量　S：供給量　P：価格 |

で示されているとします。

　この財に１単位あたり30の従量税が課せられたとすると、市場の均衡価格はいくらになりますか。

　1　50　　**2**　60　　**3**　70　　**4**　80

（地方上級　改題）

考え方と解法のポイント

プロセス−1　P＝〜の形にして、DとSをXでそろえる

　縦軸がP（価格）なので、需要曲線と供給曲線をP＝〜の形にします。

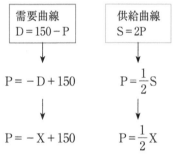

| 需要曲線
D＝150－P | 供給曲線
S＝2P |

↓

P＝－D＋150　　　　　　P＝$\frac{1}{2}$S

↓

P＝－X＋150　　　　　　P＝$\frac{1}{2}$X

この連立方程式を解くことによって、
市場均衡点Eにおける需要量と価格を求めることができます。

プロセス−2　供給曲線に１単位あたりの税額を加算する

　税金は限界費用の上乗せなので、グラフ上では供給曲線の上方シフトになります。

　課税前の供給曲線

　　　　P＝$\frac{1}{2}$X

　課税後の供給曲線

　　　　P＝$\frac{1}{2}$X＋30

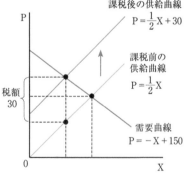

　従量税の場合、供給曲線の平行移動であり、計算式では縦軸の切片が税額分だけ加算されます。

プロセス−3　連立方程式を解く

　税金によって、需要曲線がシフトすることはありません。供給曲線のみに変更を加え、連立方程式をつくります。

　　$\begin{cases} P＝-X＋150 & \cdots 需要曲線 \\ P＝\frac{1}{2}X＋30 & \cdots 供給曲線 \end{cases}$

重要　用語

従量税

　従量税とは、１個につきいくらという課税法のことです。

　例えば、従量税が15円だとすると、財の価格が10円でも1,000円でも１個につき15円の税金がかかり、供給した「量」に応じて税収が増減します。

ミクロ参照 ▷ Unit13

一言

　生産者は税金分だけ、コスト増になります！

◆グラフを見やすくするために、傾きなどは少しデフォルメしています。

問題034 の解答と解説

税額を加えた供給曲線と需要曲線の連立方程式をつくります。

$$\begin{cases} P = -X + 150 & \cdots 需要曲線 \\ P = \dfrac{1}{2}X + 30 & \cdots 供給曲線 \end{cases}$$

この連立方程式を解くと、P=70 となり、正解は **3** になります。

基本問題 ◇◇◇◇◇◇

問題035 **厚生の損失**

ある財に対する市場の需要曲線と供給曲線がそれぞれ、
$$D = 150 - P$$
$$S = 2P$$

| D:需要量　S:供給量　P:価格 |

で示されているとします。

この財に1単位あたり30の従量税が課せられたとすると、生じる厚生の損失の面積はいくらになりますか。

1 200　**2** 300　**3** 400　**4** 500　　　（地方上級　改題）

考え方と解法のポイント

プロセス-1 問題034 と同様の処理をする

①需要曲線と供給曲線を P=～の形に変えます。

②D、S を X で統一します。

③供給曲線に税額30を加算します。

課税前の供給曲線
↓
$$P = \dfrac{1}{2}X$$

課税後の供給曲線
$$P = \dfrac{1}{2}X + 30$$

$$\begin{cases} P = -X + 150 & \cdots 需要曲線 \\ P = \dfrac{1}{2}X + 30 & \cdots 供給曲線 \end{cases}$$

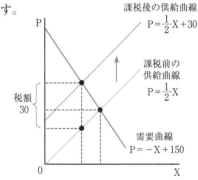

プロセス-2 余剰分析

ここで、変化後の供給曲線をもとに余剰分析を行います。

①消費者余剰
　価格の上昇により、消費者余剰は減少します。

②税収
　税収は政府の余剰です。

③生産者余剰
　価格の上昇により、生産者余剰は減少します。

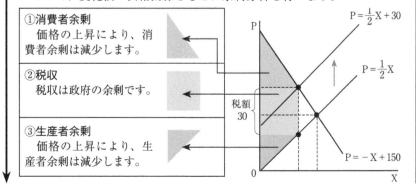

一言
必要な面積を切り取って、計算します！

プロセス-3　厚生の損失

　課税前の総余剰（三角形 ABE）と課税後の総余剰（四角形 ABDC）の差として、「厚生の損失」（三角形 CDE）の面積を明らかにします。

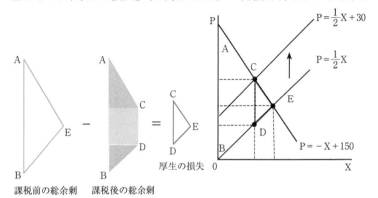

課税前の総余剰　　課税後の総余剰　　厚生の損失

プロセス-4　厚生の損失の面積

　最後に、C 点、D 点、E 点を求め、三角形の面積の公式にあてはめ、厚生の損失を求めます。

問題035 の解答と解説

　厚生の損失として、三角形 CDE の面積を求めます。

①C 点

$$\begin{cases} P = \dfrac{1}{2}X + 30 \\ P = -X + 150 \end{cases}$$

　この連立方程式より、

　$P = 70$、$X = 80$ が求められます。

②E 点

$$\begin{cases} P = \dfrac{1}{2}X \\ P = -X + 150 \end{cases}$$

　この連立方程式より、

　$P = 50$、$X = 100$ が求められます。

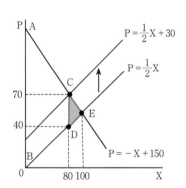

③D 点

　$P = \dfrac{1}{2}X$ に①で求めた $X = 80$ を代入し、$P = 40$ を求めます。

以上の計算により、

$$\begin{matrix}\text{厚生の損失}\\(\text{三角形の面積})\end{matrix} = \frac{\text{底辺} \times \text{高さ}}{2} = \frac{(70 - 40) \times (100 - 80)}{2} = 300$$

したがって、**2** が正解になります。

税金の効率性

　税金を課すことによって厚生の損失を発生させ、非効率的な市場になります。しかし、外部不経済におけるピグー課税のように、効率的な市場の達成のための課税もあります（Unit13 参照）。

ミクロ参照 Unit13 Unit21

基本問題

問題036 従価税

> ある財の需要曲線と供給曲線がそれぞれ、
>
> $$D = -\frac{2}{3}P + 46 \qquad \boxed{\text{D：需要量　S：供給量　P：価格}}$$
>
> $$S = 2P - 10$$
>
> で示されています。
>
> もし、政府がこの財に20％の従価税を賦課したとすると、そのとき
> に発生する厚生の損失はいくらになりますか。
>
> **1** 2　　**2** 4　　**3** 6　　**4** 8
>
> （地方上級、国家Ⅱ種　改題）

考え方と解法のポイント

　この問題の場合、課税が「従価税」であり、課税後の供給曲線に関しては
「従量税」とは異なった計算手法を使います。

　従価税は、試験では
「**消費税**」という名称
でも出題されます。
　消費税が注目される
年度では、従価税の出
題傾向が高まるようで
す。

プロセス－1

①需要曲線と供給曲線を P＝〜の形に変えます。
②D、S を X で統一させます。

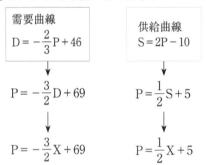

プロセス－2　従価税

　従価税は、「量」ではなく「**価格**」に対して課税されます。

> 税率を t とすると、課税後の供給
> 曲線は
> $$P' = (1+t)P$$
> になります。

　この問題では、従価税が20％な
ので、t＝0.2として課税後の供給
曲線（P′）を導出します。

$$P' = (1+0.2)\left(\frac{1}{2}X + 5\right)$$

$$= 0.6X + 6$$

　このように、従価税は供給曲線に対し、縦軸の切片と傾きに影響を与
えながらグラフがシフトすることがわかります。

◆計算式では分数と小
数が混在しています
が、計算しやすいよう
にどちらかに統一して
も構いません。

プロセス−3　厚生の損失の求め方

　　厚生の損失の面積は、従価税で
も従量税の場合と同様に求めてい
きます。

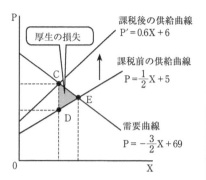

　　右図において、C点、D点、E
点を求め、三角形の面積の公式に
あてはめ、厚生の損失を求めます。

問題036 の解答と解説

厚生の損失として、三角形CDEの面積を求めます。

①C点

$$\begin{cases} P' = 0.6X + 6 \\ P = -\dfrac{3}{2}X + 69 \end{cases}$$

　　この連立方程式より、

　　$P = 24$、$X = 30$ が求められます。

②E点

$$\begin{cases} P = \dfrac{1}{2}X + 5 \\ P = -\dfrac{3}{2}X + 69 \end{cases}$$

　　この連立方程式より、

　　$P = 21$、$X = 32$ が求められます。

③D点

　　$P = \dfrac{1}{2}X + 5$ に①で求めた $X = 30$ を代入し、$P = 20$ を求めます。

以上より、

$$\underset{\text{(三角形の面積)}}{\text{厚生の損失}} = \frac{\text{底辺} \times \text{高さ}}{2} = \frac{(24 - 20) \times (32 - 30)}{2} = 4$$

したがって、**2** が正解になります。

補足

　P′＝Pとして連立方
程式を解いています
が、P′のダッシュマー
クは課税後の供給曲線
として便宜的につけて
いるだけです。

一言

　試験会場でグラフを
イメージできれば、あ
とは計算作業だけで
す。

発展問題　▱▱▱▱▱

問題037　最大の税収

　　競争的な市場における、ある財の需要曲線と供給曲線がそれぞれ、

　　　　$D = 200 - P$
　　　　$S = P - 100$

　　　　| D：需要量　S：供給量　P：価格 |

で示されています。

　　この財に従量税を課したとき、税収を最大にするためには、財1単位
あたりの税額をいくらにすればよいでしょうか。

　　1　10　　**2**　20　　**3**　40　　**4**　50　　　　（国家Ⅰ種　改題）

考え方と解法のポイント

「最大になる」のキーワードから、微分して0（ゼロ）となるという考え方を応用しましょう。

問題037 の解答と解説

プロセス−1

これまでと同様の手順で計算式を組み立てていきます。

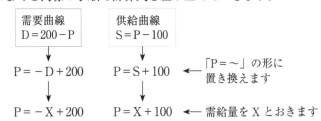

プロセス−2

ここで、1単位あたりの従量税額を t 円として、供給曲線を変更させます。

課税前の供給曲線　$P = X + 100$

課税後の供給曲線　$P = X + 100 + t$

プロセス−3

次に、課税後の均衡需給量を連立方程式で求めます。

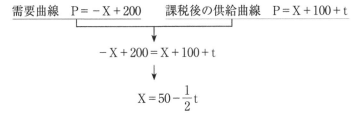

需要曲線　$P = -X + 200$　　課税後の供給曲線　$P = X + 100 + t$

$$-X + 200 = X + 100 + t$$

$$X = 50 - \frac{1}{2}t$$

プロセス−4

さらに、税収に関しては右図にしたがって、1単位あたりの税額（t）×生産量（X）で求めることができます。

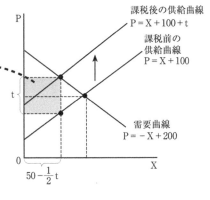

税収（T）$= t \times \left(50 - \frac{1}{2}t\right)$

$= -\frac{1}{2}t^2 + 50t$

微分してゼロ
効用を最大にするのですから、グラフ上では傾きがゼロになっているはずです。

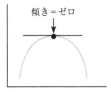

◆ D、S を X とおく理由は、均衡点では D＝S だから、均衡需要量の X とおけるのです。

この問題を試験会場で初めて見た！という受験生でも「最大」という言葉をヒントに微分することがわかれば突破口は開けます！

◆従量税の課税法は縦軸の切片を税額分だけ加算させます。

プロセス−5　最大の税収

〈考え方−1〉

　最適消費量の計算でも解説したように、効用が消費量に依存する関数ならば、効用関数を消費量で微分し、ゼロとおけば効用最大の消費量を求めることができます。この考え方を応用してみましょう。

↓

〈考え方−2〉

　同様に、税収（T）が1単位あたりの税額（t）に依存する関数ならば、税収（T）を税額（t）で微分し、ゼロとおけば最大の税収の値を求めることができるはずです。

税収（T）＝ $-\dfrac{1}{2}t^2 + 50t$ を税額（t）で微分します。

$$(T)' = -\dfrac{1}{2} \times 2 \times t^{2-1} + 50 \times 1 \times t^{1-1}$$
$$= -t + 50 = 0$$

　この計算より、t＝50が導出され、税収を最大化する税額が求められます。したがって、**4**が正解となります。

《解説》

租税の転嫁

　この Unit で扱っている従量税や従価税のような間接税には、「転嫁」という論点が存在します。転嫁とは、最初の課税負担が他の経済主体へ移転されるプロセスのことをいいます。例えば、間接税の納税義務者は生産者ですが、その税負担を消費者へ移転させるといったことです。

　右図において、生産者が支払うべき間接税（従量税）が、課税前より課税後のほうが価格が引き上がり、消費者へ転嫁されていることがわかります。

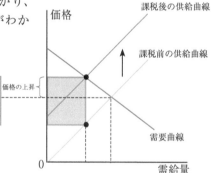

転嫁と価格弾力性

　次に、需要曲線や供給曲線の傾き（価格弾力性）が異なると、同額の課税を行ったとしても税収に占める消費者負担、生産者負担、厚生の損失が変化することを見ていきます。

〈需要曲線〉

弾力性が小さい　D
価格の変動で需要量の変化が小さい

弾力性が大きい　D
価格の変動で需要量の変化が大きい

〈供給曲線〉

S　弾力性が小さい
価格の変動で供給量の変化が小さい

S　弾力性が大きい
価格の変動で供給量の変化が大きい

◆微分の計算

　14 ページの【らくらく便利】『微分のルール』を参照。

補足　用語

直接税
　法律上の納税義務者と、最終的に税を負担する者とが一致する税（所得税、法人税、相続税、贈与税、地価税など）。

間接税
　法律上の納税義務者と、最終的に税を負担する者とが一致しない税（税の価格への転嫁が可能であり、消費税、酒税、たばこ税など）。

一言

　価格が上昇した分を消費者が負担しなければならないということだね！

◆ケース－1　需要の価格弾力性と転嫁

①1単位あたり t 円の従量税を課税します（供給曲線は S から S' へシフト）。

②需要の価格弾力性が小さい場合を比較していきます。

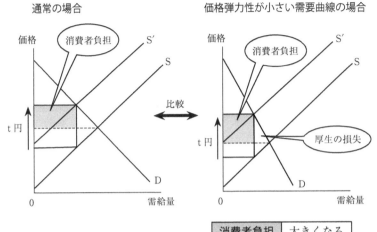

情報

　面積の大小を比較するパターンの問題は、事前に覚えるよりも、試験会場でグラフを描いて確認したほうが判別しやすいです。

需要の価格弾力性が小さい →

消費者負担	大きくなる
生産者負担	小さくなる
厚生の損失	小さくなる

一言

　厚生の損失が小さくなれば、経済学的には良いことですね。

◆ケース－2　供給の価格弾力性と転嫁

①1単位あたり t 円の従量税を課税します（供給曲線は S から S' へシフト）。

②供給の価格弾力性が大きい場合を比較していきます。

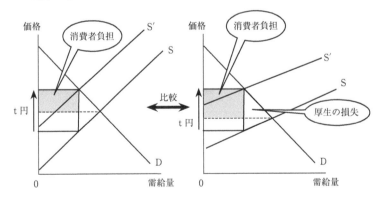

供給の価格弾力性が大きい →

消費者負担	大きくなる
生産者負担	小さくなる
厚生の損失	大きくなる

税の中立性

中立的な課税とは、課税による資源配分の攪乱（かくらん）を起こさないことです。資源配分の攪乱とは、課税によって均衡需給量が変化（一般的には減少）してしまう効果をいいます。

ここでは、中立的な課税を2パターン取り上げます。

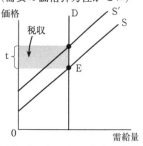

●需要曲線が垂直なケース
（需要の価格弾力性がゼロ）

例えば、どんなに高くても購入したい財のように、需要の価格弾力性がゼロの場合、従量税が課されると価格の上昇によって、税のすべてが消費者負担となります。

しかし、課税の前後で取引数量は変化せず、厚生の損失も発生しない中立的な課税となります。

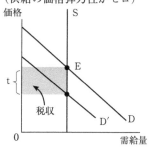

●供給曲線が垂直なケース
（供給の価格弾力性がゼロ）

例えば、土地のように価格が変動しても数量が変化しない供給の価格弾力性がゼロの場合、課税による供給曲線のシフトはありません。

価格も取引量も変化せず、従量税は生産者の全額負担となります（需要曲線もシフトしませんが、上図では便宜的に需要曲線のシフトを描いています）。この場合も厚生の損失が発生しない中立的な課税となります。

「税の中立性」と「税の公平性」は異なります。

税の公平性

（1）垂直的公平

税負担能力が大きいほど、大きな課税負担にするべきこと。

所得税のような累進的課税は垂直的公平に優れています。

（2）水平的公平

同じ税負担能力では、等しい税負担にするべきこと。

消費税のような間接税は、同じ消費支出の層で同じ税負担になることから水平的公平に優れています。

補足

需要曲線が垂直になる財

これは、どんなに価格が高くても購入したいと思う財であり、例えば難病に効く唯一の薬の価格や終電後のタクシー代金などをイメージしてください。

応用問題 ◁◁◁◁◁

問題038　中立的な課税

下図のア～オのような需要曲線Dと供給曲線Sの形状をもつ財があります。その財に1単位あたり一定の従量税を課すとき、資源配分を攪乱しないような中立的な課税が実現できるものはどれですか。ただし、E点は需給の均衡点、縦軸は価格、横軸は需給量とします。

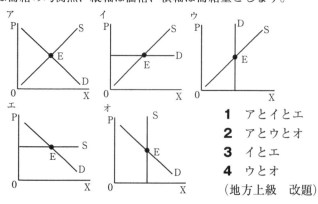

1 アとイとエ
2 アとウとオ
3 イとエ
4 ウとオ

（地方上級　改題）

中立的な課税は、垂直な需要曲線と供給曲線の場合であり、**4**が正解になります。

応用問題 ▨▨▨▨▨

問題039　需要の価格弾力性と転嫁

　ある財に一定額の従量税を課し、下図の供給曲線がそれによってシフトをしたと仮定します。価格弾力性が異なる2つの需要曲線 D_A と D_B を対比した場合、転嫁の状況を正しく述べているものはどれですか。

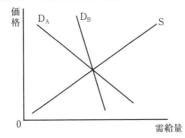

1　D_A のほうが消費者価格への転嫁は小さく、販売量の減少は大きく、税収は大きい。

2　D_B のほうが消費者価格への転嫁は大きく、販売量の減少は小さく、税収は小さい。

3　D_A のほうが消費者価格への転嫁は小さく、販売量の減少は大きく、税収は小さい。

4　D_B のほうが消費者価格への転嫁は大きく、販売量の減少は大きく、税収は小さい。

（地方上級　改題）

問題039 の解答と解説

供給曲線を同じ税額（t）だけ上方へシフトさせ、分析していきます。

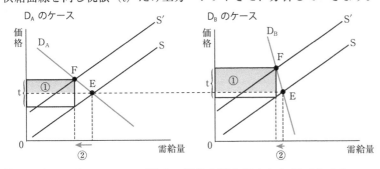

　作図をすることによって、明確に解答を導き出すことができます。

　初期の均衡点をE点、課税後の均衡点をF点として比較します。

①消費者負担（消費者価格への転嫁）は D_B のケースのほうが大きいです。

②販売量の減少は D_A のケースのほうが大きいです。

③販売量の減少が少ない D_B のケースのほうが税収は大きくなります。

　これらをまとめると**3**が正解になります。

　試験会場でグラフを描けば解ける問題でも、時間がかかる可能性があるので、事前に何度か練習をしておいた方がよいです。

Unit
09
不完全競争市場
独占企業の行動

難易度	難易度は高難度順に AA、A、B、C で表示。
B	出題率は高出題率順に ☆、◎、○、◇で表示。

資格試験別・予想出題率		
国家総合	◎
国家一般	☆
地方上級	○
国税専門官	☆
公認会計士	◎
不動産鑑定士	◎
中小企業診断士	○
外務専門職	○

出題者の狙い　完全競争市場における企業の生産量や価格の決定と比較ができるかどうかが問われます。差別価格の論点では、式の背景にある考え方を読み取る力が試されます。

解答のポイント　限界収入（MR）の導出が最大のポイント。余剰分析は他のUnitと同様の論点であり、並行して学習し、関連付けて理解しておくと便利です。

▶基本テキスト『新・らくらくミクロ経済学入門』Unit15 関連

試験情報

　国家総合、国家一般、国税専門官では最頻出です。ただし、国家総合、公認会計士、不動産鑑定士などではレベルが高くなっています。

入門問題　▢▢▢▢▢▢

問題040　**独占企業の利潤最大化における生産量と価格**

　独占企業の生産する財について、需要関数と限界費用関数が次のように与えられています。

需要関数：$D = 10 - 2P$

限界費用関数：$MC = S - 5$

このとき、独占価格と生産量はいくらになりますか。

	独占価格	生産量
1	2.5	5
2	3	4
3	5.5	7
4	3	2

（地方上級　改題）

考え方と解法のポイント

独占企業と競争企業における価格と生産量の相違

	生産量の決定	価格の決定
競争企業	MC＝MR	MR＝P（プライス・テイカー）
独占企業	MC＝MR	MR＜P（プライス・メイカー）

重要

利潤最大の生産量の決定
競争企業のケース

ミクロ参照　Unit08

独占企業のケース

ミクロ参照　Unit15

問題040 の解答と解説

プロセス―1　需要曲線を P＝〜の形にする

　縦軸が P（価格）なので、需要曲線を P＝の形にします。

需要曲線
$D = 10 - 2P$

↓

$P = -\dfrac{1}{2}D + 5$

↓

$P = -\dfrac{1}{2}X + 5$ ◀

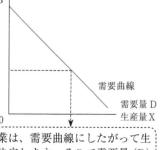

独占企業は、需要曲線にしたがって生産量を決定します。そこで需要量（D）を生産量（X）へ変更します。

一言

　与えられた式を「P＝〜」の形に直す習慣をつけておきましょう。

プロセス－2 限界収入曲線（MR）の導出

　需要曲線の傾きを2倍にして、限界収入曲線を描きます。

需要曲線

$$P = -\frac{1}{2}X + 5$$

限界収入 ↓ 傾き2倍

$$MR = -X + 5$$

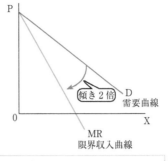

傾き2倍
D
需要曲線
MR
限界収入曲線

限界収入曲線（MR）の傾きが需要曲線の傾きの2倍になる背景

①総収入（TR）を求めます。
総収入＝価格（P）×生産量（X）

$$TR = \left(-\frac{1}{2}X + 5\right) \cdot X$$

$$= -\frac{1}{2}X^2 + 5X$$

②限界収入は、総収入（TR）を生産量（X）で微分したものです。

$$MR = (TR)' = \left(-\frac{1}{2}X^2 + 5X\right)'$$

$$= -\frac{1}{2} \times 2 \times X^{2-1} + 5 \times 1 \times X^{1-1}$$

$$= -X + 5$$

結局、需要曲線の傾きが2倍になるだけの式になります。

プロセス－3 利潤最大の生産量の決定

　次に限界費用（MC）＝限界収入（MR）によって利潤最大の生産量を求めます。

限界費用：MC＝S－5

　　↓ 問題文の（S）を生産量のXとして統一します。

限界費用：MC＝X－5

　利潤最大の生産量（X^*）均衡条件より、

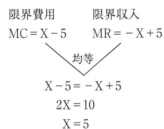

限界費用　　　限界収入
MC＝X－5　　MR＝－X＋5

　　　　均等

$$X - 5 = -X + 5$$

$$2X = 10$$

$$X = 5$$

生産量（X^*）は5になります。

P
限界費用曲線
MC
D
需要曲線
MR
限界収入曲線
X^*

プロセス－4 価格の決定

　生産量が決まると、それに応じて需要曲線上の点（クールノーの点）で価格が決定します。

　プロセス－3で決定した生産量5を需要曲線 $P = -\frac{1}{2}X + 5$ に代入します。

$$P = -\frac{1}{2} \times 5 + 5 \qquad P = 2.5$$

価格（P^*）が2.5に決定し、正解は**1**。

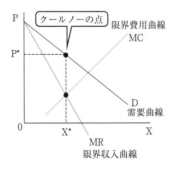

クールノーの点
P
P^*
限界費用曲線
MC
D
需要曲線
MR
限界収入曲線
X^*

（補足）

限界収入の導出法

　例えば、需要曲線が次の式で与えられたとします。

需要曲線

$$P = -2X + 16$$

限界収入　↓　　↓

$$MR = -4X + 16$$

　限界収入は、傾きが2倍であり、切片はそのままの数字になります。

（重要）（用語）

クールノーの点

　独占企業は、MC＝MRになるように生産量を決定しますが、この生産量に応じた販売価格を需要曲線上から決定できます。

　この生産量と価格の組み合わせを示す供給点を「クールノーの点」といいます。

基本問題 ◇◇◇◇◇◇

問題041 **独占企業の利潤**

> 独占企業の需要関数および費用関数がそれぞれ、
>
> $P = 30 - \dfrac{1}{2}Q$
>
> $TC = 10 + Q^2$
>
> | P：財の価格 Q：財の数量 |
> | TC：総費用 |
>
> であるとき、この独占企業の最大利潤 π およびこれに対応させる価格 P の組み合わせとして正しいものはどれですか。
>
> | | π | P |
> |---|---|---|
> | **1** | 140 | 25 |
> | **2** | 220 | 25 |
> | **3** | 200 | 20 |
> | **4** | 140 | 20 |
>
> （地方上級 改題）

考え方と解法のポイント

最大利潤 π を求めるには、2つのパターンが考えられます。

パターン1
（利潤＝総収入－総費用）の式から求めます

プロセス−1 生産量と総収入を求める

限界費用（MC）＝限界収入（MR）より、利潤最大の生産量（Q^*）を求めます。

それに、対応する価格（P^*）を求めます。

次に、この独占企業の総収入（TR）は、価格（P^*）×生産量（Q^*）となります。

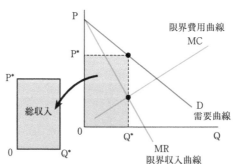

◆限界費用（MC）は、総費用（TC）を微分することによって求めます。

プロセス−2 総費用の把握

プロセス−1から求められた利潤最大の生産量（Q^*）を総費用（TC）に代入し、その生産量における費用を求めます。

プロセス−3 利潤の把握

最後に、総収入（TR）－総費用（TC）の式より、利潤（π）を求めます。
生産量（Q^*）から求められる利潤（π）が最大利潤になります。

パターン2

「最大になる」というキーワードから、微分して0（ゼロ）となるという考え方を応用します。

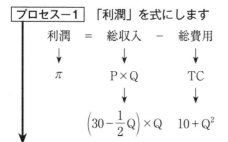

プロセス-1　「利潤」を式にします

$$利潤　＝　総収入　－　総費用$$
$$\pi　　　　P×Q　　　　TC$$
$$\left(30-\frac{1}{2}Q\right)×Q　　10+Q^2$$

プロセス-2　利潤の最大値を求める

利潤（π）を生産量（Q）で微分して、ゼロとおくと最大利潤が求められます。

最大値では、傾きはゼロになります

利潤曲線

◆微分のルール
　14ページの【らくらく便利】『微分のルール』を参照。

問題041 の解答と解説

パターン1 による解法

プロセス-1　利潤最大の生産量を求める

需要曲線（D）
$$P=30-\frac{1}{2}Q$$

限界収入（MR）　傾き2倍
$$MR=30-Q$$

総費用（TC）
$$TC=10+Q^2$$
↓生産量(Q)で微分します

限界費用（MC）
$$MC=(TC)'$$
$$=10×0×Q^{0-1}+1×2×Q^{2-1}$$
$$=2Q$$

利潤最大の生産量（Q）は MR＝MC より、
$$30-Q=2Q　\rightarrow　Q=10$$

プロセス-2　生産量10における総収入と総費用を求める

生産量10のときの利潤が最大になります。

総収入
①まず、生産量10のときの価格を求めます。需要曲線のQに10を代入します。
$$P=30-\frac{1}{2}×10　\rightarrow　P=25$$

②総収入（TR）＝価格（25）×生産量（10）
$$=250$$

総費用
TC＝10+Q^2　……Q＝10を代入します。
$$=10+10×10　=110$$

プロセス-3

最大利潤（π）

総収入－総費用＝250－110＝140

したがって、正解は**1**になります。

情報

独占利潤とラーナーの独占度

　完全競争市場では、価格と限界費用が等しくなりますが、それと比較して、独占価格がどの程度、限界費用を上回るのか、つまり価格支配力の指標として、ラーナーの独占度が出題されることもあります。

> ラーナーの独占度＝
> $$\frac{価格－限界費用}{価格}$$

　完全競争市場の場合、価格と限界費用が均等になるので、ラーナーの独占度はゼロになります。また、独占企業が直面する需要曲線の価格弾力性が小さければ小さいほど、ラーナーの独占度は大きくなり、それは別の言い方をすれば、独占価格が限界費用を大きく上回っていくことになります。

パターン2による解法

利潤（π）を生産量（Q）で微分して、ゼロとおくと最大利潤が求められます。

$$利潤 = 総収入 - 総費用$$
$$\downarrow \qquad \downarrow \qquad \downarrow$$
$$\pi \qquad P \times Q \qquad TC$$
$$\downarrow \qquad \downarrow$$
$$\left(30 - \frac{1}{2}Q\right) \times Q \qquad 10 + Q^2$$

$$\pi = 30Q - \frac{1}{2}Q^2 - (10 + Q^2)$$

$$\pi = 30Q - \frac{3}{2}Q^2 - 10$$

生産量（Q）で微分し、ゼロとおきます。

$$(\pi)' \rightarrow 30 \times 1 \times Q^{1-1} - \frac{3}{2} \times 2 \times Q^{2-1} - 10 \times 0 \times Q^{0-1} = 0$$
$$30 - 3Q = 0$$
$$Q = 10 \text{ となります。}$$

利潤最大の生産量10が求められます。

この後の処理は、 パターン1による解法 のプロセス−2以降と同様になります。

基本問題 ▽▽▽▽▽▽

問題042　独占企業における厚生の損失

> ある財の需要曲線は、$D = -P + 20$ で示され、この市場が完全独占企業によって財が供給されているとします。
>
> この企業の総費用関数が、$TC = X^2 - 4X + 6$ であるとき、この市場が完全競争市場であった場合と比較し、どのくらいの厚生の損失が発生していますか。
>
> | P：財の価格　X：財の数量　TC：総費用 |
>
> **1** 4　　**2** 6　　**3** 8　　**4** 10
>
> （地方上級、国家Ⅱ種　改題）

考え方と解法のポイント

市場が独占企業によって独占的に供給が行われる場合の厚生の損失を見ていきます。

プロセス−1　独占市場における余剰分析を行う

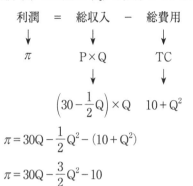

	消費者余剰	厚生の損失
	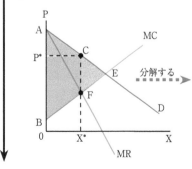	完全競争市場と比較して、総余剰が三角形 CFE だけ小さくなっていて、効率性の悪化を示します。

補足

総収入も総費用も生産量に依存する関数であることから、利潤も生産量に依存する関数になるはずです。

利潤を生産量で微分したときにゼロになれば、利潤の最大値になるはずです。

重要

厚生の損失

市場の非効率性を示します。

ミクロ
参照 Set up02

プロセス-2 | 完全競争市場との比較

〈独占市場のケース〉

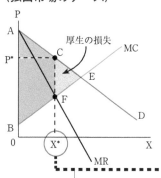

〈完全競争市場のケース〉

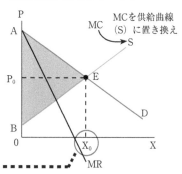

厚生の損失が発生する理由は、独占市場で決定される生産量が完全競争市場より過小なため、価格の上昇を引き起こし、資源配分が非効率的になっていることです。

 重要

余剰分析

面積によって市場の効率性を明らかにしていきます。

 ミクロ参照 Unit13

問題042 の解答と解説

厚生の損失である三角形CFEの面積を求めます。

① X^*、P^* の数値

利潤最大の生産量（X^*）均衡条件より、

総費用
$$TC = X^2 - 4X + 6$$
↓ 微分

限界費用
$$MC = 2X - 4$$

需要曲線
$$D = -P + 20$$
↓ P＝〜に整理し、DをXに統一
$$P = -X + 20$$
↓ 傾き2倍

限界収入
$$MR = -2X + 20$$

均等

$$2X - 4 = -2X + 20$$
$$4X = 24$$
$$X = 6$$

生産量（X^*）は6になります。

この生産量6を需要曲線に代入して、価格（P^*）＝14が求められます。

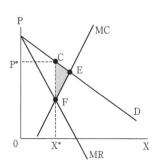

② 各々の点

F点の価格

MCに生産量6を代入して、$P = 8$

E点の生産量

MC＝Dとして、

$2X - 4 = -X + 20$ から $X = 8$

③ 三角形の面積

厚生の損失
（三角形の面積）$= \dfrac{底辺 \times 高さ}{2}$

$= \dfrac{(14-8) \times (8-6)}{2} = 6$

したがって、正解は**2**となります。

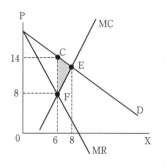

 一言

試験会場で、グラフを描いた方が確実に回答できるはずです。

発展問題 ◇◇◇◇◇◇

問題043　価格規制

ある完全独占市場において、需要関数が

$P = 24 - y$

P：財の価格　　y：財の数量
TC：総費用

企業の総費用関数が

$TC(y) = y^2$

で表されています。限界費用価格規制が課された場合の利潤額は、規制がない場合の均衡における利潤額よりもどれだけ少なくなりますか。

1 36　　**2** 24　　**3** 16　　**4** 8

（国家Ⅰ種　改題）

用語

限界費用価格規制

　独占企業によって、市場で非効率的な資源配分が行われている場合、政府が介入し、規制を課すことによって、市場の不完全なところを是正する政策が実施されます。この規制が価格面で行われることを**価格規制**と言います。

　特に完全競争市場で、実現される限界費用（MC）＝価格（P）という最も効率的に価格規制を行う場合は、**限界費用価格規制**になります。

考え方と解法のポイント

　独占企業によって供給がなされている市場の場合、政府が市場に介入し、限界費用価格規制を行う場合が考えられます。

●独占企業が利潤最大化を図り、生産量を決定しています。

（厚生の損失が発生）

●限界費用価格規制
→ 価格水準を完全競争市場と同様に定めます。
（厚生の損失なし）

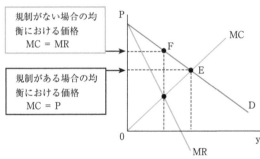

問題043の解答と解説

　利潤額を「総収入－総費用」として計算します。

規制がない場合

　F点における価格と生産量を求めます。

$TC(y) = y^2$ より、$MC = 2y$

需要曲線が $P = 24 - y$ なので、傾きを2倍にして限界収入（MR）は、

$MR = 24 - 2y$

$MC = MR$ から、$2y = 24 - 2y$ として生産量を求めます。

　$y = 6$、需要曲線に代入して $P = 18$ となります。

次に、「利潤＝総収入－総費用」として、利潤 $= 18 \times 6 - 6^2 = 72$ となります。

規制がある場合

　E点における価格と生産量を求めます。

$TC(y) = y^2$ より、$MC = 2y$

$P = MC$ より、$2y = 24 - y$ として、

$y = 8$、$P = 16$ となります。

次に、利潤＝総収入－総費用として、

利潤 $= 16 \times 8 - 8^2 = 64$ となります。

　したがって、両者の差は $72 - 64 = 8$ となり

4 が正解になります。

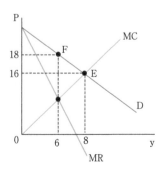

発展問題 ◇◇◇◇◇◇

問題044 **差別価格－1**

　ある独占市場が2つの市場を持っており、それぞれの市場における需要曲線は、

| P：財の価格　X：生産量 |

$$P_1 = 5 - \frac{1}{2}X_1 \text{（市場1）}$$

$$P_2 = 3 - \frac{1}{2}X_2 \text{（市場2）} \qquad TC = \frac{2}{3} + X_1 + X_2$$

　このとき、各市場において利潤最大化をもたらす価格はそれぞれいくらになりますか。

	P_1	P_2		P_1	P_2
1	1	4	**2**	2	3
3	3	2	**4**	4	3

（国家Ⅱ種　改題）

考え方と解法のポイント

プロセス－1　差別価格の考え方

　独占企業は、価格支配力を通じて差別価格戦略を実施し、より大きな利潤を獲得することが可能です。これは、需要の価格弾力性が異なる市場で別の価格を設定するものです。

　例えば、電話会社が弾力性の小さい日中の電話料金を高く設定し、価格弾力性が大きい深夜は低い価格設定を実施します。この場合では、割引率以上にお客を増やし、増益が可能になると考えられます。

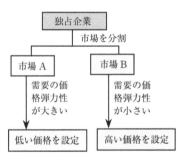

プロセス－2　計算のテクニック

　レストランなどで、通常の価格があるのに対して、ランチ価格があるのは、この戦略を用いているからです。

　レストランでのランチもディナーも、価格は異なっても同じ品物であり、同じ生産費で作られています。つまり、同じように生産しているわけですから、総費用（TC）は1種類しかないのです。

問題044 の解答と解説

プロセス－1　2つの市場の限界収入（MR）を求める

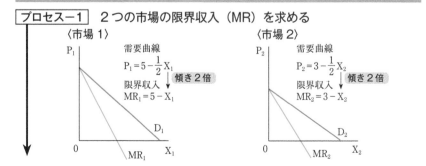

〈市場1〉
需要曲線
$P_1 = 5 - \frac{1}{2}X_1$
傾き2倍
限界収入
$MR_1 = 5 - X_1$

〈市場2〉
需要曲線
$P_2 = 3 - \frac{1}{2}X_2$
傾き2倍
限界収入
$MR_2 = 3 - X_2$

重要 用語

差別価格戦略
　弾力性の大きい市場では、より安い価格設定を行います。

ミクロ参照 Unit15

重要 補足

●需要の価格弾力性が小さい市場
　価格の変動に対して、需要の増減が小さい市場。
　例えば、日中の通話料金は高く設定しても、需要量は少なくなったりはしません。

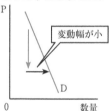
変動幅が小

●需要の価格弾力性が大きい市場
　価格の変動に対して、需要の増減が大きい市場。
　例えば、深夜の通話料金は安く設定すると、急に需要量は大きくなります。

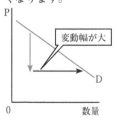
変動幅が大

プロセス-2　総費用（TC）の処理

　差別価格の問題で最も重要なのが総費用（TC）の処理です。企業は、市場を分割して販売はしていますが、商品自体は同じモノであり、同じ工場で作っていると考えます。

総費用

$$TC = \frac{2}{3} + \underbrace{X_1 + X_2}$$

$$TC = \frac{2}{3} + X$$

> 計算式では $X_1 + X_2$ と分けていますが、いっしょに作るのですから、費用としては分別の必要はないので、X という1つの文字に置き換えます。

これを生産量（X）で微分して、限界費用（MC）を求めます。

$$TC = \frac{2}{3} + X$$

$$MC = (TC)' = \frac{2}{3} \times 0 \times X^{0-1} + 1 \times 1 \times X^{1-1} = 1$$

> 飲食店のモーニング価格、ランチ価格、通常価格とさまざまな差別価格があっても、コストは同じになります。

プロセス-3　利潤最大の生産量と価格を求める

〈市場1〉　　　　　　　　　　〈市場2〉

限界収入　$MR_1 = 5 - X_1$　　　限界収入　$MR_2 = 3 - X_2$

限界費用　$MC = 1$　　　　　　限界費用　$MC = 1$

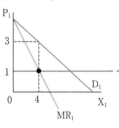
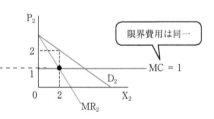

> 限界費用は同一

$MR_1 = MC$ より、$X_1 = 4$　　$MR_2 = MC$ より、$X_2 = 2$

$X_1 = 4$ を需要曲線に代入して、　$X_2 = 2$ を需要曲線に代入して、

$P_1 = 3$　　　　　　　　　　　$P_2 = 2$

　以上より、**3** が正解になります。

発展問題　▽▽▽▽▽

問題045　**差別価格-2**

　ある独占市場が2つの市場を持っており、それぞれの市場における需要曲線は、

　　$P_1 = 62 - 2X_1$（市場1）

　　$P_2 = 42 - X_2$（市場2）

> P：財の価格
> X_i：i 市場の生産量

　　TC（総費用）＝ $X^2 + 2X + 10$

このとき、各市場において利潤最大化をもたらす生産量はそれぞれいくらになりますか。

	X_1	X_2		X_1	X_2
1	8	4	**2**	8	6
3	6	8	**4**	4	8

（地方上級　改題）

問題045の解答と解説

| プロセス−1 | ２つの市場の限界収入（MR）を求める |

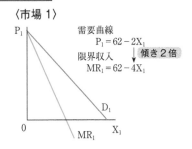
〈市場１〉

需要曲線
$P_1 = 62 - 2X_1$
限界収入 ↓ 傾き２倍
$MR_1 = 62 - 4X_1$

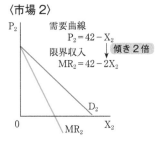
〈市場２〉

需要曲線
$P_2 = 42 - X_2$
限界収入 ↓ 傾き２倍
$MR_2 = 42 - 2X_2$

| プロセス−2 | 総費用（TC）の処理 |

　問題文の総費用（TC）は、X_1、X_2 と分けられることなく、すでに足し合わされて X になっています。

　　TC（総費用）$= X^2 + 2X + 10$

　これを生産量（X）で微分して、限界費用（MC）を求めます。

　　$MC = (TC)' = 1 \times 2 \times X^{2-1} + 2 \times 1 \times X^{1-1} + 10 \times 0 \times X^{0-1}$

　　　$= 2X + 2$

> ここで計算上の問題が発生します。MC＝MRとして方程式をつくろうとしても、「X」というトータルの生産量のままでは解くことができないので、ここでは $X = X_1 + X_2$ に戻して式をつくります。

　　$MC = 2(X_1 + X_2) + 2$ とします。

| プロセス−3 | 連立方程式をつくる |

〈市場１〉

限界収入
　$MR_1 = 62 - 4X_1$
限界費用
　$MC = 2(X_1 + X_2) + 2$
　$MR_1 = MC$ より

〈市場２〉

限界収入
　$MR_2 = 42 - 2X_2$
限界費用
　$MC = 2(X_1 + X_2) + 2$
　$MR_2 = MC$ より

連立方程式
$$\begin{cases} 62 - 4X_1 = 2(X_1 + X_2) + 2 \\ 42 - 2X_2 = 2(X_1 + X_2) + 2 \end{cases}$$

これを解いて、$X_1 = 8$、$X_2 = 6$ となり、**2** が正解になります。

補足

計算式のつくり方
　同じ工場でつくっているという前提から、総費用に関しては、
　全体　　各市場
　　X ⇄ $X_1 + X_2$
どちらの置き換えも可能になります。

Unit 10 不完全競争市場
複占市場

難易度 AA 難易度は高難度順に AA、A、B、Cで表示。出題率は高出題率順に ☆、◎、○、◇で表示。

資格試験別・予想出題率		
国家総合		☆
国家一般		◇
地方上級		○
国税専門官		◎
公認会計士		◎
不動産鑑定士		◎
中小企業診断士		◇
外務専門職		◇

出題者の狙い 複占市場にある2社の関係を数式で展開できることが試されます。特に最頻出のクールノー均衡については、方程式の意味やグラフの考え方も問われます。

解答のポイント 基本的な計算の手法を援用できますが、2社で独占しているために、ライバル企業との関係を把握して計算の中に組み入れる必要があります。計算の手順を身につけ、理論を後付けするのも1つの突破口になります。

▶基本テキスト『新・らくらくミクロ経済学入門』Unit18関連

試験情報

国家総合では幅広い論点から出題され、クールノー均衡については地方上級で頻出です。不動産鑑定士、国税専門官でも出題される傾向が強いです。

基本問題 ▽▽▽▽▽

問題046 クールノー均衡

同じ財を生産する企業1、企業2からなる複占市場の需要関数が

$D = 40 - 2P$ （P：財の価格）

で示されているとします。また、総費用関数が企業1、企業2ともに、

$TC = 2Q_i$ （i＝1、2 　Q_i：企業iの生産量）

で示されているとします。このとき、クールノー均衡における企業1、企業2のそれぞれの生産量を Q_1、Q_2 として妥当なものはどれですか。

	Q_1	Q_2
1	6	6
2	12	12
3	18	18
4	24	24

（国家I種、国家II種、国税専門官　改題）

補足

市場形態 企業数

独占	1社
複占	2社
寡占	数社
完全競争	多数

複占市場は寡占市場の1つの形態で、2社のみの市場です。

考え方と解法のポイント

複占市場における**クールノー均衡モデル**は、2つの企業がお互いの生産量を所与に自己の利潤を最大にするように生産量を決定します。

プロセス－1

需要曲線

$D = 40 - 2P$

↓ P＝～の形に置き換え
↓ Dを生産量のQに置き換え

$P = 20 - 0.5Q$

┈┈┈→ 2社に分ける

$P = 20 - 0.5(Q_1 + Q_2)$

Q_1＝企業1の生産量
Q_2＝企業2の生産量

独占企業の場合

独占企業の生産量Q ＝ 市場の需要量 D

市場全体の需要量Dを1社で生産するのでD＝Qで置き換えます。

複占企業の場合

企業1の生産量 Q_1
企業2の生産量 Q_2 ＝ 市場の需要量 D

市場全体の需要量Dを2社で生産するのでD＝Qで置き換え、さらにQを Q_1 と Q_2 に分けます。

重要

複占のモデルにおいて、2社の関係には、**先導者**と**追随者**という役割があります。

 ミクロ参照 Unit18

プロセス-2 限界収入曲線の導出

　市場の需要量（D）を2社の生産量（$Q_1 + Q_2$）で賄う式のカッコを外します。

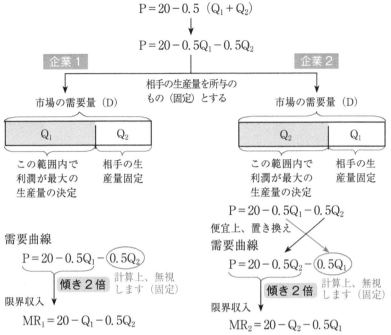

$$P = 20 - 0.5 (Q_1 + Q_2)$$

$$P = 20 - 0.5Q_1 - 0.5Q_2$$

企業1　　　　　企業2

相手の生産量を所与のもの（固定）とする

市場の需要量（D）　　　市場の需要量（D）

| Q_1 | Q_2 |
| Q_2 | Q_1 |

この範囲内で利潤が最大の生産量の決定　　相手の生産量固定

この範囲内で利潤が最大の生産量の決定　　相手の生産量固定

$$P = 20 - 0.5Q_1 - 0.5Q_2$$

便宜上、置き換え

需要曲線

$$P = 20 - 0.5Q_1 - (0.5Q_2)$$

需要曲線

$$P = 20 - 0.5Q_2 - (0.5Q_1)$$

傾き2倍　計算上、無視します（固定）

傾き2倍　計算上、無視します（固定）

限界収入

$$MR_1 = 20 - Q_1 - 0.5Q_2$$

限界収入

$$MR_2 = 20 - Q_2 - 0.5Q_1$$

　クールノー均衡の場合、**双方の企業が追随者として行動**するために、お互いの生産量を所与のものとし、限界収入（MR）を求めます。これは計算上では、相手の生産量を無視して、独占企業の場合と同様に、需要曲線の傾きを2倍にして作業をしていきます。

プロセス-3 反応曲線の導出

　次に、それぞれの企業において、利潤最大の生産量を求めるために、MR（限界収入）＝MC（限界費用）の計算式をつくります。

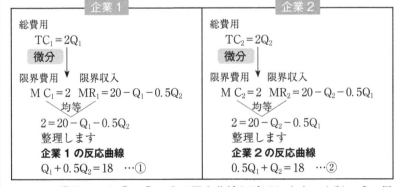

企業1　　　　　企業2

総費用
$$TC_1 = 2Q_1$$

微分

限界費用　限界収入
$$MC_1 = 2 \quad MR_1 = 20 - Q_1 - 0.5Q_2$$
均等
$$2 = 20 - Q_1 - 0.5Q_2$$
整理します
企業1の反応曲線
$$Q_1 + 0.5Q_2 = 18 \quad \cdots ①$$

総費用
$$TC_2 = 2Q_2$$

微分

限界費用　限界収入
$$MC_2 = 2 \quad MR_2 = 20 - Q_2 - 0.5Q_1$$
均等
$$2 = 20 - Q_2 - 0.5Q_1$$
整理します
企業2の反応曲線
$$0.5Q_1 + Q_2 = 18 \quad \cdots ②$$

　ここで導出された①、②の式は**反応曲線**と呼ばれます。上記の式の展開からわかるように、利潤最大化行動の条件式を変形させたものです。

　具体的には、企業1の反応曲線は、企業2の生産量（Q_2）が与えられれば、その生産量に基づいて企業1にとって最適な生産量（Q_1）が求められるような関数になっています。

補足

　クールノー均衡では、お互いの企業が相手の生産量を所与のものとするという対等の立場で、両社は「受け身」的な追随者と考えます。

　したがって、計算上でも相手の生産量を決めて、残された範囲内で自己の利潤を最大にしています。

◆クールノー均衡の問題で重要なのは限界収入曲線（MR）の求め方です。
①相手の生産を固定する。
②自己の生産の傾きを2倍にする。
　この手法で簡単に導き出せます。

◆MR_1
＝企業1の限界収入
◆MR_2
＝企業2の限界収入

◆TC_1
＝企業1の総費用
◆TC_2
＝企業2の総費用
◆MC_1
＝企業1の限界費用
◆MC_2
＝企業2の限界費用

プロセス－4 　反応曲線の考え方

　次に、反応曲線の意味について考えていきましょう。

　反応曲線は、相手企業が決定した生産量に反応して自社の生産量を決定するというグラフの読み方となります。右下がりになるという理由は、例えば、企業1にとって、企業2の生産量（Q_2）が増加すると、市場での価格が下落するために、企業1の生産量（Q_1）は減少することになるはずです。このため、**右下がり**の形状となります。同様の理由で企業2の反応曲線も右下がりの形状として描くことができます。

企業1の反応曲線

$Q_1 + 0.5Q_2 = 18$ 　…①

企業2の反応曲線

$0.5Q_1 + Q_2 = 18$ 　…②

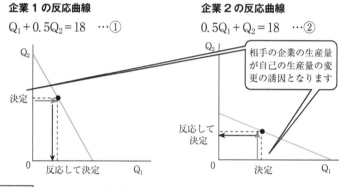

相手の企業の生産量が自己の生産量の変更の誘因となります

プロセス－5 　クールノー均衡

　クールノー均衡における生産量は、反応曲線の連立方程式によって解答できます。

$$\begin{cases} Q_1 + 0.5Q_2 = 18 & …① \\ 0.5Q_1 + Q_2 = 18 & …② \end{cases}$$

　それぞれの企業の最適生産量を表す反応曲線を同時に描き、このグラフの中で、両者の利潤が同時に最大になっているところがクールノー均衡になります。

　右図において、E点はこの条件を満たしており、この均衡点では、両社の生産量をこれ以上変化させる必要はなくなっています。

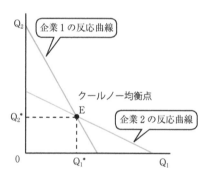

企業1の反応曲線

クールノー均衡点

企業2の反応曲線

《解説》

反応曲線を導出する別法

　利潤（π）を生産量（Q）で微分してゼロとおき、最大利潤を求める方法は、クールノー均衡の場合でも用いることができます。

プロセス－1

　需要曲線

　　$D = 40 - 2P$

　　↓P＝〜の形に置き換え、Dを生産量のQに置き換え

　　$P = 20 - 0.5Q$

　　　↓ 2社に分ける

　　$P = 20 - 0.5(Q_1 + Q_2)$

プロセス-2 それぞれの企業の利潤を導出

市場の需要量（D）を2社の生産量（$Q_1 + Q_2$）で賄う式を利潤の式に導入していきます。

$$P = 20 - 0.5(Q_1 + Q_2)$$

↓

$$P = 20 - 0.5Q_1 - 0.5Q_2$$

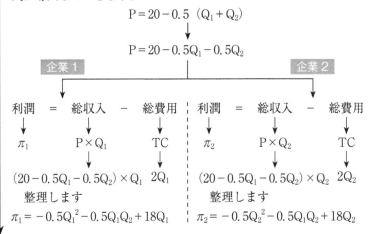

企業1

利潤	=	総収入	−	総費用
π_1		$P \times Q_1$		TC
$(20 - 0.5Q_1 - 0.5Q_2) \times Q_1$				$2Q_1$

整理します

$$\pi_1 = -0.5Q_1{}^2 - 0.5Q_1Q_2 + 18Q_1$$

企業2

利潤	=	総収入	−	総費用
π_2		$P \times Q_2$		TC
$(20 - 0.5Q_1 - 0.5Q_2) \times Q_2$				$2Q_2$

整理します

$$\pi_2 = -0.5Q_2{}^2 - 0.5Q_1Q_2 + 18Q_2$$

プロセス-3

利潤が表されると、最大利潤はそれぞれの生産量で微分してゼロとおくことによって求められます。

〈企業1〉

$\pi_1 = -0.5Q_1{}^2 - 0.5Q_1Q_2 + 18Q_1$

生産量（Q_1）で微分しゼロに…。

$(-0.5Q_1{}^2 - 0.5Q_1Q_2 + 18Q_1)' = 0$

$-Q_1 - 0.5Q_2 + 18 = 0$

$Q_1 + 0.5Q_2 = 18$ …①

〈企業2〉

$\pi_2 = -0.5Q_2{}^2 - 0.5Q_1Q_2 + 18Q_2$

生産量（Q_2）で微分しゼロに…。

$(-0.5Q_2{}^2 - 0.5Q_1Q_2 + 18Q_2)' = 0$

$-Q_2 - 0.5Q_1 + 18 = 0$

$0.5Q_1 + Q_2 = 18$ …②

①、②のように、それぞれの企業の反応曲線を求めることができます。この反応曲線の連立方程式によって解答します。

問題046の解答と解説

企業1、企業2の反応曲線の連立方程式をつくります。

$$\begin{cases} Q_1 + 0.5Q_2 = 18 & \cdots① \\ 0.5Q_1 + Q_2 = 18 & \cdots② \end{cases}$$

$Q_1 = 12$、$Q_2 = 12$ となり、**2** が正解。

補足

総収入＝価格（P）×生産量（Q）

◆ π_1
＝企業1の利潤

◆ π_2
＝企業2の利潤

◆微分のルール
14ページの【らくらく便利】『微分のルール』を参照。

一言

利潤関数を生産量で微分するやり方は、他の問題でも使うことがあるので、使えるように練習しておこう。

発展問題　▽▽▽▽▽

問題047　シュタッケルベルク均衡

企業 A と企業 B からなる複占市場において、市場の需要曲線が、

$$P = 180 - X_1 - X_2$$

（P：価格、X_1：企業 1 の生産量、X_2：企業 2 の生産量）

で示されています。

ここで企業 2 は相手企業の生産量を所与に利潤最大化を行いますが、企業 1 は企業 2 が自社の行動に適応すると想定して利潤最大化を行うものとします。このときの企業 1 の生産量はいくらになりますか。なお、両企業の生産費はゼロとします。

1　60

2　70

3　80

4　90

（国家 I 種、国家 II 種　改題）

考え方と解法のポイント

複占市場では、クールノー均衡のように 2 社の企業が同時に生産量を決定する場合のほかに、2 社が順番に生産量を決定する**シュタッケルベルク均衡**があります。この問題では、先に生産量を決定する企業 1 は先導者、後から生産量を決定する企業 2 は追随者となります。

補足

シュタッケルベルク均衡の計算問題のコツは、追随者を先に計算することです。

> **計算のプロセス**　①企業 2 は追随者であるために、クールノー均衡と同様に相手（先導者）の生産量を所与に計算をします。
>
> ②企業 1 は先導者なので、企業 2 の行動を予想して、自ら最適な生産量を決定します。

問題047 の解答と解説

プロセス－1　追随者の限界収入を求める

シュタッケルベルク均衡では、追随者（企業 2）の行動を先に計算していきます。計算手法としては、クールノー均衡と同様になります。

市場の需要曲線

$$P = 180 - X_1 - X_2$$

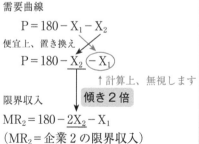

市場の需要量（D）

| X_1 | X_2 |

企業 1　　　企業 2
先導者　　　追随者
固定

企業 2 は、先導者（企業 1）の生産量を所与（固定）にして自己の生産量を決定します。

需要曲線

$$P = 180 - X_1 - X_2$$

便宜上、置き換え

$$P = 180 - X_2 - (X_1)$$

↑計算上、無視します

傾き 2 倍

限界収入

$$MR_2 = 180 - 2X_2 - X_1$$

（MR_2 ＝企業 2 の限界収入）

◆限界収入曲線の求め方
①相手の生産を固定する。
②自己の生産の傾きを 2 倍にする。

| プロセス－2 | 追随者の反応曲線を求める |

企業2（追随者）

総費用（生産費はゼロ）

$TC_2 = 0$　（$TC_2 = $企業2の総費用、$MC_2 = $企業2の限界費用）

微分

限界費用　　　　　　　限界収入

$MC_2 = 0$　　　　$MR_2 = 180 - 2X_2 - X_1$

均等

$0 = 180 - 2X_2 - X_1$

整理します

企業2の反応曲線

$X_2 = 90 - 0.5X_1$　…①

> 企業2（追随者）の反応曲線は、企業1（先導者）の生産量が決まるとそれに準じて、最適になるように自動的に決定します。

| プロセス－3 | 先導者の行動 |

　先導者（企業1）は、自己の生産量が追随者に影響を与えることを考慮に入れて、利潤最大の生産量を決定します。

市場の需要曲線　$P = 180 - X_1 - X_2$

市場の需要量（D）

| X_1 | X_2 |

企業2
追随者

企業1
先導者

企業2の反応曲線を取り込んで、最適な生産量を求めます。

需要曲線

$P = 180 - X_1 - X_2$

　この需要曲線に企業2の反応曲線
$X_2 = 90 - 0.5X_1$ を代入します。

↓

$P = 180 - X_1 - (90 - 0.5X_1)$

整理します

$P = 90 - 0.5X_1$　…②

↓

これが先導者が直面している需要曲線と考え利潤最大の生産量を求めていきます。

| プロセス－4 | 先導者の利潤最大の生産量 |

　先導者の生産量は、独占企業の場合と同様に計算をしていきます。
（$TC_1 = $企業1の総費用、$MC_1 = $企業1の限界費用、$MR_1 = $企業1の限界収入）

企業1（先導者）

総費用　　　　　　　　需要曲線

$TC_1 = 0$　　　　　$P = 90 - 0.5X_1$

微分　　　　　　　　　傾き2倍

限界費用　　　　　　　限界収入

$MC_1 = 0$　　　　$MR_1 = 90 - X_1$

均等

$0 = 90 - X_1$

$X_1 = 90$

したがって正解は **4** になります。

補足

先導者と追随者の関係のイメージ

先導者
追随者の反応曲線を知った上で利潤を最大化

追随者
利潤最大化
反応曲線

補足

図のイメージ

　下記のE点はシュタッケルベルク均衡点です。

　追随者は自己の反応曲線上で生産量を決定します。先導者は追随者の反応曲線を知った上で利潤を最大にする（利潤線上）生産量を決定します。

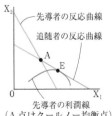

先導者の反応曲線

追随者の反応曲線

A

E

先導者の利潤線
（A点はクールノー均衡点）

発展問題 ◇◇◇◇◇◇

問題048　共謀

2つの企業が支配する財の市場の需要曲線が、

　　D＝90－P　（D：需要量　P：価格）

で示されています。この2つの企業の費用曲線は同一であり、

　　TC＝X²＋10　（X：生産量）

で示されます。もし、2つの企業が共謀し、2企業の利潤が最大になる
ように行動するならば、この財の価格はいくらになりますか。

　1　30

　2　40

　3　50

　4　60

（地方上級　改題）

考え方と解法のポイント

市場の需要量（D）

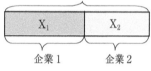

企業1　　　企業2

共謀の場合、2企業が一緒に財を販売する
ために、個別に計算をせずに、1社とみな
して計算を行います。

問題048 の解答と解説

プロセス－1　限界収入（MR）を求める

需要曲線

　D＝90－P

┃P＝～の形に置き換え
┃Dを生産量のXに置き換え

　P＝90－X

傾き2倍

限界収入

　MR＝90－2X　…①

独占企業のような1社として
処理していますが、このXは
企業1、企業2のトータルでの
生産量です。

プロセス－2　限界費用（MC）を求める

　問題文は「費用曲線は同一」となっているので、企業1、企業2とも
同じ費用で処理します（企業1の生産量X₁、企業2の生産量をX₂とし
ます）。

企業1	企業2
総費用	総費用
$TC_1 = X_1^2 + 10$	$TC_2 = X_2^2 + 10$
微分	**微分**
限界費用	限界費用
$MC_1 = 2X_1$	$MC_2 = 2X_2$

補足

　これまでの問題で
は、相手の行動に対し
て、どのように反応す
るのかが前提になりま
したが、共謀のケース
では、協調的な行動を
とり、一緒に販売する
ことを前提にするため
に、市場の需要量を
個々の企業の生産量に
は分けません。

◆ TC_1
＝企業1の総費用
◆ TC_2
＝企業2の総費用
◆ MC_1
＝企業1の限界費用
◆ MC_2
＝企業2の限界費用

プロセス－3 利潤最大の生産量を求める

限界費用（MC）＝限界収入（MR）の利潤最大化の条件に合わせて方程式をつくります。

企業 1

限界費用	限界収入
$MC_1 = 2X_1$	$MR = 90 - 2X$ …①

均等

企業 2

限界費用	限界収入
$MC_2 = 2X_2$	$MR = 90 - 2X$ …①

均等

ここで、計算をする際に問題が生じます。X は企業1と企業2の生産量が合算されたものになっているので、このままでは計算ができません。そこで、$X = X_1 + X_2$ に変換して方程式をつくります。

全体	各企業	一緒に販売しているので、
X	$X_1 + X_2$	置き換えが可能です。

◆ MC_1
＝企業1の限界費用
◆ MC_2
＝企業2の限界費用

$$\begin{cases} MC_1 = 2X_1 \\ MR = 90 - 2(X_1 + X_2) \end{cases}$$

↓MC＝MR より、

$2X_1 = 90 - 2(X_1 + X_2)$ …②

$$\begin{cases} MC_2 = 2X_2 \\ MR = 90 - 2(X_1 + X_2) \end{cases}$$

↓MC＝MR より、

$2X_2 = 90 - 2(X_1 + X_2)$ …③

連立方程式

$$\begin{cases} 2X_1 = 90 - 2(X_1 + X_2) \text{ …②} \\ 2X_2 = 90 - 2(X_1 + X_2) \text{ …③} \end{cases}$$

この方程式を解いて、$X_1 = 15$、$X_2 = 15$ が求められます。

プロセス－4 価格を求める

価格は需要曲線に生産量を代入して求めます。
需要曲線

$P = 90 - X$　※ここでも $X = X_1 + X_2$ に置き換えます。

$P = 90 - (X_1 + X_2)$

$P = 90 - (15 + 15) = 60$

価格は 60 となり、**4** が正解となります。

発展問題 ▽▽▽▽▽

問題049 **クールノー均衡と共謀の融合問題**

寡占市場において、2つの企業が利潤最大の合計を最大化して、それを半分ずつに分けるというカルテルを結んだとき、クールノー均衡点と比較して利潤はどれくらい増加しますか。

$p = 130 - 5(x_1 + x_2)$

$C_i = 10x_i$

P：価格	x_1：企業1の生産量
x_2：企業2の生産量	C_i：企業iの生産量

1 40 ずつ	**2** 80 ずつ	**3** 120 ずつ
4 200 ずつ	**5** 400 ずつ	

（地方上級　改題）

考え方と解法のポイント

　２つの企業の合計利潤を最大化させる共謀と、相手の生産量を所与として自己の利潤を最大化させる生産量を決定するクールノー均衡、企業の費用はどちらも同じであり、限界収入曲線の導出過程だけが異なります。

共謀　…２社の生産量を１社にまとめて、限界収入の導出。

クールノー均衡　…相手の生産量を固定して、限界収入の導出。

問題049 の解答と解説

プロセス－1　共謀（カルテルを結んだ状況）

　まず、２つの企業が共謀して利潤を最大化する場合について計算していきます。

> **２社が共謀しているケース**
> 全体　　　　各企業
> $X \longleftrightarrow X_1 + X_2$　　一緒に販売しているので、置き換えが可能です。

　２企業が一緒に財を販売するために、個別に計算をせずに、**１社とみなして**計算を行います。$x_1 + x_2 = X$ とおきます。

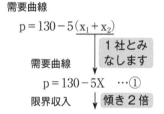

需要曲線
$$p = 130 - 5(x_1 + x_2)$$

総費用
$C_i = 10x_i$ なので、
　微分　$(C_i)' = 10 \times 1 \times x_i^{1-1}$

需要曲線　　←１社とみなします
$$p = 130 - 5X \quad \cdots ①$$

限界費用
$$MC = 10$$

限界収入　←傾き２倍
$$MR = 130 - 10X$$

　$MR = MC$ より、$130 - 10X = 10$ から、$X = 12$

　生産量（X）＝12 を①の需要曲線に代入して、P（価格）＝$130 - 5 \times 12 = 70$。

　利潤は、利潤＝収入－費用なので、$p \times X - 10 \times X = 70 \times 12 - 10 \times 12 = 720$ となります（合計の利潤）。

プロセス－2　クールノー均衡の場合

需要曲線
$$p = 130 - 5(x_1 + x_2)$$
$$p = 130 - 5x_1 - 5x_2$$

ここから企業１と企業２に分けて計算します。

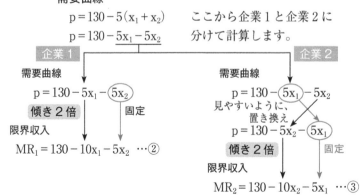

企業 1

需要曲線
$$p = 130 - 5x_1 - \boxed{5x_2}$$
傾き２倍　　　固定

限界収入
$$MR_1 = 130 - 10x_1 - 5x_2 \quad \cdots ②$$

企業 2

需要曲線
$$p = 130 - \boxed{5x_1} - 5x_2$$
見やすいように、置き換え
$$p = 130 - 5x_2 - \boxed{5x_1}$$
傾き２倍　　固定

限界収入
$$MR_2 = 130 - 10x_2 - 5x_1 \quad \cdots ③$$

　限界費用はあくまで「傾き」なので誤って企業１と企業２を足し算しないように気を付けましょう。

収入＝価格×生産量

限界収入は、相手の生産量を固定しておき、独占の計算と同じように自己の傾きを2倍にして求めます。

限界費用	限界費用
$MC_1 = 10$ なので、	$MC_2 = 10$ なので、
限界費用＝限界収入より、	**限界費用＝限界収入**より、
$10 = 130 - 10x_1 - 5x_2$	$10 = 130 - 10x_2 - 5x_1$

これを整理すると、

企業1の反応曲線	企業2の反応曲線
$10x_1 + 5x_2 = 120$　…④	$5x_1 + 10x_2 = 120$　…⑤

連立方程式 $\begin{cases} 10x_1 + 5x_2 = 120 & \cdots④ \\ 5x_1 + 10x_2 = 120 & \cdots⑤ \end{cases}$

これを解いて、$x_1 = 8$、$x_2 = 8$

生産量$(X) = x_1 = 8$、$x_2 = 8$ を需要曲線に代入して、

$P(価格) = 130 - 5(8 + 8) = 50$。

利潤は、利潤＝収入－費用なので、

$p \times (x_1 + x_2) - 10 \times (x_1 + x_2)$

$= 50 \times 16 - 10 \times 16 = 640$ となります。

利潤は、共謀では720、クールノー均衡では640なので共謀のほうが80大きくなります。この80は企業1と企業2を合わせた合計なので、それぞれ40ずつ利潤が大きくなっています。したがって、**1**が正解です。

補足

　ここでは、合計の利潤80を求めましたが、個別に利潤を求めて40を出すことも可能です。

応用問題 ◇◇◇◇◇◇

問題050　ベルトラン均衡

　企業1と企業2は類似した製品を販売しており、2企業の製品の需要曲線がそれぞれ、

$X_1 = 140 - 10P_1 + 5P_2$

$X_2 = 56 + 4P_1 - 8P_2$

| X_1：企業1の需要量　　P_1：企業1の製品価格 |
| X_2：企業2の需要量　　P_2：企業2の製品価格 |

で示されているとします。また、それらの企業の費用関数が、

$C_1 = 2X_1 + 6$

$C_2 = 4X_2 + 2$

| C_1：企業1の総費用　　X_1：企業1の生産量 |
| C_2：企業2の総費用　　X_2：企業2の生産量 |

で示されています。

　2つの企業はお互いに相手企業の製品価格を所与とするものとして、自己の利潤が最大になるように製品価格を決定するものとします。このとき、均衡における両企業の製品価格の組み合わせとして正しいものはどれですか。

	P_1	P_2
1	10	8
2	10	10
3	12	8
4	12	16

（国家Ⅰ種　改題）

考え方と解法のポイント

　これまでの複占企業の問題では数量を取り扱ってきましたが、このベルトラン均衡は価格を選択する、いわゆる「**価格競争のモデル**」です。

　計算のポイントは、クールノー均衡などで相手企業の生産量を所与にしていたところを、ここでは価格に置き換えて計算することです。

　ベルトラン均衡は難易度が高く、過去問題ではあまり出題されていません。

問題050 の解答と解説

　利潤（π）を価格（P）で微分して、ゼロとおくことで、最大利潤を求める方法を使います。

プロセス－1 企業1について計算する

　問題文より、
　　需要曲線：$X_1 = 140 - 10P_1 + 5P_2$
　　総費用：$C_1 = 2X_1 + 6$
となっていることから、ここから利潤を求めていきます。

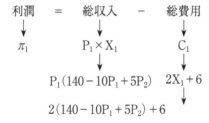

　整理します
$$\pi_1 = P_1(140 - 10P_1 + 5P_2) - 2(140 - 10P_1 + 5P_2) - 6$$
$$= 140P_1 - 10P_1^2 + 5P_1P_2 - 280 + 20P_1 - 10P_2 - 6$$
$$= -10P_1^2 + 160P_1 + 5P_1P_2 - 10P_2 - 286$$

　価格競争を行った結果、利潤（π）が価格（P_1）の変化に依存することから、利潤（π）を価格（P_1）で微分し、ゼロとおくことによって、最大利潤を求めます。
$$\pi_1 = -10P_1^2 + 160P_1 + 5P_1P_2 - 10P_2 - 286$$
これを価格（P_1）で微分しゼロとおきます。
$$(\pi_1)' \rightarrow (-10P_1^2 + 160P_1 + 5P_1P_2 - 10P_2 - 286)' = 0$$
$$-20P_1 + 160 + 5P_2 = 0$$
$$20P_1 - 5P_2 = 160$$
$$4P_1 - P_2 = 32 \quad \cdots①$$

　ここで導出された①は、**企業1の価格の反応曲線**であり、企業2の価格変化に対応して、自己の利潤を最大化させる価格を決定していきます。

　P_1で微分する際に、他の記号のP_2は数値と同じように処理していきます。

◆微分のルール

　14ページの【らくらく便利】『微分のルール』を参照。

プロセス－2 企業２について計算する

問題文より、

需要曲線：$X_2 = 56 + 4P_1 - 8P_2$

総費用：$C_2 = 4X_2 + 2$

となっていることから、ここから利潤を求めていきます。

$$\begin{array}{ccccc}
\text{利潤} & = & \text{総収入} & - & \text{総費用} \\
\downarrow & & \downarrow & & \downarrow \\
\pi_1 & & P_2 \times X_2 & & C_2 \\
& & \downarrow & & \downarrow \\
& & P_2(56 + 4P_1 - 8P_2) & & 4X_2 + 2 \\
& & & & \downarrow \\
& & & & 4(56 + 4P_1 - 8P_2) + 2
\end{array}$$

整理します

$\pi_2 = P_2(56 + 4P_1 - 8P_2) - 4(56 + 4P_1 - 8P_2) - 2$

$\quad = 56P_2 + 4P_1P_2 - 8P_2^2 - 224 - 16P_1 + 32P_2 - 2$

$\quad = -8P_2^2 + 4P_1P_2 + 88P_2 - 16P_1 - 226$

これを価格（P_2）で微分しゼロとおきます。

$(\pi_2)' \rightarrow (-8P_2^2 + 4P_1P_2 + 88P_2 - 16P_1 - 226)' = 0$

$\qquad\qquad\qquad -16P_2 + 4P_1 + 88 = 0$

$\qquad\qquad\qquad\quad -4P_1 + 16P_2 = 88$

$\qquad\qquad\qquad\quad\quad -P_1 + 4P_2 = 22 \quad \cdots②$

ここで導出された②は**企業２の価格の反応曲線**であり、企業１の価格変化に対応して、自己の利潤を最大化させる価格を決定していきます。

プロセス－3 反応曲線から連立方程式をつくる

最後に、企業１、企業２の価格の反応曲線をもとに連立方程式をつくり、それぞれの価格を求めます。

$$\left\{\begin{array}{l} 4P_1 - P_2 = 32 \quad \cdots① \\ -P_1 + 4P_2 = 22 \quad \cdots② \end{array}\right.$$

これを解くと、$P_1 = 10$、$P_2 = 8$ となり、**1** が正解になります。

（補足）
　P_2 で微分する際に、他の記号の P_1 は数値と同じように処理していきます。

（補足）
　ベルトラン競争によって、価格引き下げ競争が行われると、消費者はより安い企業から財を購入しようとするはずです。
　結局、２社は価格競争の末、価格が限界費用と一致するまで値下げ競争を行い、完全競争市場の企業と同じ結果になると考えられます。

Unit 11	不完全競争市場

ゲーム理論

> **出題者の狙い** ナッシュ均衡を中心としたゲーム理論の解法スキルが試されます。必ず問題で利得表が与えられるので、正しく読むことができるかが重要です。
>
> **解答のポイント** ナッシュ均衡とミニ・マックス原理という大きな2つのパターンが出題されます。どちらも計算の処理法は決まっていて、いかに手際よく作業していくかが勝負どころです。繰り返し練習して、パターンを身につけましょう。

▶基本テキスト『新・らくらくミクロ経済学入門』Unit17 関連

難易度 **B**　難易度は高難易度順にAA、A、B、Cで表示。出題率は高出題率順に☆、◎、○、◇で表示。

資格試験別・予想出題率

国家総合	☆
国家一般	◇
地方上級	☆
国税専門官	○
公認会計士	○
不動産鑑定士	○
中小企業診断士	☆
外務専門職	◇

試験情報

地方上級、国家総合では頻出です。中小企業診断士でも出題され、今後もさまざまな試験での出題が予想されます。

基本問題　▽▽▽▽▽▽

問題051　ナッシュ均衡－1

　企業Aと企業Bは、それぞれ2種類の戦略をもっていて、その利得行列は下表のように与えられています。利得行列の各要素は、（Aの利得、Bの利得）です。

利得表		企業B	
		戦略B_1	戦略B_2
企業A	戦略A_1	（4、2）	（2、1）
	戦略A_2	（1、4）	（0、3）

　企業A、企業Bは相手の戦略を所与にして、自己の利益が最大になるような戦略を選ぶものとして、次の記述のうち妥当なものはどれですか。

1　企業Aは戦略A_1を、企業Bは戦略B_2を選びます。
2　企業Aは戦略A_2を、企業Bは戦略B_1を選びます。
3　戦略の組（A_1、B_1）はナッシュ均衡です。
4　戦略の組（A_2、B_2）はナッシュ均衡です。
5　ナッシュ均衡は存在しません。

（地方上級　改題）

問題051 の解答と解説

　この問題では、ナッシュ均衡を見つけることになります。

　ナッシュ均衡は、ゲームに参加した企業A、企業Bの戦略が一致する均衡点です。

　つまり、企業Aは企業Bの戦略にしたがって自らの戦略を見出し、また、企業Bも企業Aの戦略にしたがって自らの戦略を見出したとき、いずれは両社の戦略が合致するはずです。

 重要

ナッシュ均衡

　複数の人（2人でも3人以上でも可能）がゲームに参加し、戦略を考えるときには必ず相手の戦略も気にします。

　相手の戦略に対抗したり、相手もそれに対応策をとってくるでしょう。

　やがて、参加者全員の思惑が一致するときがくるのですが、その均衡状態がナッシュ均衡です。

 ミクロ参照 Unit17

◆茂木式・ナッシュ均衡の見つけ方

プロセス－1

　企業Aと企業Bは、相手がどのような戦略に出るのかわからないので、相手の戦略に合わせて自社の戦略を考えます。

企業A

①まず、相手企業（企業B）の欄の先頭に「企業Aは」、後に「が」を付けます。
②次に、

利得表		企業Aは 企業Bが	
		戦略 B_1	戦略 B_2
企業A	戦略 A_1	(4、2)	(2、1)
	戦略 A_2	(1、4)	(0、3)

　企業Aは、企業Bが戦略 B_1 をとった場合の戦略
　企業Aは、企業Bが戦略 B_2 をとった場合の戦略
に場合分けして、（Aの利得、Bの利得）で読んでいきます。
③表を縦に読みます。

　企業Aは、企業Bが戦略 B_1 をとった場合、自分が A_1 をとると4が得られ、A_2 をとると1が得られます。

　したがって、どちらが得かを考えると、企業Bが B_1 をとった場合は、自分は A_1 をとることになります。

相手企業：企業B　　　　　　自社：企業A
B_1 を採用　　→　　A_1 を採用

④同様に、企業Aは、企業Bが戦略 B_2 をとった場合、自分が A_1 をとると2が得られ、A_2 をとると0が得られます。

　したがって、企業Aにとってどちらが得かを考えると、企業Bが B_2 をとった場合は、自分は A_1 をとることになります。

相手企業：企業B　　　　　　自社：企業A
B_2 を採用　　→　　A_1 を採用

企業B

①相手企業（企業A）の欄の先頭に「企業Bは」、後に「が」を付けます。
②次に、

利得表		企業B	
		戦略 B_1	戦略 B_2
企業Bは 企業A が	戦略 A_1	(4、2)	(2、1)
	戦略 A_2	(1、4)	(0、3)

　企業Bは、企業Aが戦略 A_1 をとった場合の戦略
　企業Bは、企業Aが戦略 A_2 をとった場合の戦略
に場合分けして、（Aの利得、Bの利得）で読んでいきます。
③表を横に読みます。

　企業Bは、企業Aが戦略 A_1 をとった場合、自分が B_1 をとると2が得られ、B_2 をとると1が得られます。

　したがって、企業Bにとってどちらが得かを考えると、企業Aが A_1 をとった場合は、自分は B_1 をとることになります。

相手企業：企業A　　　　　　自社：企業B
A_1 を採用　　→　　B_1 を採用

補足

Aの利得

	企業B	
	戦略 B_1	戦略 B_2
	(4、2)	(2、1)
	(1、4)	(0、3)

このラインを読む

Aの利得

	企業B	
	戦略 B_1	戦略 B_2
	(4、2)	(2、1)
	(1、4)	(0、3)

このラインを読む

補足

Bの利得

	戦略 B_1	戦略 B_2
戦略 A_1	(4、2)	(2、1)

このラインを読む

④同様に、企業Bは、企業Aが戦略A_2をとった場合、自分がB_1をとると4が得られ、B_2をとると3が得られます。

したがって、企業Bにとってどちらが得かを考えると、企業AがA_2をとった場合は、自分はB_1をとることになります。

相手企業：企業A　　　　　　　　　自社：企業B

A_2を採用　　　→　　　B_1を採用

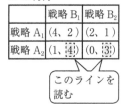

Bの利得

	戦略B_1	戦略B_2
戦略A_1	(4, 2)	(2, 1)
戦略A_2	(1, 4)	(0, 3)

このラインを読む

プロセス－2

それぞれの企業の**最適反応**を並べてみます。

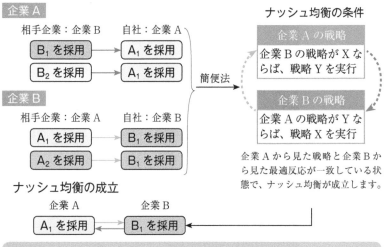

企業A

相手企業：企業B　　　自社：企業A

B_1を採用　→　A_1を採用

B_2を採用　→　A_1を採用

企業B

相手企業：企業A　　　自社：企業B

A_1を採用　→　B_1を採用

A_2を採用　→　B_1を採用

簡便法

ナッシュ均衡の条件

企業Aの戦略

企業Bの戦略がXならば、戦略Yを実行

企業Bの戦略

企業Aの戦略がYならば、戦略Xを実行

企業Aから見た戦略と企業Bから見た最適反応が一致している状態で、ナッシュ均衡が成立します。

各企業の最適反応をみると、企業AはA_1、企業BはB_1が**支配戦略**になっています。

支配戦略とは、相手の戦略にかかわらず、1つの戦略が最適になることをいいます。企業Bにとって企業Aがいずれの戦略を選択しても、支配戦略としてB_1を選択しています。

ナッシュ均衡の成立

企業A　　　　　　企業B

A_1を採用　←　B_1を採用　←

それぞれの企業は相手の戦略を気にしながら、戦略に応じて対抗策をほどこします。こうした双方の戦略が一致する状況がナッシュ均衡になるのです。

この問題の場合、ナッシュ均衡はどちらの企業からも一致する戦略であり、企業AはA_1、企業BはB_1の戦略をとることになります。

したがって、**3**が正解になります。

基本問題　▽▽▽▽▽

問題052　**ナッシュ均衡－2**

2国A、Bからなる世界経済において、両国間で貿易が行われています。表は、両国政府の政策に応じた両国々民の経済厚生（金額表示）を示したものです。いま、両国政府は相手国のとっている政策を知っています。その時点における相手国の政策を不変と考えて、自国々民の経済厚生を最大化させるような政策の組み合わせ（ナッシュ均衡）として妥当なものはどれですか。ただし、表中各欄の2つの数字は、上の数字がA国国民の経済厚生を、下の数字がB国国民の経済厚生を示します。

		A国の政策	
		自由主義	保護主義
B国の政策	自由主義	100 100	130 10
	保護主義	20 140	30 30

◆縦に並んだ利得表

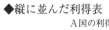

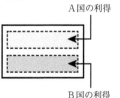

A国の利得

B国の利得

> **1** Ａ国政府は保護主義政策を、Ｂ国政府は自由主義政策をとります。
> **2** Ａ国政府は自由主義政策を、Ｂ国政府は保護主義政策をとります。
> **3** Ａ国、Ｂ国両政府とも自由主義政策をとります。
> **4** Ａ国、Ｂ国両政府とも保護主義政策をとります。
>
> （国家Ⅰ種　改題）

問題052 の解答と解説

プロセス－1

　茂木式・ナッシュ均衡の見つけ方で、それぞれの国の最適反応を見つけていきます。

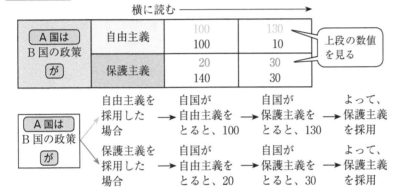

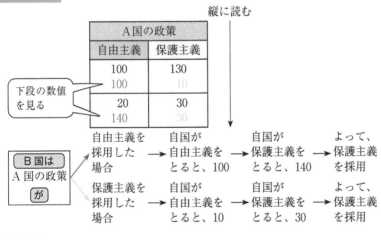

　利得表の感じが違うと試験会場でびっくりしてしまうかもしれないけど、やり方はいつもと同じですよ！

プロセス－2

Ａ国の戦略
① Ｂ国の自由主義 → 自国は保護主義
② Ｂ国の保護主義 → 自国は保護主義

Ｂ国の戦略
③ Ａ国の自由主義 → 自国は保護主義
④ Ａ国の保護主義 → 自国は保護主義

　この中で、両国にとって最適反応が一致しているナッシュ均衡は、

　Ａ国の政策　　Ｂ国の政策
　保護主義 ⟷ 保護主義

であり、**4** が正解になります。

　Ａ国の最適反応のうち、逆さまにしたものがＢ国にあれば、それがナッシュ均衡になります。

《解説》

囚人のジレンマ

問題052の利得表を見ると、お互いに自由主義をとったほうが望ましいにもかかわらず、ナッシュ均衡ではお互いが保護主義を採用するような報復合戦のケースになっています。

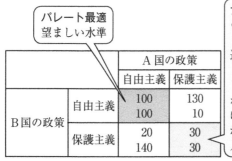

補足

パレート最適における「望ましい水準」とは、利得が最大になるというものではなく、一方をこれ以上高めようとすると、もう一方を低めなければならないギリギリの水準ということです。

ちょうどまるいケーキを均等に半分にした状態のようなイメージです。

この場合、一方の取り分を多くしようとすると、もう一方の取り分を少なくしなければなりません。

ナッシュ均衡

〈両国の政策が一致〉

ナッシュ均衡がパレート最適にならない状況です。

これは2人の共犯者が「自白した者は刑を軽減する」と言われた場合、最悪の事態を避けようと黙秘と自白の間で揺れる状況と同じことから、「囚人のジレンマ」と呼ばれます。

このように、ナッシュ均衡は各企業が自己の利得の最大化を図ることになりますが、それが常に最適になるとは限らず、囚人のジレンマに陥ったときはナッシュ均衡はパレート最適にはなりません。

発展問題 ▽▽▽▽▽

問題053 **ナッシュ均衡－3**

プレイヤーA戦略a_1～a_4、プレイヤーBは戦略b_1～b_4をとり得るものとします。利得表は以下のように与えられています。ただし、カッコの中の組み合わせは左がAの利得、右がBの利得とします。

	b_1	b_2	b_3	b_4
a_1	(0, 4)	(4, 0)	(5, 3)	(2, 7)
a_2	(4, 0)	(0, 4)	(5, 3)	(0, 9)
a_3	(3, 5)	(3, 5)	(6, 6)	(9, 0)
a_4	(3, 7)	(9, 0)	(0, 9)	(8, 8)

プレイヤーA、Bはこの利得表を知っており、お互いに相手の戦略を所与として自らの利得を最大化するように行動します。このとき利得表におけるナッシュ均衡はどれですか。

ただし、A、Bの戦略組み合わせ（a_i、b_j）がナッシュ均衡であることは、次の定義で示されるものとします。

①Bが戦略b_j（j=1～4）をとる場合、Aにとってはa_i以外の戦略はa_iよりも得になりません。

②同様に、Aが戦略a_i（i=1～4）をとる場合、Bにとってはb_j以外の戦略はb_jよりも得になりません。

1 ナッシュ均衡は存在しません。

2 （a_3、b_3）が唯一のナッシュ均衡

3 （a_4、b_2）、（a_4、b_4）がナッシュ均衡

4 （a_2、b_2）、（a_4、b_4）がナッシュ均衡

（国家Ⅰ種 改題）

補足

囚人のジレンマ

お互いが最悪の状況を避けようとして、最善の策を見出すために、結果として両者にとって最適にはならない状況です。

ミクロ
参照 ▷ Unit17

問題053の解答と解説

4行4列になりましたが、基本的なナッシュ均衡の見つけ方は同じです。挑戦してみましょう。

プロセス—1　各プレイヤーの最適反応

①プレイヤーAの最適反応

利得表を縦に読んでいきます。　　　　最大の利得を選択

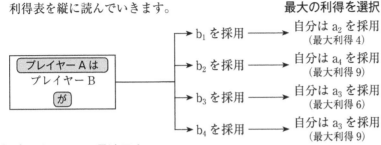

②プレイヤーBの最適反応

利得表を横に読んでいきます。　　　　最大の利得を選択

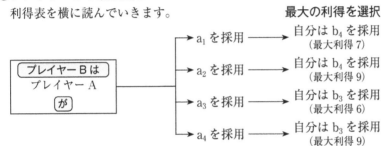

プロセス—2　各プレイヤーの戦略の一致

各プレイヤーの戦略から、双方に一致する戦略がナッシュ均衡です。

プレイヤーA　　　　　プレイヤーB
a_3 を採用　←→　b_3 を採用

したがって、**2**が正解です。

数が増えてもやり方はまったく同じです。

発展問題

問題054　ミニ・マックス戦略

企業Aと企業Bがそれぞれ2種類の戦略の利得行列が、下表で示されたとします。利得行列の各要素は企業Aの利潤を表します。

		企業B	
		戦略1	戦略2
企業A	戦略1	60	−50
	戦略2	−70	80

2つの企業がミニ・マックス戦略をとるとき、それぞれの企業の選択に関する次の記述のうち、妥当なものはどれですか。

1　企業Aは戦略1を、企業Bは戦略1を選びます。
2　企業Aは戦略1を、企業Bは戦略2を選びます。
3　企業Aは戦略2を、企業Bは戦略1を選びます。
4　企業Aは戦略2を、企業Bは戦略2を選びます。

（市役所上級　改題）

ミニ・マックス戦略

ナッシュ均衡の特殊なパターンとして、ミニ・マックス戦略があります。これは、各戦略の中の最悪の状態を選び、その中で最も良い数値を選ぶ手法を用います。

Unit17

考え方と解法のポイント

ミニ・マックス戦略の考え方を用いる問題です。

この戦略は、各プレイヤーの利得の合計が0になるというゼロサム（ゼロ和）・ゲームを前提としています。

ゼロサム・ゲームとは、お互いのプレイヤーの利得が相反するものとなっています。

ゼロサム・ゲームでは、利得の総和がゼロなので、
Aの利得＝Bの損失
Bの利得＝Aの損失
という関係があります。

企業Aの利得表

（横のラインを見ていきます）

		企業B	
		戦略1	戦略2
企業A	戦略1	60	−50
	戦略2	−70	80

問題文の利得表は、企業Aの利潤を表していて、それは企業Bの損失になります。

企業Bの利得表

（縦のラインを見ていきます）

		企業B	
		戦略1	戦略2
企業A	戦略1	−60	50
	戦略2	70	−80

利得表の合計が0になるので、企業Bの利得は、企業Aの利得に−を付けた値になります。

この利得表の中で、それぞれの企業はミニ・マックス戦略に基づき「最悪の状況」を考えたうえで、その中で最も良いと思われる行動を選択することになります。

問題054 の解答と解説

プロセス−1　企業Aの戦略

企業Aの利得表

考え方−1　悪いのはどっち？　**考え方−2**　最悪はどっち？

企業A	戦略1	60	−50	→ −50
	戦略2	−70	80	→ −70 → −70

（戦略2では、最悪の事態が含まれます）

企業Aにとって、最悪の状況は戦略2を選択した場合の−70です。この状況を避けるために良いほうの戦略1を選択します。

プロセス−2　企業Bの戦略

企業Bの利得表

	企業B	
	戦略1	戦略2
	−60	50
	70	−80

考え方−1

悪いのはどっち？　−60　　−80

考え方−2

最悪はどっち？　　　　　−80　（戦略2では、最悪の事態が含まれます）

企業Bにとって、最悪の状況は戦略2を選択した場合の−80です。この状況を避けるために良いほうの戦略1を選択します。

したがって、企業Aは戦略1、企業Bも戦略1を選択するので、正解は **1** になります。

MEMO

Unit	市場の失敗
12	# 公共財

難易度は高難度順に
AA、A、B、Cで表示。
出題率は高出題率順に
☆、◎、○、◇で表示。

難易度	
C	

資格試験別・予想出題率	
国家総合	○
国家一般	○
地方上級	◎
国税専門官	○
公認会計士	◎
不動産鑑定士	◎
中小企業診断士	◇
外務専門職	◇

出題者の狙い ほとんどの公共財の出題は「等量消費」の性質に絡めた問題となり、与えられた記号を理論的な背景をもとに整理できるかどうかが試されます。

解答のポイント 登場する 2 個人において、公共財の消費量を統一させることが最大のポイントです。たくさんの記号が登場してきますが、整理すると非常に簡単な方程式になる特徴があり、パターン化されているので、試験では得点源にする受験生も多くいます。

▶基本テキスト『新・らくらくミクロ経済学入門』Unit20 関連

試験情報

このテーマは、公務員試験では財政学においても最頻出であり、財政学と合わせると、ほぼ毎年出題される傾向にあります。

入門問題 ▽▽▽▽▽

問題055 最適供給量－1

消費者が 2 人のみ存在する経済で、公共財に対する需要が、

$$P_1 = 5 - 0.5 D_1$$
$$P_2 = 10 - D_2$$

P：価格	
D：需要量	

でそれぞれ表されているとします。公共財の限界費用が 9 で一定である場合の公共財の最適供給水準はどれですか。

1 2 **2** 4 **3** 6 **4** 8

（国税専門官　改題）

考え方と解法のポイント

市場需要曲線の導出

[仮定として、市場には 2 人の個人（個人 A、個人 B）がいて、1 種類の財を需要します]

①私的財の場合

市場で与えられた価格を所与に、2 人の個人は需要量を決定します。

市場需要曲線は、2 個人の需要量の総和として表されます。

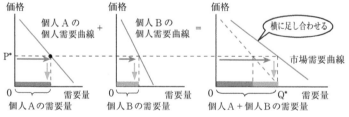

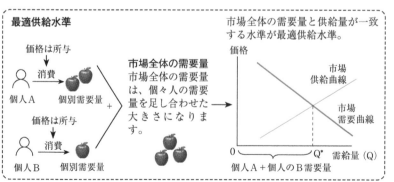

重要

需要曲線の見方

プライス・テイカーである消費者は、市場で決定された価格に基づいて需要量を決定します。

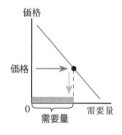

②公共財の場合

公共財の場合、個人Aと個人Bの需要量は等しくなります。そこで、市場需要曲線を導出しようとした場合、個々の需要量を横に足さずに、需要量を固定して縦に足し合わせることになります。

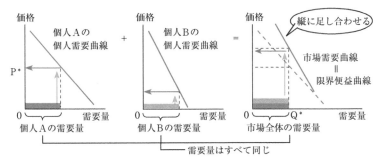

限界便益曲線の見方

需要曲線とは異なり、与えられた需要量に対して、何円なら払うか？という見方になります。

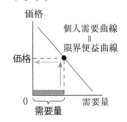

◆限界評価曲線＝限界便益曲線

このように、公共財の市場需要曲線が通常の需要曲線とは異なり、限界便益曲線（限界評価曲線）になります。この場合の需要量は、**個人Aの消費量＝個人Bの消費量＝市場全体の消費量**になります。

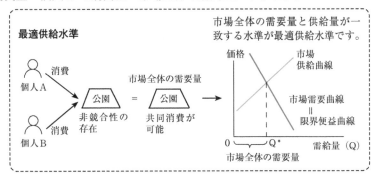

非競合性の存在

リンゴのような私的財の場合、Aさんが消費するとBさんは同じリンゴを消費することはできません。これは財の消費において「競合する」と表現します。

一方、公園のような公共財の場合、AさんとBさんが同時に利用することができます。

これは、財の消費において「**非競合性**」といい、「**等量消費性**」とも呼ばれ、共同での消費が可能になります。

問題055 の解答と解説

プロセス−1

まず、公共財の場合、2人の需要量が等しくなるのでD_1、D_2をDでそろえます。

個人Aの需要曲線
$$P_1 = 5 - 0.5 D_1$$
個人Bの需要曲線
$$P_2 = 10 - D_2$$

一致

$$P_1 = 5 - 0.5 D$$
$$P_2 = 10 - D$$

プロセス−2　市場需要曲線の導出

次に、市場需要曲線（限界便益曲線）を導出します。

2人の需要曲線を足し合わせます。

$$P_1 = 5 - 0.5 D$$
$$+) P_2 = 10 - \quad D$$
$$P_1 + P_2 = 15 - 1.5 D$$

縦に足し合わせる

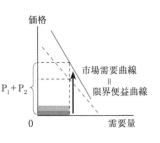

プロセス－3

限界費用（供給曲線）が9なので、最適供給水準を需要曲線＝供給曲線によって求めます。

需要曲線＝供給曲線

↓

P₁＋P₂＝限界費用

$15 - 1.5\,D = 9$

↓ 需要量（D）を需給量（Q）に置き換えます。

$15 - 1.5\,Q = 9$

$Q = 4$

したがって、**2**が正解になります。

（補足）

需要量（D）を需給量（Q）に置き換え

↓

最適供給水準では、需要量(D)＝需給量(Q)になります。

基本問題　▱▱▱▱▱▱

問題056　**最適供給量－2**

ある経済が個人AとBから構成され、その公共財Xに対する需要曲線（限界評価曲線）は、

個人A：$X_A = \dfrac{10}{3} - 2\,P_A$

個人B：$X_B = \dfrac{5}{2} - 3\,P_B$

> X_i＝個人iのX財の需要量
> P_i＝個人iのX財における限界評価
> 　（i＝A, B）

で示されています。また、公共財の限界費用曲線は、

$MC = \dfrac{1}{3} + \dfrac{1}{4}\,X_S$

として示されます。このとき、パレート最適な供給量はいくらですか。

1　1　　**2**　2　　**3**　3　　**4**　4

（地方上級、国家Ⅰ種　改題）

問題056 の解答と解説

プロセス－1

①「P＝～」の形に置き換えます。

②等量消費性より、$X_A = X_B$なので、Xと統一します。

〈個人A〉

$X_A = \dfrac{10}{3} - 2\,P_A$

↓「P＝～」の形にします。

$P_A = \dfrac{5}{3} - \dfrac{1}{2}\,X_A$

↓ $X_A = X_B \to X$とおきます。

$P_A = \dfrac{5}{3} - \dfrac{1}{2}\,X$

〈個人B〉

$X_B = \dfrac{5}{2} - 3\,P_B$

↓「P＝～」の形にします。

$P_B = \dfrac{5}{6} - \dfrac{1}{3}\,X_B$

↓ $X_A = X_B \to X$とおきます。

$P_B = \dfrac{5}{6} - \dfrac{1}{3}\,X$

プロセス－2

　供給量（X_S）は、最適供給量（パレート最適）である均衡点では需要量（X）と同水準になるので X で合わせます。

$$MC = \frac{1}{3} + \frac{1}{4} X_S$$

$$MC = \frac{1}{3} + \frac{1}{4} X$$

プロセス－3

　最後に、需要曲線と供給曲線（限界費用）の交点（均衡点）を求めます。

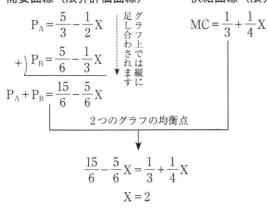

需要曲線（限界評価曲線）

$$P_A = \frac{5}{3} - \frac{1}{2} X$$

$$+ \left) \; P_B = \frac{5}{6} - \frac{1}{3} X \right.$$

$$P_A + P_B = \frac{15}{6} - \frac{5}{6} X$$

グラフ上では縦に足し合わされます

供給曲線（限界費用曲線）

$$MC = \frac{1}{3} + \frac{1}{4} X$$

２つのグラフの均衡点

$$\frac{15}{6} - \frac{5}{6} X = \frac{1}{3} + \frac{1}{4} X$$

$$X = 2$$

したがって、**2** が正解になります。

一言

　公共財の需要曲線（限界評価曲線）は縦に足し合わされます。

<table>
<tr><td>Unit
13</td><td>市場の失敗
外部不経済</td></tr>
</table>

難易度	難易度は高難度順に AA、A、B、Cで表示。 出題率は高出題率順に ☆、◎、○、◇で表示。
AA	

資格試験別	国家総合	☆
	国家一般	◇
	地方上級	◎
	国税専門官	○
	公認会計士	☆
	不動産鑑定士	☆
	中小企業診断士	○
	外務専門職	○

出題者の狙い 外部不経済の論点は多くの難問も含まれてきます。まず、政策実施の前なのか後なのかという状況判断、それぞれの状況に合わせた余剰分析など、グラフを中心とした理解が試されます。計算自体は面積を求めるものが多く、容易です。

解答のポイント 第1にグラフの整理が必要です。特に「厚生の損失」や「税収」など出題されやすいものは、無理に覚えるよりもグラフを把握して慣れることです。そうすることで、本試験で多少ひねられても柔軟に対応できるはずです。

▶基本テキスト『新・らくらくミクロ経済学入門』Unit21 関連

試験情報

　不動産鑑定士では最頻出です。公認会計士や国家総合でも出題される傾向が強く、最近では地方上級や国税専門官でも出題される傾向が強まっています。

基本問題 ▽▽▽▽▽

問題057　ピグー的課税政策－1

　右図は、汚水を排除する企業に対する需要曲線（DD）、企業の限界費用曲線（PMC）および汚水による被害を含めた社会全体の限界費用（SMC）を示したものです。この企業に最適な汚染税を課した場合の生産水準、価格、汚染税および社会全体の厚生の増大の組み合わせとして妥当なものはどれですか。

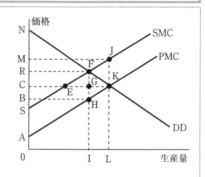

	生産水準	価格（税込み）	汚染税（単位あたり）	社会全体の厚生の増大
1	0I	0B	AB	RAHF
2	0I	0R	BR	JFK
3	0L	0C	AC	RSF
4	0L	0C	BC	FHK

（国家Ⅱ種　改題）

考え方と解法のポイント

　外部不経済では以下の2つの状況パターンで出題されます。この問題は「汚染税を課した」という文言より、②課税後の状況（政府の介入）になります。

　外部不経済の状況説明の出題パターン

　　①公害の発生時

　　　企業の限界費用（私的費用：PMC）をもとに生産量が決定され、過大な生産量を実現します。

　　②課税後の状況（政府の介入）

　　　社会全体の限界費用（社会的費用：SMC）をもとに生産量が決定され、望ましい生産量を実現します。

重要

外部不経済
　ある経済主体が、市場の取引を経由せずに、他の経済主体へ不利な影響を及ぼすことです。

補足

　外部効果の論点では、企業の限界費用（供給曲線）を2つに分けます。

－**私的費用または私的限界費用（PMC）**
　公害コストを反映しない場合

－**社会的費用または社会的限界費用（SMC）**
　公害コストを反映する場合

ミクロ参照　Unit21

①公害発生時の状況

プロセス－1　現在の生産量と望ましい生産量

　2つの供給曲線がありますが、企業の生産コストのみから導出される限界費用（私的限界費用）であるPMCと、それに公害費用を上乗せした社会的な限界費用（SMC）です。

　現在の生産量は0L、価格はCになりますが、望ましい生産量は0Iで価格はRになります。これは、現在の価格では被害分を回収できない低い価格であり、過大な生産が行われていることになります。

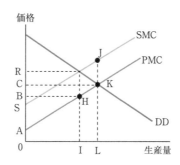

プロセス－2　被害額

　被害額を面積にすると、1単位あたりの被害額がPMCとSMCの差であり、現在の生産量0Lで掛けた平行四辺形の面積になります。

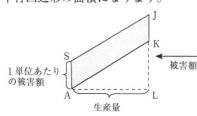

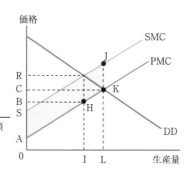

（補足）（用語）（情報）
　「**被害額**」は、試験では「**外部不経済**」「**公害費用**」などの名前でも出題されます。

プロセス－3　公害発生時の総余剰

　次に、公害発生時の総余剰については、以下の式にあてはめます。

公害発生前の総余剰－被害額

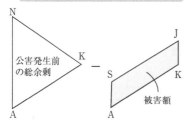

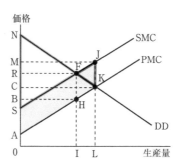

◆公害発生前では、総余剰から被害額を差し引くと、四角形SAKFの部分がプラスマイナスがゼロであり、その部分を除きます。その結果、プラスで残るのが三角形NFSで、マイナスで残るのが三角形JFKとなります。

　公害発生時の総余剰は、上図のように面積の差で表せますが、別の形でも表すことができます（下図参照）。

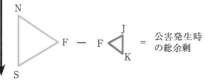

ここで、三角形JFKは厚生の損失になります。
（つまり、非効率的な市場になっています）

②課税政策の実施（ピグー的政策）

プロセス-4 汚染税の課税

厚生の損失を消すための手段として、PMC を SMC の水準まで押し上げる手法として「課税」を実施します。

財1単位あたり t 円の従量税を課します。企業の限界費用が t 円分だけ上昇するために、望ましい生産量 OI と望ましい価格 OR が達成され、厚生の損失は消滅します。

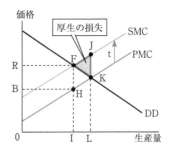

プロセス-5 課税後の余剰分析

下図の面積によって、状況説明をします。

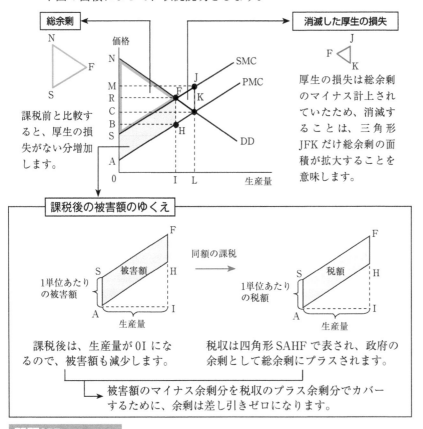

総余剰
課税前と比較すると、厚生の損失がない分増加します。

消滅した厚生の損失
厚生の損失は総余剰のマイナス計上されていたため、消滅することは、三角形 JFK だけ総余剰の面積が拡大することを意味します。

課税後の被害額のゆくえ

同額の課税 →

課税後は、生産量が OI になるので、被害額も減少します。

税収は四角形 SAHF で表され、政府の余剰として総余剰にプラスされます。

→ 被害額のマイナス余剰分を税収のプラス余剰分でカバーするために、余剰は差し引きゼロになります。

補足

ピグー的課税政策

外部不経済の影響を政府の介入によって、市場メカニズムに取り込む政策です。これは、加害者に課税するパターンと被害者に補助金を与えるパターンがあります。

補足

被害額と税収

公害発生時の「被害額」と税収の面積が異なります。

●公害発生時の被害額（生産量 OL の水準で計算）

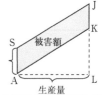

●課税後の被害額（生産量 OI の水準で計算）

課税によって、PMC が SMC まで押し上がったので生産量 OI の水準に対応して被害額が求められ、この額に対応した課税がなされます。

問題057 の解答と解説

汚染税による税収がポイントになります。解法のポイントでは、単位あたりの税収は AS になりますが、選択肢にはありません。そこで、**等積変形の手法**を考えます。

右図において、四角形 SAHF は底辺の長さと高さを等しくすれば、四角形 RBHF と同じ面積になります。

したがって、単位あたりの税額は AS でも BR でもどちらでも同じになります。

〈等積変形〉

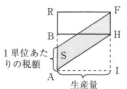

また、問題の「社会全体の厚生の増大」とは、税金を課すことによって厚生の損失が消えるため、その分が総余剰の増大を示すという意味です。これらの結果より、正解は**2**になります。

Unit08の「租税の効果」では、租税によって厚生の損失を生み出すことを学習しましたが、ピグー的課税政策では、厚生の損失を消し、余剰を拡大させるために課税がなされることを学習します（Unit08参照）。

《解説》

公害費用が生産量に応じて加算される場合のグラフ

私的限界費用（PMC）に対し、公害費用（外部不経済）が生産量に応じて追加的に生じる場合、社会的限界費用（SMC）は平行シフトではなく、「傾き」の上昇として表されます。

このような場合は、公害発生時の余剰分析の過程は異なりますが、結論は平行シフトの場合と同様に厚生の損失を生み出します。

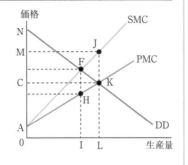

公害発生前の総余剰－被害額		公害発生時の総余剰

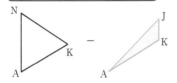
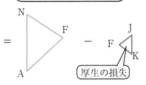

発展問題 ◇◇◇◇◇◇

問題058 ピグー的課税政策－2

市場全体としての私的総費用曲線（PTC）が、
$$PTC = X^2 + 10X + 5 \quad （X：財の数量）$$
と表される産業において、生産に伴って大気汚染物質が排出され、
$$SC = \left(\frac{1}{2}\right) X^2 \text{ の費用（外部不経済）が追加的に生じます。}$$

また、この市場の需要曲線が、
$$X = -\left(\frac{1}{2}\right) P + 25 \quad （P：財の価格）$$
で示されています。

ここで、政府がこの産業に対して、生産1単位につきTの課税をすることにより、総余剰を最大にするような数量を実現しようとした場合、Tと税収の組み合わせとして正しいものはどれですか。

	T	税収
1	6	36
2	6	48
3	8	48
4	8	64

（国家Ⅰ種 改題）

考え方と解法のポイント

　この問題は、公害費用（外部不経済）が生産量に応じて追加的に加算されているケースですが、分析手法はまったく同じように展開していきます。

問題058 の解答と解説

プロセス−1　私的限界費用の導出

　問題の私的費用は総費用で表されているために、限界費用にする必要があります（総費用ベース　→　限界費用ベース）。

　私的総費用：$PTC = X^2 + 10X + 5$　（X：財の数量）

　　　　生産量 X で微分します。

　　　　$(PTC)' = 1 \times 2 \times X^{2-1} + 10 \times 1 \times X^{1-1} + 5 \times 0 \times X^{0-1}$

　私的限界費用：$PMC = 2X + 10$
　　（私的費用）

プロセス−2　社会的限界費用（社会的費用）の導出

　公害費用（外部不経済）も総費用ベースになっているので、限界費用ベースにして、私的限界費用に加算します。

　　公害費用（総費用ベース）$= \left(\dfrac{1}{2}\right) X^2$

　　　　　微分↓

　　　　　　$\left(\dfrac{1}{2}\right) \times 2 \times X^{2-1}$

　　公害費用（限界費用ベース）$= X$

　　　　　　　これを私的限界費用に加算すると、
　　　　　　　社会的限界費用になります。

　社会的限界費用　$SMC = 2X + 10 + X$
　（社会的費用）　　　　$= 3X + 10$

◆微分の計算

　14 ページの【らくらく便利】『微分のルール』を参照。

プロセス−3　グラフ化

　需要曲線を「P＝〜」の形に置き換えておきます。

　需要曲線

　　$X = -\left(\dfrac{1}{2}\right) P + 25$

　　$P = 50 - 2X$

　社会的に最適な供給量は、

　$P = SMC$ より、

　　$50 - 2X = 3X + 10$

　　　　$5X = 40$

　　　　　$X = 8$　（I 点）

　$X = 8$ のときの PMC と SMC を求めます。

　　$PMC = 2 \times 8 + 10 = 26$（H 点）

　　$SMC = 3 \times 8 + 10 = 34$（F 点）

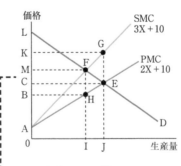

ピグー的課税

　「財 1 単位につき T 円」という課税法より、HF（BM）が T 円、税収は MBHF の面積です。

〈財1単位あたりの税額T円〉

　→生産量8における場合

　SMC - PMC = 34 - 26 = 8

〈税収〉

　→T円×生産量 = 8×8 = 64

したがって、正解は**4**になります。

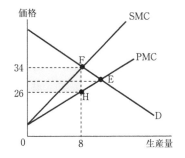

発展問題　▽▽▽▽▽

問題059　**コースの定理**

農場と牧場が隣接していて、牧畜業者が農場で牛を飼育していますが、囲いがないために牛が増えるに従い、農場の穀物が荒らされ、農家に損失を与えています。牛の頭数とそれによる農家の損失額は下表で示されています。この場合の牧畜業者と農家の間で、牛の頭数と農家への補償について自主的な交渉が行われるとき、両者が歩みよって、コースの定理が示す均衡状態に達する場合の牛の頭数として、妥当なものはどれですか。ただし、取引費用はゼロとします。

牛の頭数	牧畜業者の収入額	農家の損失額
20頭	600万円	0万円
21頭	660万円	20万円
22頭	720万円	60万円
23頭	760万円	120万円

1 20頭　　**2** 21頭　　**3** 22頭　　**4** 23頭

（地方上級　改題）

考え方と解法のポイント

コースの定理とは、外部不経済がある場合に政府が介入して課税政策などによって最適な供給を実現させるものではなく、当事者間の自主的な交渉によってそれを達成させるものです。

では、この問題において、どのような交渉が行われるかを考えましょう。

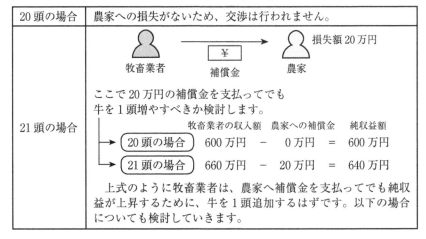

20頭の場合	農家への損失がないため、交渉は行われません。
21頭の場合	（図）

ここで20万円の補償金を支払ってでも
牛を1頭増やすべきか検討します。

　　　　　　　　牧畜業者の収入額　農家への補償金　純収益額

20頭の場合　　　600万円　　-　　0万円　　=　600万円

21頭の場合　　　660万円　　-　　20万円　　=　640万円

上式のように牧畜業者は、農家へ補償金を支払ってでも純収益が上昇するために、牛を1頭追加するはずです。以下の場合についても検討していきます。

重要

コースの定理

外部不経済の解決法として、政府が介入するケース以外に、当事者間の交渉によって解決するケースがあり、その場合には「コースの定理」が使われます。

これは、加害者が被害者に賠償金を支払う場合と被害者が加害者へ生産を少なくしてもらうように補償金を支払う場合があります。

そして、どちらの場合もパレート最適が達成できると考えます。

ミクロ参照　Unit21

問題059 の解答と解説

各頭数より、牧畜業者の純収益を計算し、最大の水準で頭数を決定します。

牛が22頭のとき、純収益額が最大になるので、**3**が正解になります。

応用問題 ◇◇◇◇◇

問題060 **2企業の利潤の合計が最大**

　ある実業家は、X財を生産する企業1とY財を生産する企業2の両方を経営しています。しかし、企業1の生産活動は企業2に対し外部不経済を与えています。この実業家が、両企業からの利潤を最大化するように行動する場合、両企業の生産量はそれぞれいくらになりますか。

　ただし、費用関数は以下のように与えられ、X財、Y財の市場価格はそれぞれ50、40とします。

　企業1の費用関数：$C_1 = 2X^2 + 10$
　企業2の費用関数：$C_2 = Y^2 + 2XY + 10$

	企業1	企業2		企業1	企業2
1	5	15	**2**	10	5
3	15	10	**4**	20	25

（地方上級　改題）

考え方と解法のポイント

2企業の合計利潤が最大になるような生産量の決定

①利潤の合計を　→　②それぞれの生産量で
　式で表します　　　微分してゼロとおきます

問題060 の解答と解説

プロセス−1　企業1の利潤を式にする

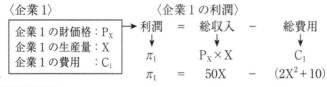

プロセス−2　企業2の利潤を式にする

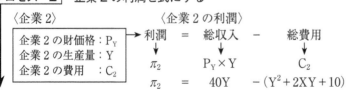

プロセス−3 利潤の合計を求める

〈利潤の合計〉

$\pi = \pi_1 + \pi_2 = 50X + 40Y - (2X^2 + Y^2 + 2XY + 20)$

$= 50X + 40Y - 2X^2 - Y^2 - 2XY - 20$

プロセス−4 それぞれの生産量で微分してゼロとおく

利潤の大きさが生産量に依存しているので、生産量で微分し、利潤最大を求めるためにゼロとおきます。

利潤の合計を X で微分します（他の記号 Y は数値と同じに扱います）。

$(\pi)' = 50 \times 1 \times X^{1-1} + 40Y \times 0 \times X^{0-1} - 2 \times 2 \times X^{2-1} - Y^2 \times 0 \times X^{0-1} - 2Y \times 1 \times X^{1-1} - 20 \times 0 \times X^{0-1}$

$= 50 - 4X - 2Y \xrightarrow{\text{ゼロとおきます}} 50 - 4X - 2Y = 0 \cdots ①$

利潤の合計を Y で微分します（他の記号 X は数値と同じに扱います）。

$(\pi)' = 50X \times 0 \times Y^{0-1} + 40 \times 1 \times Y^{1-1} - 2X^2 \times 0 \times Y^{0-1} - 1 \times 2 \times Y^{2-1} - 2X \times 1 \times Y^{1-1} - 20 \times 0 \times Y^{0-1}$

$= 40 - 2Y - 2X \xrightarrow{\text{ゼロとおきます}} 40 - 2Y - 2X = 0 \cdots ②$

プロセス−5 連立方程式

プロセス−4で導出した①、②で連立方程式をつくり解答します。

$\begin{cases} 50 - 4X - 2Y = 0 \cdots ① \\ 40 - 2Y - 2X = 0 \cdots ② \end{cases}$

これを解くと、X = 5、Y = 15 となり、**1** が正解です。

《補足》
企業の経営が同じなので X も Y も同時に生産量を決定できるため、それぞれの利潤最大の水準を求めることになります。

◆微分の計算
14 ページの【らくらく便利】『微分のルール』を参照。

《解説》

外部経済

外部効果は、ある市場の参加者が他の参加者の活動に対し対価なしに利益や不利益を与えるものです。これまでの学習では、後者の不利な影響を及ぼす外部不経済を扱ってきましたが、ここでは有利な効果を及ぼす「**外部経済**」について取り上げます。

プロセス−1 外部経済の発生

市場には、養蜂業者が果樹園業者の果実の受粉を無償で促進させたり、無報酬で働くボランティアなどが存在しています。

これらの役務は市場を経由しないためにその対価が回収できていないと考えられます。

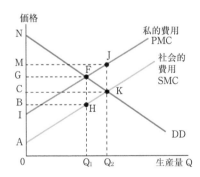

●**現実の生産量（Q₁）**
私的限界費用に基づく生産量であり過小生産になっています。

●**望ましい生産量（Q₂）**
対価が回収されるのならば、社会的限界費用に基づく生産量が実現できます。

《補足》
外部経済の場合は、PMC と SMC のグラフの位置が外部不経済の場合と逆転します。

プロセス-2　外部経済発生時の総余剰

次に、外部経済による利益部分を加えた余剰分析を行います。

外部経済発生前の総余剰＋外部経済の利益

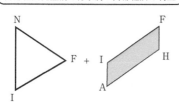

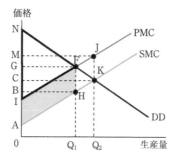

総余剰の面積は、四角形 NAHF で示されます。

これは、望ましい生産量のときの総余剰 NAK に比べ三角形 FHK だけ小さくなります。この面積が厚生の損失になります。

プロセス-3　政府の介入

ここで厚生の損失を消すために、政府が介入し、**補助金政策**を実施します。

これは外部経済の部分に対して行われ、私的限界費用を社会的限界費用まで押し下げ、望ましい生産量（Q_2）を実現させます。

補足 情報

補助金政策は、減税政策として出題されることもあり、総余剰のマイナスになります。

補助金政策後の余剰分析

生産量（Q_2）における消費者余剰＋生産者余剰の大きさ　　　　生産量（Q_2）における外部経済の利益　　　生産量（Q_2）における補助金の額　　　　　　総余剰

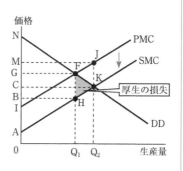

このように、補助金政策によって厚生の損失であった三角形 FHK だけ余剰が大きくなることがわかります。

補足

補助金支援後の外部経済による利益は四角形 IAKJ になります。これは、補助金によって私的限界費用（PMC）が社会的限界費用（SMC）の水準に押し下げられるので、生産量 Q_2 に対応した外部経済の利益になり、補助金支援前の四角形 IAHF は変更しなければなりません。

問題061 外部経済

　ある産業の製品は社会に好影響を与えていますが、その影響は市場には反映しておらず、市場全体の私的限界費用（PMC）と社会的限界費用（SMC）が図のように乖離しています。Dはこの財に対する社会の需要曲線です。この図に関する記述のうち、妥当なものはどれですか。

1 政府が1単位あたりBCだけの補助金を与えることで、社会的に適正な生産量が実現できます。

2 政府が1単位あたりCEだけの補助金を与えることで、社会的に適正な生産量が実現できます。

3 政府が補助金を与えることで社会的に最適な生産量を実現した場合、補助金を与える前の均衡に比べ社会的余剰はALGの面積だけ増加します。

4 政府が補助金を与えることで社会的に最適な生産量を実現した場合、補助金を与える前の均衡に比べ、社会的余剰はGILの面積だけ増加します。

（国税専門官　改題）

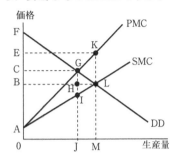

問題061 の解答と解説

外部経済のケースです。グラフを整理していきます。

外部経済の発生時の余剰　　　　**補助金支援後の余剰**

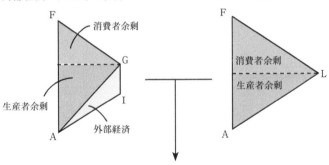

この差である三角形GILが増加しています。
したがって、正解は**4**です。

補足

　外部経済の典型的な例として、養蜂家（ハチミツ製造業）の経営があります。養蜂家はミツバチによって近隣の果樹園の花の受粉を促進して、果樹園の利益に貢献していますが、その利益は回収されず、養蜂家の利益は蜂蜜の販売のみに限定されます。したがって、過小生産になってしまいます。

◆外部経済発生時の厚生の損失は三角形GILです。

難易度	難易度は高難度順に
B	AA、A、B、Cで表示。出題率は高出題率順に☆、◎、○、◇で表示。

資格試験別・予想出題率	
国家総合	○
国家一般	◇
地方上級	○
国税専門官	◇
公認会計士	◎
不動産鑑定士	◎
中小企業診断士	◇
外務専門職	◇

Unit 14　市場の失敗
費用逓減産業

> **出題者の狙い** 独占企業の応用系として出題されます。損失額＝補助金の計算が主であり、グラフをイメージしながら計算する力が試されます。

> **解答のポイント** 試験時に、すぐにグラフを作図できるように練習し、与えられた数式をうまく解法パターンにあてはめられるようにします。

▶基本テキスト『新・らくらくミクロ経済学入門』Unit22 関連

試験情報

出題頻度は低いですが、国家総合や地方上級、不動産鑑定士試験では要注意です。

基本問題　◇◇◇◇◇◇

問題062　補助金の額

　費用逓減産業では、社会的に最適な生産量を実現した場合、その企業が赤字経営になる可能性があるために、政府による補助金を必要としています。

　　総費用曲線：$TC = 2y + 5$　（y：生産量、P：価格）
　　需要曲線：$P = 10 - y$

でそれぞれ表されるとします。

　最適な生産量のもとで赤字を補填するにはいくらの補助金が必要ですか。

1 0　　　**2** 2　　　**3** 5　　　**4** 8　　　　　　（地方上級　改題）

考え方と解法のポイント

　費用逓減産業は独占企業の1つの形態ですが、社会的有用性が高く、十分な供給量が必要な財のため、競争市場と同様、社会的に最適な生産量となるように、公益事業とします。そして、その場合に発生した赤字は補助金によってカバーします。

計算手法

①企業は $MC = P$ の水準で、最適な生産量を実現させます。

　　　　↓

②費用が収入を上回り、赤字（損失）が計上されれば、その分を補填するために同額の補助金が必要になります。

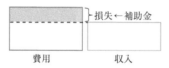

重要

費用逓減産業

　費用逓減産業とは、電力やガスなど、固定費が膨大になるために、生産量がかなりの量に達するまで費用逓減が著しい産業のことです。

　独占企業の価格決定に基づけば過小生産となり、社会的有用性が高いために十分な生産量を確保すれば赤字経営になってしまうことから、政府が介入することで、公益事業として運営されます。

ミクロ参照 Unit22

問題062 の解答と解説

プロセス-1

　総費用（TC）から、限界費用（MC）と平均費用（AC）を求めます。
　総費用 $TC = 2y + 5$

　　　　➤ 限界費用（MC）は、生産量（y）で微分します。
　　　　　　$MC = (TC)' = 2 \times 1 \times y^{1-1} + 5 \times 0 \times y^{0-1} = 2$
　　　　➤ 平均費用（AC）は、生産量（y）で割ります。

　　　　　　$AC = \dfrac{TC}{y} = \dfrac{2y+5}{y} = 2 + \dfrac{5}{y}$

次に、それぞれのグラフより総費用、総収入を求めます。

まず、最適な生産量は、需要曲線（D）と限界費用曲線（MC）の交点（E）点において決定します。

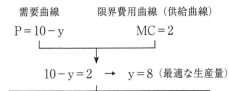

需要曲線　　　　　限界費用曲線（供給曲線）

$$P = 10 - y \qquad MC = 2$$

$$10 - y = 2 \quad \rightarrow \quad y = 8 \text{（最適な生産量）}$$

最適生産量における総費用（TC）

TC＝2y＋5にy＝8を代入
$$= 2 \times 8 + 5$$
$$= 21$$

最適生産量における総収入（TR）

需要曲線：P＝10−yにy＝8を代入して、価格（P）を求めます。

$$P = 10 - 8 = 2$$

総収入＝価格×生産量により、
$$2 \times 8 = 16$$

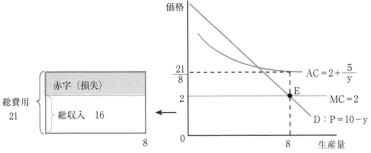

利潤＝総収入−総費用より、16−21＝−5。5の赤字（損失）が計上されていて、同額の補助金で補填することになります。正解は**3**です。

発展問題　▷▷▷▷▷

問題063　総余剰（社会的余剰）

費用逓減産業である公益事業について、その財に対する需要曲線が、価格をP，総需要をyとして、P＝100−yで示されています。また、総費用は、TC＝−0.25y²＋70y（y：生産量）で示されています。この場合において、

(a) 企業が利潤最大化を図るままに放置しておくケース

(b) 企業がちょうど独立採算制を維持できるように政府が価格を決定するケース

(c) ホテリングの主張により、資源の最適配分を達成できるように価格を決定するケース

のそれぞれのケースにおける消費者余剰と生産者利潤の合計はいくらになりますか。

	（aのケース）	（bのケース）	（cのケース）
1	300	900	1,100
2	400	900	1,500
3	500	800	900
4	500	900	2,700

（国家Ⅰ種　改題）

別法

平均費用（AC）に最適生産量y＝8を代入して、$\dfrac{21}{8}$を求めます。

この平均費用は1単位あたりの費用であり、価格（P）は1単位あたりの収入です。

したがって、1単位あたり$\left(2 - \dfrac{21}{8}\right)$の損失が計上されていることになります。

これに生産量8を掛けて損失額を求めることもできます。

ホテリングの主張

H.ホテリングの主張とは、最適な資源配分を達成させるには、限界費用価格形成原理によって、限界費用（MC）と需要曲線（D）の交点で生産量を決定すべきというものです。

考え方と解法のポイント

行動パターン	生産量の決定
(a) 企業が利潤最大化を図るままに放置しておくケース	独占企業として行動するために、**MC＝MR** で決定
(b) 企業がちょうど独立採算制を維持できるように政府が価格を決定するケース （平均費用価格形成原理）	超過利潤がゼロになる**AC＝P** で決定
(c) ホテリングの主張により、資源の最適配分を達成できるように価格を決定するケース （限界費用価格形成原理）	競争市場と同様に、**MC＝P** で決定

問題063 の解答と解説

プロセス－1　式の整理

まず、問題にある式を整理して、グラフから状況を判断します。

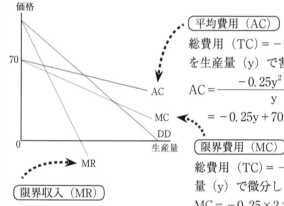

平均費用（AC）

総費用（TC）$= -0.25y^2 + 70y$
を生産量（y）で割ります。

$$AC = \frac{-0.25y^2 + 70y}{y}$$

$$= -0.25y + 70$$

限界費用（MC）

総費用（TC）$= -0.25y^2 + 70y$ を生産量（y）で微分します。

$$MC = -0.25 \times 2 \times y^{2-1} + 70 \times 1 \times y^{1-1}$$

$$= -0.5y + 70$$

限界収入（MR）

独占企業の場合と同様に需要曲線(DD)の傾きが2倍になります。

需要曲線 $P = 100 - y$

↓ 傾き2倍

$$MR = 100 - 2y$$

プロセス－2

(a)「企業が利潤最大化を図るままに放置しておくケース」について考えていきます。

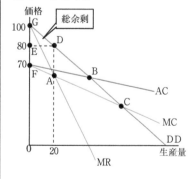

独占企業のパターンで計算します。

利潤最大の均衡点（A）は
MC＝MR より、

$$-0.5y + 70 = 100 - 2y$$

$$y = 20$$

これを需要曲線に代入して、P＝80

●消費者余剰

三角形 GED の面積

$$20（高さ）\times 20（長さ）\times \frac{1}{2} = 200$$

補足

グラフを描くことによって、単純に社会的余剰（消費者余剰＋生産者利潤）を面積（台形 GFAD）として求めることも可能です。

消費者余剰

生産者利潤

●生産者利潤

$(P - AC) \times y = \{100 - y - (-0.25y + 70)\} \times y$
$$= (30 - 0.75y) \times y$$

$y = 20$ より、$(30 - 0.75 \times 20) \times 20 = 300$

したがって、消費者余剰＋生産者利潤は $200 + 300 = 500$ になります。

補足

生産者利潤は、台形 EFAD の面積としても求められます。

$$(10 + 20) \times 20 \times \frac{1}{2}$$

$$= 300$$

プロセス－3

（b）「企業がちょうど独立採算制を維持できるように政府が価格を決定するケース」として、平均費用価格形成原理の場合を2つの解法で考えます。

解法－1　独立採算制を維持する場合、需要曲線と平均費用の交点である B 点で均衡します。これは $AC = P$ によって、生産量を求めます。

$$AC = P$$
$$-0.25y + 70 = 100 - y$$
$$y = 40$$

これを需要曲線に代入して $P = 60$

●消費者余剰

三角形 GJB の面積

40（高さ）$\times 40$（長さ）$\times \dfrac{1}{2} = 800$

●生産者利潤はゼロになります。

したがって、消費者余剰＋生産者利潤は $800 + 0 = 800$ です。

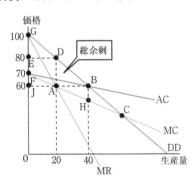

解法－2　価格が 60 のとき、生産者利潤は、A 点より左側では $P < MC$ より三角形 FJA の損失、A 点より右側では $P > MC$ より三角形 AHB の利潤が計上されます。したがって、総余剰は、消費者余剰（GJB）＋生産者利潤（AHB－FJA）より、四角形 GFHB の面積としても求めることができます。

補足

独立採算制における生産者利潤ゼロの考え方

AC（平均費用）は1個あたりの費用、また P（価格）は1個あたりの収入です。独立採算制では、$AC = P$ になるように価格を決めるので、超過利潤はゼロになります。

プロセス－4

（c）最後に、「ホテリングの主張により、資源の最適配分を達成できるように価格を決定するケース」という $MC = P$ の均衡の場合です。均衡点 C における生産量を求めます。

$$MC = P$$
$$-0.5y + 70 = 100 - y$$
$$y = 60$$

これを需要曲線に代入して $P = 40$

消費者余剰（GKC）＋生産者利潤（－FKC（赤字））より、総余剰は三角形 GFC となり

60（高さ）$\times 30$（長さ）$\times \dfrac{1}{2} = 900$

以上より、正解は **3** になります。

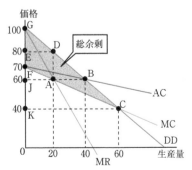

補足

生産量が 60 のとき、$P < MC$ になっていることから、企業は FKC の面積の損失（赤字）が計上されることになります。

Unit 15　国際貿易

国際貿易

| 難易度 | 難易度は高難度順にAA、A、B、Cで表示。出題率は高出題率順に☆、◎、○、◇で表示。 |

A

資格試験別・予想出題率	国家総合	◎
	国家一般	◎
	地方上級	◎
	国税専門官	○
	公認会計士	○
	不動産鑑定士	◎
	中小企業診断士	◇
	外務専門職	◇

出題者の狙い 国際貿易の出題には、ミクロ経済学で学習する様々な論点が集約されています。特に、余剰分析による面積の把握、微分の知識、グラフの読解力などが総合的に試されてきます。

解答のポイント 出題パターンは2つに大別されます。保護貿易政策ではあらかじめ図のイメージを覚えておき、試験ではうまくそれをあてはめられるようにしておくと良いです。また、比較優位説では、ケアレス・ミスを防ぐように、比率計算を練習しておく必要があります。

▶基本テキスト『新・らくらくミクロ経済学入門』Unit24、25関連

試験情報

国家総合、国家一般では頻出ですが、他の公務員、不動産鑑定士では定期的に出題されます。

入門問題 ◇◇◇◇◇◇

問題064　保護貿易

ある財の国内市場の需要曲線と供給曲線が、

D＝120－P

S＝2P　　　（D：需要　S：供給　P：価格）

で示されています。

この財の国際価格は20であり、この財に1単位あたり10の関税が課せられた場合、関税による余剰損失はいくらですか。

1　100
2　120
3　130
4　150

（地方上級　改題）

重要

保護貿易政策
輸入品と競合する生産者を保護するために実施されますが、その結果、厚生の損失（余剰損失）を生み、資源配分上では望ましくありません。

ミクロ参照 Unit24

考え方と解法のポイント

国際貿易における保護貿易の論点の典型的な問題です。

プロセス−1　鎖国の状況（貿易前）

問題文の国内市場の需要曲線と供給曲線から、鎖国（自給自足）時の均衡点を見つけます。そこから国内価格と需給量を求めます。

まず、D、Sを「P＝〜」の形にして、D＝S＝Xに置き換えます。

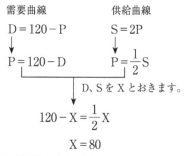

需要曲線　　　供給曲線
D＝120－P　　S＝2P
↓　　　　　　↓
P＝120－D　　$P=\frac{1}{2}S$
　　　　　D、SをXとおきます。
　　　　　↓
$120-X=\frac{1}{2}X$
X＝80

需要曲線か供給曲線に代入すると、
P＝40が求められます。

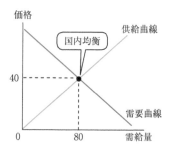

補足

鎖国（貿易前）の総余剰

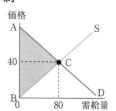

総余剰は、消費者余剰と生産者余剰の合計である三角形ABCで表されます。

プロセス−2　自由貿易の状況

　ここで、国際価格が20であるとき、自由貿易を行ったとします。

　国際価格20は国内価格40より低い価格となるので、需要量と供給量の差だけ輸入することになります。

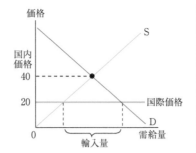

プロセス−3　余剰分析

　次に、余剰分析を行います。国際価格20で輸入が行われれば、消費者余剰は拡大し、生産者余剰は減少することがわかります。

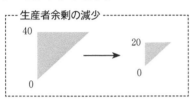

生産者余剰の減少

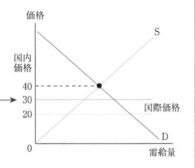

プロセス−4　保護貿易

　そこで国内の生産者を保護するために、「関税政策」を実施します。

　1単位あたり10の関税が課せられると、国際価格は関税額だけ上昇します。

関税後の国際価格

国際価格		関税額		
20	+	10	=	30

生産者余剰の増加

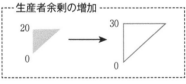

　価格が30に引き上がると、生産者余剰が拡大し、関税を実施する目的が達成されます。

プロセス−5　税収

　関税による税収を明らかにさせておきます。これは、関税を課すことによって輸入量が減少しますので、右図で示された面積で求めることができ、政府の余剰分となって総余剰に加算されます。

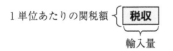

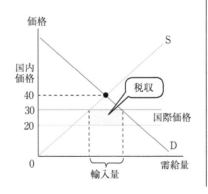

補足

自由貿易時の総余剰

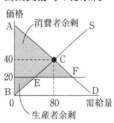

　総余剰は、消費者余剰と生産者余剰の合計である図形ABEFで表されます。

プロセス−6　課税後の余剰分析

　最後に、関税前と関税後の総余剰を比較します。関税後の総余剰は消費者余剰＋生産者余剰＋税収となり、関税前と比較すると税収の左右にできる**2つの三角形の面積分**だけ小さくなっています。この2つの三角形の面積の合計が厚生の損失になります。

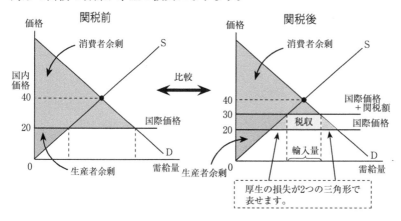

関税政策時の総余剰
　消費者余剰＋生産者余剰＋関税収入（政府の余剰）

 Unit24

問題064 の解答と解説

　余剰損失（厚生の損失）は、右下図の2つの三角形 A と B の面積の合計になります。

〈三角形 A〉

$$(60-40) \times (30-20) \times \frac{1}{2} = 100$$

〈三角形 B〉

$$(100-90) \times (30-20) \times \frac{1}{2} = 50$$

　三角形 A ＋三角形 B ＝ 100 ＋ 50 ＝ 150
となるので、**4** が正解になります。

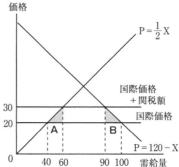

入門問題　◇◇◇◇◇

問題065 **貿易の利益**

　ある国の米の国内市場の需要曲線と供給曲線が、

　D ＝ 1,000 − P

　S ＝ 2P − 200　（D：需要　S：供給　P：価格）

で示されます。ここで、米の市場開放により、国際価格が 200 のもとで米が自由に輸入可能となった場合、以前と比較して経済厚生は、いくら増加しますか。

1　20,000　　　　　**2**　30,000

3　40,000　　　　　**4**　60,000

（地方上級　改題）

問題065 の解答と解説

プロセス-1 鎖国の状況（貿易前）

問題文の国内市場の需要曲線と供給曲線から、鎖国（自給自足）時の国内均衡点を見つけます。そこから国内価格と需給量を求めます。

需要曲線　　　　供給曲線

$D = 1,000 - P$　　$S = 2P - 200$

$P = 1,000 - D$　　$P = \dfrac{1}{2}S + 100$

D、S を X とおきます。

$1,000 - X = \dfrac{1}{2}X + 100$

$X = 600$

この X＝600 を需要曲線、供給曲線のどちらかに代入すると、P＝400 が求められます。

また、貿易前の総余剰は、消費者余剰と生産者余剰を足し合わせた三角形 ABC で表されます。

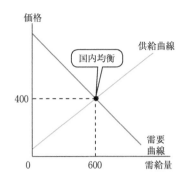

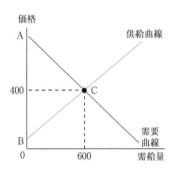

プロセス-2 貿易開始

次に、グラフ上に国際価格200を記し、余剰分析を行います。貿易前と比較して三角形 CEF 分だけ増加することがわかります。

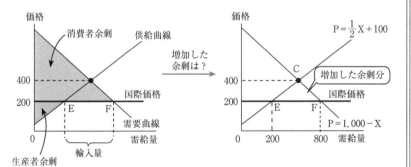

三角形 CEF の面積 ＝ $(400 - 200) \times (800 - 200) \times \dfrac{1}{2} = 60,000$

したがって、**4** が正解です。

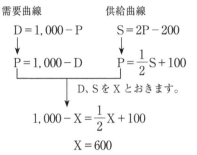

（一言）

自由貿易が拡大すると、海外の安いものが国内市場に入ってくるから、国内の生産者サイドから反対が起きるけど、経済理論上は自由貿易は余剰を拡大させる優れた政策なんだ。

（補足）

貿易の利益

三角形 CEF を貿易の利益といいます。

問題066　比較優位－1

　A国とB国は労働力を投入して、食料品と衣料品を生産しています。下表は食料品と衣料品を1単位生産するのに必要な労働力の単位数を示したものです。このとき、比較優位の原理にしたがった貿易のパターンに関する記述のうち、妥当なものはどれですか。

	食料品	衣料品
A国	100	120
B国	90	80

1　A国は、食料品と衣料品の双方を輸入します。

2　A国は、衣料品を輸出します。

3　B国は、食料品を輸出します。

4　A国は、衣料品を輸入します。

（国家Ⅱ種　改題）

考え方と解法のポイント

プロセス－1　貿易前

　まず、貿易の開始前ではA国、B国とも食料品も衣料品もつくっています。しかし、それぞれの国には生産が得意な財、苦手な財があります。

プロセス－2　貿易開始

　そこで、より効率的な生産・消費を行うために貿易を開始します。リカード・モデルの考え方では、比較優位を持つ財に特化して生産が行われます。

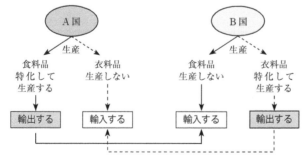

　A国は相対的に生産費が低い財である食料品に特化して生産を行い、B国へ輸出します。また、生産費が高い衣料品は、自国では生産せずに、B国から輸入します。

　B国は相対的に生産費が低い財である衣料品に特化して生産を行い、A国へ輸出します。また、生産費が高い食料品は、自国では生産せずに、A国から輸入します。

生産費について

　単純に生産費（労働数）が少ないほうに優位があることを絶対優位といいます。それに対して相対的に生産費（労働数）が少ないほうに優位があることを比較優位といい、計算では後者を用います。

リカード・モデル

　比較優位の財の生産に特化して生産した場合、国内の需要以上の生産が可能になるために輸出をします。

　逆に、生産コストのかかる比較劣位の財は国内では生産せずに、相手国からの輸入に頼ります。

　Unit25

問題066 の解答と解説

◆生産費（1単位あたりに必要な労働量）だけを見て、少ない方は絶対優位にあるといえます。

プロセス−1 表の解読

問題の表は、1単位あたりの生産費によって、表されています。

	食料品	衣料品
A国	100	120
B国	90	80

〈A国〉 A国では、衣料品の生産に120単位の生産費が必要になりますが、食料品なら100単位で生産できます。

食料品のほうが生産費が安い

	食料品	衣料品
A国	100	120
B国	90	80

〈B国〉 B国では、食料品の生産に90単位の生産費が必要になりますが、衣料品なら80単位で生産できます。

衣料品のほうが生産費が安い

プロセス−2 貿易の開始

次に、表を変換させて、望ましい貿易のスタイルを見ていきます。
問題で与えられた生産費を交換比率で書き換えます。

パターン1

〈生産費ベース〉

	食料品	衣料品
A国	100	120
B国	90	80

変換

〈交換比率ベース〉

	食料品	衣料品
A国	1	$\frac{5}{6}$
B国	1	$\frac{9}{8}$

A国では、食料品1単位で衣料品$\frac{5}{6}$単位が交換できます。しかし、食料品をB国では衣料品$\frac{9}{8}$単位で交換することが可能です。

それなら、自国で衣料品の生産は行わずに、食料品と交換に衣料品を輸入したほうが良いと、A国は考えます。

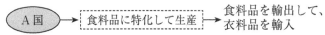
A国 → 食料品に特化して生産 → 食料品を輸出して、衣料品を輸入

パターン2

〈生産費ベース〉

	食料品	衣料品
A国	100	120
B国	90	80

変換

〈交換比率ベース〉

	食料品	衣料品
A国	$\frac{6}{5}$	1
B国	$\frac{8}{9}$	1

B国では、衣料品1単位で食料品$\frac{8}{9}$単位が交換できます。しかし、衣料品をA国では食料品$\frac{6}{5}$単位で交換することが可能です。

それなら、自国で食料品の生産は行わずに、衣料品と交換に食料品を輸入したほうが良いと、B国は考えます。

B国 → 衣料品に特化して生産 → 衣料品を輸出して、食料品を輸入

したがって、**4** が正解になります。

◇◇◇◇◇◇

問題067　比較優位－2

　A、B 2国間における2財 X、Y からなるリカード・モデルを考えます。
　各国における各財1単位あたりの生産に必要な労働量は表の通りです。また、2財 X、Y は2国間で自由に取引され、国際市場は競争的であるとします。2国間で労働の移動はないものとすると、市場における2財の価格比がどのような範囲であれば貿易は行われますか。ただし、P_X は X 財の価格、P_Y は Y 財の価格とします。

	X	Y
A	3	2
B	4	8

1 $\dfrac{1}{2} \leqq \dfrac{P_X}{P_Y} \leqq \dfrac{3}{2}$　　　**2** $\dfrac{5}{6} \leqq \dfrac{P_X}{P_Y} \leqq \dfrac{5}{2}$

3 $\dfrac{1}{3} \leqq \dfrac{P_X}{P_Y} \leqq \dfrac{6}{5}$　　　**4** $\dfrac{4}{5} \leqq \dfrac{P_X}{P_Y} \leqq 2$

（国家Ⅱ種　改題）

補足

　2財の価格比の $\dfrac{P_X}{P_Y}$ は、交易条件とも呼ばれます。

考え方と解法のポイント

プロセス－1　リカード・モデルの流れ

1.　貿易前では、生産可能性曲線と無差別曲線1が接する E_a 点で均衡していたとします。
　↓
2.　貿易を開始し、この国は、得意な X 財の生産に特化します。
　↓
3.　労働量を X 財の生産に傾けるので生産点 A で生産を行い、Y 財の生産は行いません。
　↓
4.　多く生産した X 財を輸出し、比較劣位の Y 財を輸入することによって、より高い無差別曲線2を実現することができます。
　↓

プロセス－2　$\dfrac{P_X}{P_Y}$ とは何か？

　ここで貿易を開始し、より高い無差別曲線を実現させましたが、この変化後の無差別曲線の傾きが価格比 $\left(\dfrac{P_X}{P_Y}\right)$ と均等しているはずです。

　傾き $= \dfrac{高さ}{長さ} = \dfrac{Y}{X}$ として求められます。

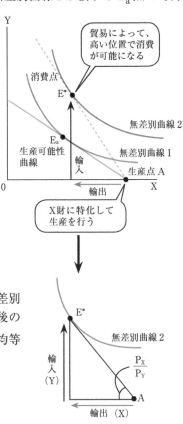

補足

茂木式・攻略三角形

傾き $= \dfrac{P_X}{P_Y}$

プロセス−3 $\dfrac{P_X}{P_Y}$ の求め方

貿易は等価交換によって行われるので、

ある国　　　　　ある国

$$P_X \times X \;=\; P_Y \times Y \;\text{より、}$$

$\dfrac{P_X}{P_Y} = \dfrac{Y}{X}$ としても求められます。

問題067 の解答と解説

まず、生産費ベースを交換比率ベースに書き換えます。

〈生産費ベース〉

	X	Y
A	3	2
B	4	8

→変換→

〈交換比率ベース〉

	X	Y
A	1	$\dfrac{3}{2}$
B	1	$\dfrac{1}{2}$

交換比率ベースを見ると、B国では、X財1単位でY財 $\dfrac{1}{2}$ 単位が交換できます。つまり、Y財を $\dfrac{1}{2}$ 単位以上と交換できるのであれば、貿易は開始されると考えます。

$$\dfrac{P_X}{P_Y} \longrightarrow \dfrac{Y}{X} \text{は、} \dfrac{1}{2} \text{以上で貿易開始}$$

そこで、A国と貿易すると、X財1単位につき、Y財を $\dfrac{3}{2}$ 単位で交換できるので、B国はX財を輸出して、Y財を輸入するものと考えます。

また、この貿易に関して、お互い貿易の利益を生むためには $\dfrac{3}{2}$ 単位という交換条件を超えない取引が行われると考えます。

$$\dfrac{P_X}{P_Y} \longrightarrow \dfrac{Y}{X} \text{は、} \dfrac{1}{2} \text{以上、} \dfrac{3}{2} \text{以下で貿易が行われます}$$

したがって、**1**が正解です。

発展問題 ◇◇◇◇◇◇

問題068　微分を使った計算問題

> ある国におけるX財の国内の需要関数は、
> $P = 15 - X$ （P：価格、X：需要量）
> 供給関数は、
> $P = 2X + 3$ （P：価格、X：供給量）
> であり、この財の国際価格は5で一定とします。
> いま、政府が関税収入が最大になるように、この財1単位あたりについて一定額の関税をかけるようにするなら、どれだけの関税を課すことになりますか。ただし、市場は完全競争市場であるとします。
>
> **1** 1　　**2** 2　　**3** 3　　**4** 4
>
> （国家Ⅰ種　改題）

補足

$\dfrac{P_X}{P_Y} \rightarrow \dfrac{Y}{X}$ **とした場合**

　分母（X）を1として交換比率を考えると、計算するのに都合の良い形になります。

　問題文の場合、

$$\dfrac{Y}{X} = \dfrac{\frac{3}{2}}{1} = \dfrac{3}{2}$$

となるので、Yに現れた数値をそのまま $\dfrac{P_X}{P_Y}$ として見ることが可能になります。

補足

貿易と機会費用

　貿易開始を機会費用で見れば、B国のほうがX財を1個つくるのに犠牲となるY財が少ないので、B国はX財に比較優位を持っています。それに特化して生産、輸出することになります。

 **問題068 の解答と解説**

プロセスー1　グラフ化

　まず、関税額をtとすると、課税後の国際価格は5+tとなります。これを使って、輸入量を求めます。

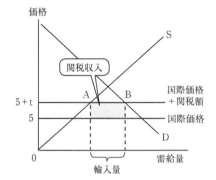

 情報

　国家総合職レベルでは問題としての難易度は高いですが、グラフをイメージできれば、解法の手順が見えるものが多くなっています。

 右図のA点の供給量

供給曲線：$P=2X+3$のPに5+tを代入します。
$$5+t=2X+3$$
$$X=\frac{1}{2}t+1$$

右図のB点の需要量

需要曲線：$P=15-X$のPに5+tを代入します。
$$5+t=15-X$$
$$X=10-t$$

関税後の輸入量（M）を求めます
B点の需要量－A点の供給量
$$M=10-t-\left(\frac{1}{2}t+1\right)$$
$$=9-\frac{3}{2}t$$

プロセスー2　関税収入を式に表す

　関税収入は、関税額×輸入量の面積によって求められます。

関税収入＝$t\times\left(9-\frac{3}{2}t\right)$
$$=9t-\frac{3}{2}t^2$$

プロセスー3　微分してゼロとおく

　関税収入の大きさは関税額（t）の大きさに依存していることから、関税収入を関税額（t）で微分してゼロとおくことによって、最大値を求めることができます。

　関税収入＝$9t-\frac{3}{2}t^2$をtで微分します。

$$\left(9t-\frac{3}{2}t^2\right)'=9\times1\times t^{1-1}-\frac{3}{2}\times2\times t^{2-1}$$
$$=9-3t$$

　これをゼロとおき、最大値の関税額（t）を求めます。
$$9-3t=0$$
$$t=3$$
したがって、**3**が正解になります。

応用問題 ◁◁◁◁◁

問題069 貿易三角形

右図は、X財、Y財の2財を生産・消費するある国の生産可能性曲線と無差別曲線（U₁、U₂）を示しています。

今、価格比線NMでX、Y財の貿易が可能になったとすると、この国のX、Y財の消費量は自給自足経済の場合に比べてどのように変化しますか。

ただし、Q₁、Q₂、Q₃は接点です。

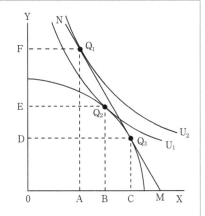

	X財	Y財
1	（C−A）だけ増加する	（F−D）だけ増加する
2	（B−A）だけ減少する	（F−E）だけ増加する
3	（C−B）だけ減少する	（E−D）だけ増加する
4	（C−B）だけ増加する	（E−D）だけ減少する

（地方上級、国税専門官　改題）

問題069の解答と解説

この問題のように、生産可能性曲線が原点に対して凹型の場合でも出題されますが、考え方は生産可能性曲線が右下がりの直線の場合と同じです。

プロセス−1　貿易前

貿易前では、自国の生産可能性曲線と無差別曲線が接するQ₂点で生産・消費が行われています。

そして、貿易が開始されると、生産コストを低くできるX財を多く生産することになり、生産点はQ₃へ移ります。

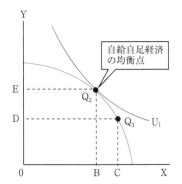

自給自足経済の均衡点

プロセス−2　貿易後

C点まで生産されたX財のうち、（C−A）までを輸出し、それと交換にY財を（F−D）だけ輸入することになります。その結果、貿易後の消費点はQ₁になります。

自給自足経済（貿易前）と比較すると、X財は（B−A）だけ減少し、Y財は（F−E）だけ増加します。したがって、**2**が正解になります。

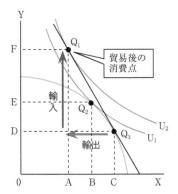

貿易後の消費点

輸出量と輸入量の関係を示す三角形は、**貿易三角形**といいます。

応用問題 ◇◇◇◇◇◇

問題070　輸入割当（輸入数量制限）

ある国においてA財の国内の需要曲線と供給曲線が、それぞれ、

$$D = 400 - P$$
$$S = 2P - 40$$

D：需要量　S：供給量　P：価格

によって表されています。A財の国際市場における価格を90とすると、ア、イの組み合わせとして妥当なものはどれですか。

ア．A財に対して1単位あたり10の関税を課した場合、国内のA財生産企業が完全競争である場合、国内の総余剰はいくらですか。

イ．10の関税を行った場合と同量の輸入数量になるようにA財に輸入割当を行いました。国内のA財生産企業が独占であったときのA財の国内価格はいくらですか。

	ア	イ		ア	イ
1	51,400	152	**2**	51,400	164
3	52,800	152	**4**	52,800	164

（国家I種　改題）

考え方と解法のポイント

プロセス－1　輸入割当の考え方

輸入割当は、関税と同様に保護貿易政策の一環として行われるものです。

右図において、自由貿易の下では、輸入量はCFの長さで表されますが、政府が輸入数量を制限し、輸入業者にABの長さだけ割り当てたとします。

このとき、どのような価格水準でも需要量のうちABに等しいだけ輸入品でまかなうことになります。

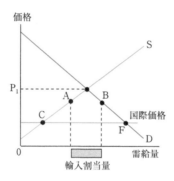

プロセス－2　輸入業者の利益

そこで、下図のように輸入割当量が定められると、国内の生産者に残された需要曲線はD′となり、価格はP₂になります。

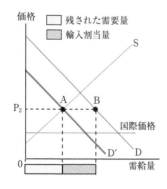

総余剰の考え方は、輸入割当量が同じであれば、関税の場合と同様になります。ただし、関税の場合の関税収入は**輸入業者の利益**になります。

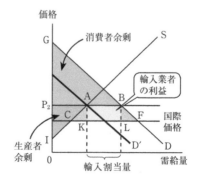

補足

図中のP_1は、貿易前の国内価格。

補足

左図においての総余剰は、消費者余剰（三角形GP₂B）＋生産者余剰（P₂IA）＋輸入業者の利益（AKLB）となります。また、厚生の損失は、三角形ACKと三角形BLFの和です。

問題070 の解答と解説

プロセスー1 輸入割当の考え方

D、Sを「P=〜」の形に書き換え、
D＝S＝Xとします。

需要曲線　　　　供給曲線

$D = 400 - P$　　　$S = 2P - 40$

↓　　　　　　↓

$P = 400 - D$　　$P = \dfrac{1}{2}S + 20$

↓　　　　　　↓

$P = 400 - X$　　$P = \dfrac{1}{2}X + 20$

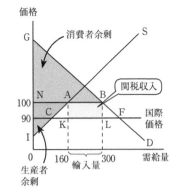

◆Gの数値は、X＝0
を需要曲線のP＝400
－Xの式に代入する
と、400であることが
わかります。

◆Iの数値は、X＝0
を供給曲線のP＝$\dfrac{1}{2}$X
＋20の式に代入する
と、20であることが
わかります。

プロセスー2 関税政策の総余剰

総余剰（消費者余剰＋生産者余剰＋関税収入）として、図形
GIAKLBの面積を求めていきます。

消費者余剰（三角形GNB）

GNの高さ（300）×NBの長さ（300）×$\dfrac{1}{2}$＝45,000

生産者余剰（三角形NIA）

NIの高さ（80）×NAの長さ（160）×$\dfrac{1}{2}$＝6,400

関税収入（四角形AKLB）

AKの高さ（10）×KLの長さ（300－160）＝1,400

以上より、総余剰は、45,000＋6,400＋1,400＝52,800になります。

プロセスー3 輸入割当後の需要曲線

問題文より、関税時の輸入数量140と
同じ輸入割当になることから、右図の
ABの長さを140に定め、国内生産者が
直面する需要曲線D′を求めます。

$D' → P = 400 - X - 140$

$P = 260 - X$

（D′はDと平行であり、切片のマイナスになり
ます）

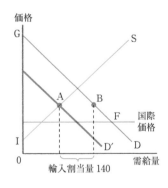

プロセスー4 独占企業としての価格

最後に独占企業としての価格を求めていきます。独占企業の利潤最大
の生産量は、MR（限界収入）＝MC（限界費用）より、

需要曲線　　　　供給曲線

$P = 260 - X$　　　$P = \dfrac{1}{2}X + 20$

傾き2倍　　　　限界費用（MC）は
　　　　　　　供給曲線に等しい

$MR = 260 - 2X$　　$MC = \dfrac{1}{2}X + 20$

$\underbrace{\qquad\qquad}_{MR = MC}$

→ X＝96

◆独占企業の価格の決
定

MR＝MCによって
利潤最大の生産量が決
定し、その生産量に対
応する需要曲線上の
クールノーの点を経由
して価格が決定しま
す。

 Unit15

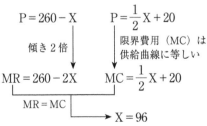

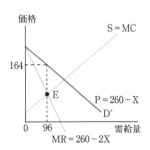

右図のE点におけるX＝96を需要曲線に

代入して、価格P＝164が求められます。したがって、正解は**4**です。

第2章

マクロ経済学

計算問題

Unit 16 財市場分析
マクロ経済モデル

難易度	難易度は高難度順に AA、A、B、Cで表示。出題率は高出題率順に ☆、◎、○、◇で表示。
B	

資格試験別・予想出題率	国家総合	○
	国家一般	☆
	地方上級	◎
	国税専門官	◎
	公認会計士	◎
	不動産鑑定士	☆
	中小企業診断士	◎
	外務専門職	◎

出題者の狙い ケインズ経済学の中心論点となる乗数理論を把握できているかを試すために、計算問題として出題される場合が多くあります。

解答のポイント 1次方程式から乗数を求めますが、その乗数がどのような意味を持つのか知ることによって、あらゆる問題に対応できるようになります。

▶基本テキスト『新・らくらくマクロ経済学入門』Unit03～06関連

試験情報

地方上級、国税専門官では、経済学と財政学を含めてほぼ毎年出題され、国家総合や公認会計士、不動産鑑定士では、単独の出題はなくても論点の中で乗数の知識を使うことが多いです。

入門問題 ◇◇◇◇◇◇

問題071 マクロ経済モデル（乗数）

完全雇用を実現する国民所得水準が 360 兆円、乗数の値が 3 であるとします。現在の国民所得水準が 300 兆円だとすると、デフレ・ギャップはいくらですか。

1 25 兆円　　**2** 20 兆円　　**3** 15 兆円　　**4** 10 兆円

（地方上級　改題）

考え方と解法のポイント

プロセス−1

完全雇用国民所得（Y_f）が 360 兆円で、現行の国民所得（Y_1）は 300 兆円です。

つまり、国民所得が 60 兆円不足しているということです。

プロセス−2

国民所得が不足している原因は、有効需要の不足分（図の①）として表されます。その不足分をデフレ・ギャップと呼びます。

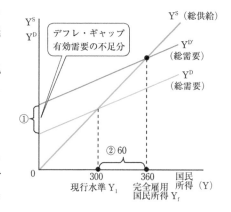

プロセス−3

総需要（Y^D）を増加させた場合、Y^D は $Y^{D'}$ へシフトします。

ここで①の大きさに対して、国民所得の増加（②）は乗数倍の大きさになります。

有効需要の増加（①）×乗数＝国民所得の増加（②）

↓

（デフレ・ギャップ）

となります。

（重要）
有効需要の原理

需要の大きさが経済を牽引するという理論。

①消費支出、②投資支出、③政府支出、④輸出が増大すると、乗数倍の波及効果で国民所得が増加します。

 Unit01

（補足）

デフレ・ギャップは有効需要の不足分であり、総需要管理政策により、政府支出などで需要を拡大させる必要があります。

 Unit05

問題071 の解答と解説

（デフレ・ギャップ）×3（乗数）＝60兆円（国民所得の増加）
デフレ・ギャップ＝20兆円となり、正解は **2** になります。

入門問題 ◇◇◇◇◇◇

問題072 マクロ経済モデル（政府支出乗数）

ある経済において、マクロ経済モデルが次のように示されています。
完全雇用を実現する国民所得が95であるとき、完全雇用を実現する
ために必要となる政府支出の大きさとして、正しいものはどれですか。

$$Y = C + I + G$$
$$C = 0.8\,(Y - T) + 10$$
$$I = 30, \quad G = 15, \quad T = 50$$

Y：国民所得	C：民間消費
I：民間投資	G：政府支出
T：租税	

1 4　　**2** 5　　**3** 6　　**4** 7　　**5** 8

（地方上級　改題）

考え方と解法のポイント

プロセス－1

政府支出の増加は、乗数倍の
国民所得を増加させます。
現行の国民所得を求めなが
ら、政府支出乗数を求めます。

プロセス－2

政府支出乗数 $\left(\dfrac{1}{1-c}\right)$ を求
め、数値をあてはめます。

$$\underset{\substack{\uparrow\\ \text{国民所得の増加分}}}{\Delta Y} = \underset{\substack{\\ \\ }}{\frac{1}{1-c}} \underset{\substack{\uparrow\\ \text{政府支出の増加分}}}{\Delta G}$$

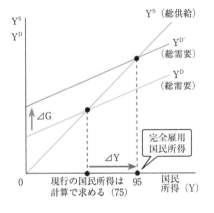

問題072 の解答と解説

まず、現行の国民所得を求めます。Y＝C＋I＋G … ①の式に、
C＝0.8（Y－T）＋10、I＝30、G＝15、T＝50 を代入します。

※有効需要の原理より、国民所得の大きさは消費、投資、政府支出の大きさで決まります

$$Y = 0.8\,(Y - 50) + 10 + 30 + 15$$

↓カッコをはずします。

$$Y = 0.8Y - 40 + 10 + 30 + 15$$

↓Yの項を左辺でくくります。

$$(1 - 0.8)\,Y = 15$$

$$Y = \frac{1}{1 - 0.8} \times 15 = 75 \,（現行の国民所得の水準）$$

95（完全雇用国民所得）－75（現行の国民所得）＝20

重要

**政府支出乗数
（財政乗数）**

$$\Delta Y = \frac{1}{1-c}\,\Delta G$$

cは限界消費性向
であり、この問題
では0.8です。

政府支出が増加（ΔG）
すると、

$\dfrac{1}{1-c}$ 倍の波及効果で
国民所得が増加（ΔY）
します。

**マクロ
参照** Unit04

◆乗数を使った問題
は、与えられた式を展
開して乗数の値を求め
ることもできますが、
公式を丸ごと覚えてお
くと便利です。

国民所得の増加分（ΔY）として必要なのは20であり、政府支出乗数の式にあてはめます。

$$20 = \overbrace{\frac{1}{1-0.8}}^{\text{政府支出乗数}} \times \Delta G$$

ΔG＝4となり、正解は**1**になります。

基本問題 ◇◇◇◇◇◇

問題073　マクロ経済モデル（租税乗数）

> ある経済において、マクロ経済モデルが次のように示されています。
> 　完全雇用を実現する国民所得が95であるとき、完全雇用を実現するために必要となる減税の大きさとして、正しいものはどれですか。
>
> $Y = C + I + G$
> $C = 0.8 (Y-T) + 10$
> $I = 30$
> $G = 15$
> $T = 50$
>
> | | |
> |---|---|
> | Y：国民所得 | C：民間消費 |
> | I：民間投資 | G：政府支出 |
> | T：租税 | |
>
> **1** 4　　**2** 5　　**3** 6　　**4** 7　　**5** 8
>
> （地方上級　改題）

◆（Y－T）は税引き後の所得であり、可処分所得と呼ばれています。

考え方と解法のポイント

プロセス－1

減税の実施は、可処分所得の増加を通じて、乗数倍の国民所得を増加させます。

プロセス－2

租税乗数 $\left(\dfrac{c}{1-c}\right)$ を求め、数値をあてはめます。

$$\underbrace{\frac{\Delta Y}{}}_{\text{国民所得の増加分}} = \frac{c}{1-c} \underbrace{\Delta T}_{\text{租税の増加分}}$$

重要

●**租税乗数**
（増税のパターン）

$$\Delta Y = \frac{c}{1-c} \Delta T$$

増税（ΔT）が実施されると、$\dfrac{c}{1-c}$ 倍の波及効果で国民所得が減少（ΔY）します。

●**租税乗数**
（減税のパターン）

$$\Delta Y = \frac{c}{1-c} \Delta T$$

減税が実施（ΔT）されると、$\dfrac{c}{1-c}$ 倍の波及効果で国民所得が増加（ΔY）します。

マクロ参照　Unit04

問題073の解答と解説

まず、現行の国民所得を求めます。$Y = C + I + G$ …①の式に、$C = 0.8 (Y-T) + 10$、$I = 30$、$G = 15$、$T = 50$ を代入します。

※有効需要の原理より、国民所得の大きさは消費、投資、政府支出の大きさで決まります。

$Y = 0.8 (Y-50) + 10 + 30 + 15$

　↓カッコをはずします。

$Y = 0.8Y - 40 + 10 + 30 + 15$

　↓Yの項を左辺でくくります。

$(1-0.8)Y = 15$

$Y = \dfrac{1}{1-0.8} \times 15 = 75$（現行の国民所得の水準）

95（完全雇用国民所得）－75（現行の国民所得）＝20

ここまでは、問題072と同様の展開です。

国民所得の増加分（⊿Y）として必要なのは20であり、租税乗数（減税パターン）の式にあてはめます。

$$20 = \frac{0.8}{1-0.8} \times \varDelta T$$

（租税乗数）

⊿T＝5となり、**2**が正解になります。

 基本問題 ▽▽▽▽▽▽

問題074 マクロ経済モデル（外国貿易乗数）

> マクロ経済モデル
> $Y = C + I + G + X - M$
> $C = 60 + 0.8(Y - T)$
> $T = 50$
> $M = 0.1Y$
>
> | | |
> |---|---|
> | Y：国民所得 | X：輸出 |
> | C：民間消費 | M：輸入 |
> | I：民間投資 | T：税収 |
> | G：政府支出 | |
>
> において、投資Iが40、政府支出Gが90、輸出Xが60、完全雇用国民所得が850であるとき、失業を解消させるため有効需要拡大政策として、政府支出をいくら増大させる必要がありますか。
>
> **1** 15　**2** 25　**3** 35　**4** 45　**5** 55
>
> （地方上級　改題）

考え方と解法のポイント

プロセス-1

　マクロ経済モデルの中に、輸出（X）や輸入（M）がある場合は、外国貿易乗数を使います。

プロセス-2

　外国貿易乗数 $\left(\dfrac{1}{1-c+m}\right)$ を求め、数値をあてはめます。

問題074 の解答と解説

まず、現行の国民所得を求めます。$Y = C + I + G + X - M$ …①の式に、
$C = 60 + 0.8(Y - T)$、$I = 40$、$G = 90$、$T = 50$、$X = 60$、$M = 0.1Y$ を代入します。
※輸出（X）は海外からの需要のプラス、輸入（M）は海外への需要のマイナスになります。

$Y = 60 + 0.8(Y - 50) + 40 + 90 + 60 - 0.1Y$

$Y = 60 + 0.8Y - 40 + 40 + 90 + 60 - 0.1Y$

$(1 - 0.8 + 0.1)Y = 210$

$Y = \dfrac{1}{1 - 0.8 + 0.1} \times 210 = 700$（現行の国民所得の水準）

850（完全雇用国民所得）－700（現行の国民所得）＝150

国民所得の増加分（⊿Y）として必要なのは150であり、外国貿易乗数の式にあてはめます。

$$150 = \frac{1}{1 - 0.8 + 0.1} \times \varDelta G$$

（外国貿易乗数）

⊿G＝45となり、**4**が正解になります。

 重要

●**外国貿易乗数**

$$\varDelta Y = \frac{1}{1-c+m} \varDelta G$$

cは限界消費性向であり、この問題では0.8です。

mは限界輸入性向であり、この問題では0.1です。

政府支出が増加（⊿G）すると、$\dfrac{1}{1-c+m}$倍の波及効果で国民所得が増加（⊿Y）します。

 マクロ参照 Unit06

一言

　マクロモデルに海外を含めた場合では、政府支出を行って国民所得を大きくしても、有効需要の漏出である輸入も大きくなってしまうので、その分、閉鎖経済よりも乗数が小さくなってしまうんだ。

基本問題　▽▽▽▽▽▽

問題075　マクロ経済モデル（所得税率）

マクロ経済モデルが次のように示されているとします。

$Y = C + I + G$

$C = C_0 + cY_d$

$Y_d = Y - T$

$T = T_0 + tY$

Y：国民所得	G：政府支出
C：民間消費	T：租税
I：民間投資	Y_d：可処分所得

政府支出を 1 兆円増やすと、国民所得はいくら増加しますか。
ただし、$C_0 = 3$、$c = 0.5$、$T_0 = 2$、$t = 0.4$ とします。

1　2　　**2**　$\dfrac{10}{7}$　　**3**　5　　**4**　$\dfrac{10}{3}$

（国家Ⅱ種　改題）

考え方と解法のポイント

プロセス-1

税金を表す式が、$T = T_0 + tY$ となっていて、所得に依存する部分が含まれる場合の政府支出乗数に注目します。

＜租税関数＞ $T = T_0 + tY$

定額税：定数　　　所得税率（限界租税性向、限界税率）：所得に比例します。

プロセス-2

所得税率がある場合の政府支出乗数 $\left(\dfrac{1}{1 - c(1 - t)}\right)$ を求め、数値をあてはめます。

$$\underset{\text{国民所得の増加分}}{\Delta Y} = \frac{1}{1 - c(1 - t)} \underset{\text{政府支出の増加分}}{\Delta G}$$

問題075 の解答と解説

$Y = C + I + G \cdots ①$

①の式に $C = C_0 + cY_d$、$Y_d = Y - T$、$T = T_0 + tY$、$C_0 = 3$、$c = 0.5$、$T_0 = 2$、$t = 0.4$ を代入します。

$Y = 3 + 0.5\{Y - (2 + 0.4Y)\} + I + G$

$Y = 3 + 0.5Y - 1 - 0.2Y + I + G$

$(1 - 0.5 + 0.2)Y = 2 + I + G$

$Y = \dfrac{1}{1 - 0.5 + 0.2} \times (2 + I + G)$

所得税率がある場合の政府支出乗数 ⟶ $\dfrac{1}{1 - c(1 - t)}$

$\dfrac{1}{0.7} = \dfrac{10}{7}$

政府支出が 1 兆円増加（ΔG）が行われれば、$\dfrac{10}{7}$ 兆円の国民所得が増加します。したがって、**2** が正解です。

重要

所得税率がある場合の政府支出乗数

$$\Delta Y = \frac{1}{1 - c(1 - t)} \Delta G$$

c は限界消費性向であり、この問題では 0.5 です。

t は所得税率であり、この問題では 0.4 です。

政府支出が増加（ΔG）すると、$\dfrac{1}{1 - c(1 - t)}$ 倍の波及効果で国民所得が増加（ΔY）します。

マクロ参照 ⟹ 【パワーアップ】ビルトイン・スタビライザー

補足

所得税率がある場合の政府支出乗数として、$\dfrac{1}{1 - c(1 - t)}$ のカッコをはずし、$\dfrac{1}{1 - c + ct}$ として覚えても構いません。

◆ $Y = \dfrac{10}{7} \times (2 + I + G)$ は、G が増えれば $\dfrac{10}{7} \times G$ の大きさで Y が増えます。この $\dfrac{10}{7}$ の役割が乗数といわれるものです。

《解説》

所得税率の考え方

　ここでは、租税関数の中に所得税率（限界租税性向、限界税率）が加えられることによって、どのように効果に相違があるのか説明します。

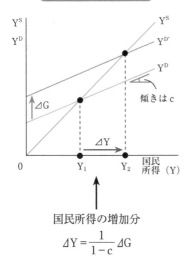

所得課税がない場合

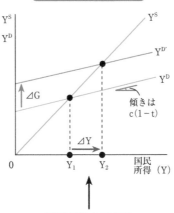

所得課税がある場合

国民所得の増加分

$$\Delta Y = \frac{1}{1-c} \Delta G$$

国民所得の増加分

$$\Delta Y = \frac{1}{1-c(1-t)} \Delta G$$

　総需要（Y^D）の傾きは限界消費性向の c になります。

　これは、総需要を構成する関数の中で消費関数だけが「傾き」を持っていて、それが総需要（Y^D）の傾きになっているからです。

<消費関数>

傾きは c

$$C = \underbrace{C_0}_{切片} - \underbrace{cY}_{傾き}$$

　総需要（Y^D）の傾きは $c(1-t)$ になります。

　これは、傾きを持つ消費関数の式
$C = C_0 + cY_d$ … ①に、
$Y_d = Y - T$ … ②と
$T = T_0 + tY$ … ③
を代入すると検証できます。

　式①に②と③を代入すると、
$C = C_0 + c(Y - T_0 - tY)$ … ④
となり、④の式を整理するとわかります。

$C = C_0 + cY - cT_0 - ctY$
$C = \underbrace{c(1-t)Y}_{傾き} + \underbrace{C_0 - cT_0}_{切片}$

　総需要（Y^D）の傾きが小さいほど、乗数の波及効果が小さくなってしまいます。

$$\frac{1}{1-c} \quad > \quad \frac{1}{1-c(1-t)}$$

所得課税がない場合　　所得課税がある場合

　所得税率は、乗数効果を弱める効果を持ち、所得税が上昇すれば総需要（Y^D）の傾きを小さくさせ、波及効果を弱めます。逆に所得税の減税は総需要（Y^D）の傾きを大きくさせ、波及効果を強める効果を持ちます。

一言

　所得税（比例税）は乗数を弱める作用があります。

基本問題 ◇◇◇◇◇◇

問題076 マクロ経済モデル（ビルトイン・スタビライザー）

国民所得が消費、投資、政府支出からなる経済において、マクロ経済モデルが下の式で示されています。このとき、税収が所得の変化に依存する場合における所得の変動が、税収が所得の変化に対して独立的な場合における所得の変動に対し、乗数効果がビルトイン・スタビライザーの働きにより減殺される割合として、正しいものはどれですか。

$$Y = C + I + G$$
$$C = 20 + 0.8(Y - T)$$
$$T = 30 + 0.25Y$$

Y：国民所得	G：政府支出
C：民間消費	T：租税
I：民間投資	

1 20%　　**2** 30%　　**3** 40%　　**4** 50%

（地方上級　改題）

考え方と解法のポイント

プロセス-1

ビルトイン・スタビライザーとしての所得税が加算された場合、総需要（Y^D）の傾きの減少に伴って乗数効果が減殺されます。

プロセス-2

税収が所得の変化に依存する場合における所得の変動

$$\rightarrow \Delta Y = \frac{1}{1 - c(1 - t)} \Delta G$$

税収が所得の変化に対して独立的な場合における所得の変動

$$\rightarrow \Delta Y = \frac{1}{1 - c} \Delta G$$

ビルトイン・スタビライザー（自動安定化装置）は、乗数の効果を弱めますが、長所として、好況や不況などの景気変動の波を小さくし安定的な成長に貢献します。

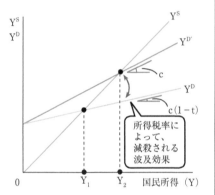

所得税率によって、減殺される波及効果

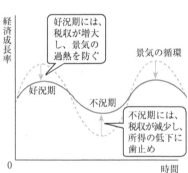

好況期には、税収が増大し、景気の過熱を防ぐ

景気の循環

不況期には、税収が減少し、所得の低下に歯止め

> **マスグレイブ＝ミラーの指標（α）**
>
> $$\alpha = 1 - \frac{\text{税収が所得に依存する場合の乗数}}{\text{税収が所得に独立的な場合の乗数}}$$

マスグレイブ＝ミラーの指標とは、税収が所得の変化に依存する場合と税収が所得の変化に対して独立的な場合とを比較し、乗数効果がビルトイン・スタビライザーの働きによって国民所得に与える影響を求めるために用いられます。

重要 用語

ビルトイン・スタビライザー（自動安定化装置）

政策担当者による自由裁量的な財政政策とは異なり、現行制度の中に組み込まれている有効需要の調整機能のことです。

マクロ参照 [パワーアップ] ビルトイン・スタビライザー

問題076 の解答と解説

マスグレイブ＝ミラーの指標を用います。

$$\alpha = 1 - \frac{\text{税収が所得に依存する場合の乗数}}{\text{税収が所得に独立的な場合の乗数}}$$

$$\alpha = 1 - \frac{\dfrac{1}{1-c(1-t)}}{\dfrac{1}{1-c}}$$ ここで、問題文より $c=0.8$、$t=0.25$ を代入します。

$$\alpha = 1 - \frac{\dfrac{1}{1-0.8(1-0.25)}}{\dfrac{1}{1-0.8}} = 1 - \frac{2.5}{5} = \frac{1}{2}$$

ビルトイン・スタビライザーとして所得税（t）の働きによって、乗数効果が50%減殺されます。したがって、**4** が正解です。

発展問題 ◇◇◇◇◇

問題077 マクロ経済モデル（融合問題－1）

> ある経済において、消費関数（C）が、C＝0.8Y＋40、輸入関数（M）がM＝0.2Y、投資（I）が160、政府支出（G）が120、輸出（X）が100であったとします。国民所得がY＝C＋I＋G＋X－Mで示されるとき、次の記述のうち、輸入を現在よりも 20 増加させるものはどれですか。
>
> **1** G を 30 増加させて 150 にします。
> **2** I を 40 増加させて 200 にします。
> **3** X を 50 増加させて 150 にします。
> **4** 基礎消費を 40 から 50 に増加させます。
>
> （地方上級　改題）

補足

輸入
　輸入は、国民所得の増加関数です。

マクロ参照 Unit06

問題077 の解答と解説

計算のロジックを芋づる式に解いていきましょう。

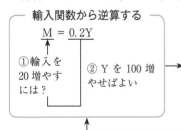

┌ 輸入関数から逆算する ┐
　　　M ＝ 0.2Y
①輸入を20増やすには？　②Y を 100 増やせばよい

┌ 外国貿易乗数を求める ┐
Y＝C＋I＋G＋X－M に式や数値をあてはめます。

Y＝0.8Y＋40＋160＋120＋100－0.2Y として、整理します。

$$(1-0.8+0.2)Y = 420$$

$$Y = \frac{1}{1-0.8+0.2} \times 420$$

③乗数は $\dfrac{1}{0.4} = 2.5$

④有効需要の消費、投資、政府支出、輸出が1増えれば2.5倍の波及効果があるということです。

⑤乗数が2.5ですから、Y を 100 増やすために、消費、投資、政府支出、輸出のいずれかを 40 増やせばよいことになります。したがって、正解は **2** になります。

基本問題　◇◇◇◇◇◇

問題078　マクロ経済モデル（融合問題－2）

マクロ経済モデルが、

$$Y = C + I + G + X - M$$
$$C = 0.7Y + 20$$
$$M = 0.2Y + 10$$

Y：国民所得	G：政府支出
C：消費	I：投資
X：輸出	M：輸入

で示され、投資が30、政府支出が50、輸出が60であるとき、貿易収支を均衡させるには、政府支出をどのように変化させる必要がありますか。

1　2だけ増加させます。

2　5だけ減少させます。

3　10だけ増加させます。

4　25だけ減少させます。

(国家Ⅰ種　改題)

考え方と解法のポイント

プロセス－1　貿易収支の均衡

右のグラフのように、
①輸出は一定値
②輸入は国民所得の増加関数

貿易収支は、輸出（X）－輸入（M）＝0として、数値をあてはめ、図のY_1を求めます。

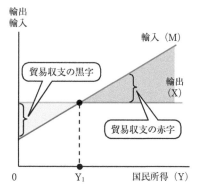

プロセス－2

次に、国民所得がY_1になるように、マクロ経済問題を組み立てます。

問題078の解答と解説

まず、貿易収支が均衡（ゼロ）することから、

輸出（X）－輸入（M）＝0　この式に数値を代入します。

$60 - (0.2Y + 10) = 0$ を計算して、

$Y = 250$ を出します。

次に、マクロ計算モデルを展開しますが、問題文より、$Y = 250$ のときのGの大きさを求めるのですから、それをG'とおきます。

また、消費関数$C = 0.7Y + 20$に$Y = 250$を代入して、$C = 195$、マクロ経済モデルの貿易収支（X－M）をゼロとして代入していきます。

$$Y = C + I + G + X - M \quad （マクロ経済モデル）$$
$$250 = 195 + 30 + G' + 0$$

これにより、G'が25となり、現行の50より25だけ減少することになります。

したがって、正解は**4**になります。

基本問題 ◇◇◇◇◇◇

問題079 マクロ経済モデル（開放経済における均衡予算乗数）

マクロ経済モデルが、

$Y = C + I + G + X - M$

$C = C_0 + 0.9 (Y - T)$

貿易収支 $= X - 0.1Y$

で示されています。

Y：国民所得	G：政府支出
C：消費	I：投資（一定）
T：税収	C_0：基礎消費（一定）
X：輸出（一定）	

政府支出（G）と税収（T）を同時に同じ額だけ増加させたとき、均衡予算乗数はいくらになりますか。

1 0.5　　**2** 0.8　　**3** 1.0　　**4** 1.2

(地方上級　改題)

考え方と解法のポイント

プロセス—1 均衡予算

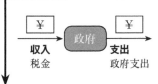

均衡予算乗数は、財政収支（収入→税金、支出→政府支出）が一致するときに、政府支出（ΔG）によってどのくらいの波及効果があるのかを示すものです。

プロセス—2

$\Delta G = \Delta T$ として、マクロ経済モデルを展開します。

問題079 の解答と解説

増税が行われた場合の効果	政府支出が行われた場合の効果
$\Delta Y = -\dfrac{c}{1-c+m} \Delta T$	$\Delta Y = \dfrac{1}{1-c+m} \Delta G$
租税乗数倍のマイナスの効果が働きます。	政府支出乗数倍のプラスの効果が働きます。

均衡予算とは、ΔT と ΔG が同額なので、A円とおき、2つの乗数をミックスした場合の ΔY を求めます。

$$\Delta Y = -\frac{c}{1-c+m} A 円 + \frac{1}{1-c+m} A 円$$

$$\Delta Y = \underbrace{\frac{1-c}{1-c+m}}_{} A 円$$

これが均衡予算乗数となり、問題文より $c = 0.9$、$m = 0.1$ を代入します。

$$\frac{1-0.9}{1-0.9+0.1}$$
$$= \frac{1}{2}$$

よって、0.5 倍の波及効果をもたらすことになり、**1** が正解。

用語

均衡予算

　国債発行などの借金を避け、増税によって財源を賄うことによって財政赤字を回避し、政府の予算を均衡するような政策を立てることです。

 Unit04

補足

　均衡予算乗数は1になると覚えているため、計算しないで回答してしまう方が多い問題です。

　貿易収支が入った場合、1以外の数値になるので注意しましょう。

 Unit04

補足

乗数の使い方

政府支出乗数……租税乗数の違い

輸出入がない……輸出入がある

分母が1……分母がc

分母にmがつかない……分母にmがつく

 Unit04

Unit 17 貨幣市場分析 信用創造乗数

難易度	難易度は高難度順に AA、A、B、Cで表示。出題率は高出題率順に ☆、◎、○、◇で表示。

C

資格試験別・予想出題率	
国家総合	☆
国家一般	☆
地方上級	☆
国税専門官	○
公認会計士	◎
不動産鑑定士	◎
中小企業診断士	☆
外務専門職	◎

出題者の狙い 最近の平成不況に伴って、信用創造乗数に絡んだ問題は頻出です。ここでは乗数をツールとして使えるかが試されます。

解答のポイント 問題文から、2つの信用創造乗数のどちらを使えば解答できるかを判断します。

▶基本テキスト『新・らくらくマクロ経済学入門』Unit09 関連

基本問題 ▽▽▽▽▽

問題080 信用創造乗数（パターン1）

ある経済において、法定準備率が0.2であり、市中銀行は超過準備を保有せず、公衆は預金通貨のみを保有すると仮定します。このとき、ハイパワード・マネーが10兆円であるとすると、貨幣供給（マネーサプライ）はいくらになりますか。

1 2兆円 **2** 10兆円 **3** 40兆円 **4** 50兆円

(国家II種 改題)

考え方と解法のポイント

プロセス-1

信用創造乗数は、中央銀行から出されるハイパワード・マネーが、何倍の波及効果で貨幣供給（マネーサプライ）を変化させるのか表したものです。

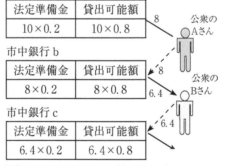

中央銀行 10のハイパワード・マネー → 10

市中銀行 a
法定準備金	貸出可能額
10×0.2	10×0.8

→ 8 公衆の Aさん

市中銀行 b
法定準備金	貸出可能額
8×0.2	8×0.8

→ 8 公衆の Bさん
→ 6.4

市中銀行 c
法定準備金	貸出可能額
6.4×0.2	6.4×0.8

→ 6.4

信用創造乗数の考え方

中央銀行から出たお金が10。このお金が市中銀行aに入った場合、20％は法定準備金として貸出不可能ですが、80％は貸出可能です。そこで、銀行aはAさんに8割を貸し出します。

次に、問題文の条件により、公衆のAさんは他の市中銀行bにそのお金8を預け入れます。すると、銀行bは預け入れられた8のうち、その80％の6.4を公衆のBさんに貸し出すと考えられます。

たとえ、市中銀行bがAさんの預金を貸し出してもAさんの預金通帳はそのままでいつでも使うことが可能です。こうした市中銀行の貸出によって、見せかけの貨幣が増えていくことになるのです。

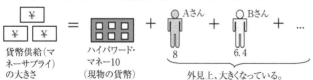

貨幣供給（マネーサプライ）の大きさ ＝ ハイパワード・マネー10（現物の貨幣） ＋ Aさん 8 ＋ Bさん 6.4 ＋ …

外見上、大きくなっている。

試験情報

地方上級、国家一般、国税専門官では、定期的に出題されます。また、国家総合、中小企業診断士、不動産鑑定士、公認会計士では、各論に信用創造乗数の計算が要求されることが多くあります。

重要 用語 情報

法定準備率

預金者からの引き出しに対応するために準備している一定額の預金のことです。

試験では、支払準備金、現金準備金などの名称でも出題されます。

マクロ参照 Unit09

用語

公衆

民間の企業や消費者のこと。

一言

実際のお金は動いていなくても、「記帳」が行われれば、見かけ上のお金が増えていきます！預金は現在の経済では重要な通貨です。

プロセスー2

法定準備率を α として、貨幣供給の大きさ（ΔM^S）を計算すると、

$$\Delta M^S = 10 + 10(1-\alpha) + 10(1-\alpha)^2 + 10(1-\alpha)^3 + \cdots$$

※ α は 0.2 なので、（$1-\alpha$）は 0.8 です。

無限等比級数の和になることから、公式にあてはめます。初項はハイパワード・マネーの H、公比は、$1-\alpha$ より、

$$\frac{初項}{1-公比} = \frac{H}{1-(1-\alpha)} = \frac{1}{\alpha}H$$

信用創造乗数は、このように簡単な式に表すことができます。

> **重要**
>
> 無限等比級数の和
> $$\frac{初項}{1-公比}$$

◆ 18 ページの【らくらく便利】『無限等比級数のルール』を参照。

問題080 の解答と解説

M^S：貨幣供給（マネーサプライ）、H：ハイパワード・マネーとすると、

$$\Delta M^S = \frac{1}{\alpha}\Delta H$$

この式に与えられた数値を代入します。（法定準備率 α：0.2）

$$\Delta M^S = \frac{1}{0.2} \times 10 \, 兆円$$

貨幣供給（マネーサプライ）は 50 兆円になり、**4** が正解になります。

基本問題 ◇◇◇◇◇◇

問題081 信用創造乗数（パターン2）

> 中央銀行が民間銀行へ 100 万円追加的に貸し出しました。このとき、貨幣供給量はどれだけ増加しますか。ただし法定準備率は 10% であり、公衆の現金預金比率は 20% であるとします。
>
> **1** 300 万円　　**2** 333 万円　　**3** 400 万円　　**4** 1,000 兆円
>
> （国家 I 種　改題）

考え方と解法のポイント

この問題の場合、「現金・預金比率」が記されているために、公衆は預金以外にも通貨を保有していると考えます。

● 信用創造乗数（パターン1）

公衆が預金通貨のみを保有し、手もとに現金通貨を保有していない場合

$$\Delta M^S = \frac{1}{\alpha}\Delta H \quad (\alpha \text{ は法定準備率})$$

● 信用創造乗数（パターン2）

公衆が預金通貨以外に現金通貨を保有する場合

$$\Delta M^S = \frac{\beta+1}{\beta+\alpha}\Delta H \quad (\alpha \text{ は法定準備率、} \beta \text{ は現金・預金比率})$$

問題によって、2 つの信用創造乗数を使い分けることになります。

問題081 の解答と解説

$\Delta M^S = \dfrac{\beta+1}{\beta+\alpha}\Delta H$ に数値を代入して、$\Delta M^S = \dfrac{0.2+1}{0.2+0.1} \times 100 \, 万円$。

ΔM^S は、400 万円になり、**3** が正解になります。

> **重要** **補足**
>
> **法定準備率の注意点**
>
> 以下の問題を参照します。
>
> > ある企業が 420 万円を A 銀行に預金した場合、この預金をもとにしたマネーサプライはいくらになりますか。ただし、市中銀行の法定準備率は 10% ですが、市中銀行は 20% の預金準備率で貸し出しています。
> >
> > （国税専門官　改題）
>
> このような問題の場合、信用創造乗数で用いる α は、銀行が貸出できない準備率を用いるために 20% が分母になります。
>
> ΔM^S
>
> $= \dfrac{1}{0.2} \times 420 \, 万円$
>
> $= 2,100 \, 万円$

 マクロ参照 Unit09

Unit	貨幣市場分析
18	**貨幣需要と資産価格**

難易度	難易度は高難度順に AA、A、B、Cで表示。
AA	出題率は高出題率順に ☆、◎、○、◇で表示。

資格試験別・予想出題率	国家総合	◎
	国家一般	◇
	地方上級	○
	国税専門官	◇
	公認会計士	○
	不動産鑑定士	☆
	中小企業診断士	◎
	外務専門職	◇

> **出題者の狙い** 貨幣需要からの出題では、「投機的動機に基づく貨幣需要」に関連して、資産価格の決定に関する問題が多くなっています。
>
> **解答のポイント** 見た目は難しそうですが、その多くはパターン化されています。無限等比級数の和を使って解く問題がほとんどであり、難関試験ではさらにそれを援用するケースもあります。

▶基本テキスト『新・らくらくマクロ経済学入門』Unit07 関連

試 験 情 報

どの試験も頻出ではなく、不動産鑑定士、公認会計士では各論で計算知識が必要となることがあります。

入門問題 ◇◇◇◇◇◇

問題082 貨幣需要の分類

　Aは1ヵ月の給料30万円をそのまま生活費として使い、Bは1カ月の給料30万円のうち15万円を生活費に充て、残り15万円を半月の短期定期預金として預金しました。A、Bの取引的動機に基づく貨幣需要はいくらになりますか。

	A	B
1	15万円	7.5万円
2	30万円	7.5万円
3	15万円	15万円
4	30万円	15万円

（地方上級　改題）

考え方と解法のポイント

　ケインズによれば、貨幣需要は3つに分類されます。

取引的動機に基づく貨幣需要
　日常の取引を行うために保有している貨幣です。　── 所得の増加関数

予備的動機に基づく貨幣需要
　不測の事態に備えて保有している貨幣です。

投機的動機に基づく貨幣需要 ───────── 利子率の減少関数
　資産として保有している貨幣です。

問題082の解答と解説

　問題の数値をケインズの分類にあてはめます。

生活費 ──▶これは、取引的動機に基づいて需要していると考えられます。

短期定期預金 ──▶投機的動機に基づく貨幣需要は「資産を持つことのキャピタル・ロス」を回避するために、資産として貨幣を所有するものです。したがって、短期定期預金はキャピタル・ゲインが目的とは考えにくいので、予備的動機に基づく貨幣需要として分類するのが妥当と考えられます。

　この問題の場合は、生活費が取引的動機に基づく貨幣需要になるために**4**が正解。

◆ケインズによる貨幣需要の動機の3分類

マクロ参照　Unit07

重要 補足

投機的動機に基づく貨幣需要

　ケインズは、資産選択として「貨幣」と「債券」のみの経済を想定しました。

　キャピタル・ロスが予想される場合、債券購入は見送られ、人々は「貨幣で資産を持つ」と考えたのです。

マクロ参照　Unit07

基本問題 ◇◇◇◇◇◇

問題083 資産価格の決定

　ある土地から毎年100万円の地代が得られますが、その土地には毎期20万円の土地保有税が課せられます。利子率が4%であるとき、次のうち、その土地の合理的な価格（土地から得られる将来収益の現在価値）はいくらになりますか。

　ただし、地代、利子率および税額は将来にわたって一定であるものとし、地代は期末に得られ、また保有税も期末に支払うものとします。

1 1,000万円　　　**2** 2,000万円
3 3,000万円　　　**4** 4,000万円

（地方上級　改題）

割引現在価値の理論を使った基本的な問題です。

考え方と解法のポイント

プロセス−1　将来のお金

　今年の100万円と同等の価値を来年に求めるのならば、利子率を加えた（1+r）を掛けた金額になります。〈利子率（r）：4%〉

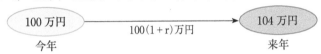

プロセス−2　割引現在価値

　今度は、来年の100万円を現在の価値に割り引くと、100万円を（1+r）で割った数値になるはずです。

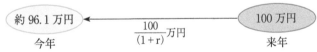

プロセス−3　土地の合理的な価格

割引現在価値	1年目の収益	2年目の収益	3年目の収益
$\dfrac{100}{(1+r)}$万円 ◀┈┈	100万円		
$\dfrac{100}{(1+r)^2}$万円 ◀┈┈		100万円	
$\dfrac{100}{(1+r)^3}$万円 ◀┈┈			100万円

　　土地は永久資産であり、土地からの収益は無限に入ってきます。したがって、各年の収益100万円の割引現在価値の合計として土地の合理的な価格が求められます。

土地の合理的な価格 $= \dfrac{100}{(1+r)}$万円 $+ \dfrac{100}{(1+r)^2}$万円 $+ \dfrac{100}{(1+r)^3}$万円 $+ \cdots$

一言

　永久に収益が発生するような資産は土地だけでなく、債券などのケースでも出題されます。

　計算パターンは同じになります。

補足

割引現在価値の理論

　将来のお金を現在の価値に割り引いて考えること。将来受け取るお金の正確な価値を見出すことができるため、資産などの計画的な運用が可能となります。

マクロ参照　【パワーアップ】割引現在価値

◆地代は期末に得られるので、最初の収益は1年後になります。

金額は、$\dfrac{100}{(1+r)}$万円です。

プロセス−4　無限等比級数の和

無限等比級数の和になることから、公式にあてはめます。

初項は $\dfrac{100}{(1+r)}$ 万円、公比は $\dfrac{1}{(1+r)}$ ですから、

$$\dfrac{初項}{1-公比}=\dfrac{\dfrac{100}{(1+r)}}{1-\dfrac{1}{(1+r)}}=\dfrac{100}{r}万円$$（整理すると単純な式です）

重要

無限等比級数の和
$$\dfrac{初項}{1-公比}$$

◆ 18 ページの【らくらく便利】『無限等比級数のルール』を参照。

問題083 の解答と解説

毎年の収益が 100 万円、そのうち 20 万円が土地保有税として徴収されることから、毎年の純利益は 80 万円になります。

$$\dfrac{土地の合理的な価格}{}=\dfrac{80}{利子率(r)}万円=\dfrac{80}{0.04}=2,000万円$$

したがって、正解は **2** になります。

《解説》

期待（予想）利子率

投機的動機に基づく貨幣需要は、貨幣を資産として有利に保有しようとするものです。これは、ケインズによって流動性選好として表されたものです。

つまり、貨幣は株式や債券のように利息を稼ぐことはできないし、キャピタル・ゲインもありません。しかし、取引量のみを貨幣で持ち、残りをすべて債券で持つとすると、将来の不確実によってキャピタル・ロスが発生する可能性もあります。そのために貨幣が利息や配当を生み出さないとしても、貨幣以外の資産を保有することに伴う危険を考慮すれば、一時的に貨幣を保有するほうが有利なことがあります。

そこで、この分析の前提として、債券価格を B、現在の市場利子率を r、期待（予想）の市場利子率を r^e、債券の額面を A、一年の額面に対して α%の利払いがある債券（このような債券を永久確定利付債券、またはコンソル債券といいます）と仮定し、資産選択の意思決定について考えてみましょう。

プロセス−1　公債価格の決定

今、債券市場が完全に機能していれば、債券の市場価格は毎年の利息の割引価値の和になります。今年この債券を買うと、毎年 αA 円の利息が手に入りますが、今年と来年の αA 円は同じ価値ではありません。

つまり、来年の αA 円の現在価値は $\dfrac{\alpha A}{(1+r)}$ 円であり、この債券は永久に利子を受け取れると考えていますから、債券価格（B）は、

$$債券価格(B)=\underset{1年後の利息}{\dfrac{\alpha A}{(1+r)}円}+\underset{2年後の利息}{\dfrac{\alpha A}{(1+r)^2}円}+\underset{3年後の利息}{\dfrac{\alpha A}{(1+r)^3}円}+\cdots$$

$$=\dfrac{\alpha A}{r}円\longrightarrow \boxed{\dfrac{利息}{利子率(r)}}となります。$$

◆利息（αA）＝債券の額面（A）×利率（α）

重要　補足

債券（コンソル公債）の価格の決定

債券を所有していることから発生する利息の合計金額の割引現在価値の和になります。

マクロ参照　Unit07

$$債券価格(B) = \frac{\alpha A}{r} 円$$

rが↑ならばBは↓
　利子率（r）の上昇は、分母が大きくなるので、債券価格（B）は下落します。

rが↓ならばBは↑
　利子率（r）の低下は、分母が小さくなるので、債券価格（B）は上昇します。

分解

　このように、債券価格と利子率の関係式から、利子率（r）が上昇すると債券価格が下落することになり、逆に、利子率（r）が下落すると債券価格が上昇することになります。

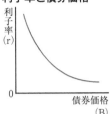

重要

利子率と債券価格

債券価格と利子率は反比例の関係にあります。

マクロ参照 Unit07

プロセス－2

　プロセス－1では将来支払われる利息の割引現在価値の和として計算されますが、債券市場が機能している限り、これが債券の市場価格と一致していきます。もし、実際の市場での価格が債券価格より高ければ債券を売却することで利益を生むことになり、売られることになります。そして、売却された債券の価格は下落していきます。

　一方、実際の市場での価格が債券価格より低ければ債券を買うことによって利益が発生するので、そのような債券は買われることになります。そして、買われた債券の価格は上昇します。このようにして、債券価格は決まっていきます。

購入した債券価格
↕ 比較
債券の市場価格

高ければ売る

利益（キャピタル・ゲイン）を生む。

プロセス－3

　これらの考え方を通じて、債券と貨幣の需要と利子率の関係を考えてみます。上記では、債券は2つの利益を生み出しています。1つがインカム・ゲインといわれるもので、プロセス－1の利息であり、2つ目がキャピタル・ゲイン（ロス）といわれるもので、将来の債券価格（B^e）から現在の債券価格（B）を引いたものとして表されます。

$$g^e = \frac{B^e - B}{B}$$

g^e＝予想のキャピタル・ゲイン率
B^e＝将来の債券価格
B＝現在の債券価格

　債券を持つことによる収益率は$r+g^e$、貨幣を持つことによる収益率は0となることから、資産を保有する意思決定は$r+g^e>0$のときになります。

　ここで、キャピタル・ゲイン率（g^e）を式に表します。

（r^e＝期待（予想）利子率）

$$g^e = \frac{B^e - B}{B} = \frac{\frac{\alpha A}{r^e} - \frac{\alpha A}{r}}{\frac{\alpha A}{r}} = \frac{r}{r^e} - 1$$

$r+g^e>0$ は、$r+\frac{r}{r^e}-1>0$ と書き換えることができます。

補足

キャピタル・ゲイン率

　（B^e-B）は、債券がどれだけ増価（キャピタル・ゲイン）したかを表し、それをBで割るとキャピタル・ゲイン率になります。

補足

将来の債券価格（B^e）

　これは、将来の期待（予想）利子率（r^e）に依存して決まることから、

$$\frac{\alpha A}{r^e}$$

で表されます。

| プロセス−4 | 債券価格と投機的動機に基づく貨幣需要 |

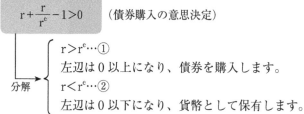

（債券購入の意思決定）

分解 {

$r > r^e \cdots$ ①
左辺は 0 以上になり、債券を購入します。

$r < r^e \cdots$ ②
左辺は 0 以下になり、貨幣として保有します。

①式から、人々が債券を購入する意思決定は、市場の利子率が将来の期待利子率より高い場合であることがわかります。

②式より、現在の市場利子率より将来の期待利子率のほうが高い場合には、資産を債券で保有するよりも貨幣で保有するほうが有利と考えます。これは、投機的動機に基づく貨幣需要（L 2）であり、将来の債券価格の下落を見込んで、貨幣で保有しようとします。

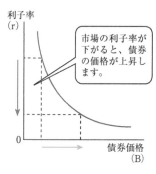

市場の利子率が下がると、債券の価格が上昇します。

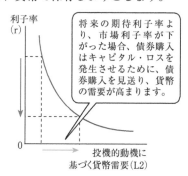

将来の期待利子率より、市場利子率が下がった場合、債券購入はキャピタル・ロスを発生させるために、債券購入を見送り、貨幣の需要が高まります。

| プロセス−5 | 流動性の罠 |

また、人々が正常であると考える期待利子率に比べて現在の市場利子率が十分に低く、すべての人々が現在の利子率水準は下限に達している、つまり債券価格が上限にあると考えたとき、誰も債券を買おうとしないため、貨幣需要は無限に大きくなります。

これを「流動性の罠」といい、貨幣需要曲線（M^D）は利子率に対して水平になります。

ケインズは、この状態に経済がある場合には、金融緩和政策を行ったとしても人々はそれをすべて貨幣のまま保有しようとするため、現実の済には何の効果も与えないと主張しています。

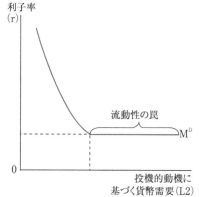

①について

市場利子率が高ければ、債券価格は安くなり、その市場利子率が自分の予想している水準よりも高いのであれば、割安で債券を購入できると考えるはずです。（キャピタル・ゲインが期待できる）

②について

市場利子率が低ければ、債券価格は高くなり、その市場利子率が自分の予想している水準よりも低ければ、今の債券価格は割高であり、買うと損をすると考えるはずです。

金融政策の無効性

経済が流動性の罠に陥っている場合、金融政策は無効になります。

Unit13

問題084 流動性の罠

貨幣の需要関数Lおよび供給関数Mが次の図のように示されているとき、次の記述のうちで正しいものはどれですか。

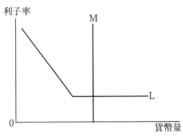

1 「流動性の罠」の部分において、貨幣供給量が増加すると利子率は下落します。

2 貨幣需要関数の水平部分では、貨幣需要の利子率に対する弾力性が無限大となります。

3 「流動性の罠」の部分において、人々の債券に対する需要は無限大になります。

4 期待利子率が上昇すると、貨幣需要関数は左シフトします。

(国税専門官 改題)

問題084 の解答と解説

1 × 貨幣需要関数Lが右下がりの場合、貨幣供給量が増加すると貨幣供給関数Mが右シフトし、利子率を低下させます。しかし、本問のように「流動性の罠」にある場合、貨幣需要関数Lが水平になり、貨幣供給関数Mが右シフトしても利子率は下がりません。

2 ○ 「流動性の罠」とは、現行の市場利子率が人々の期待利子率よりも十分に低く、今、債券を購入してもキャピタル・ロスを招く結果になるために債券購入は見送られ、貨幣需要が急速に高まってしまう状態です。

このように、貨幣需要の増加への反応が極めて大きく、「貨幣需要の利子率に対する弾力性が無限大」となるのです。

3 × 「流動性の罠」では、人々の債券に対する需要はゼロになります。

4 × 「期待利子率が上昇する」ことは、人々は将来において、債券価格は下がるだろうと予想していることが読み取れます。これは、将来の債券価格の下落によるキャピタル・ロスを回避するために保有している債券を売却し、貨幣として資産を保有しようとするはずです。

したがって、期待利子率が上昇すると、貨幣需要が高まるために、貨幣の需要関数Lが右シフトすることになります。

以上から、**2**が正解になります。

◆貨幣供給関数の右シフト

マクロ参照 Unit10

Unit
19

貨幣市場分析
貨幣需要の各論

難易度	難易度は高難度順にAA、A、B、Cで表示。出題率は高出題率順に☆、◎、○、◇で表示。

難易度 **A**

資格試験別・予想出題率		
国家総合	○
国家一般	◇
地方上級	◇
国税専門官	◇
公認会計士	○
不動産鑑定士	◎
中小企業診断士	◎
外務専門職	○

出題者の狙い 貨幣需要について、古典派とケインズ派の相違点を理解しているかどうかが試され、計算問題より計算式の意味が問われます。

解答のポイント 貨幣需要に関連した取引需要を中心とする貨幣数量説と、資産需要を含めたケインズの流動性選好説の比較を整理しておく必要があります。また、トービンの資産選択理論なども選択肢に入る可能性が高く、要注意です。

▶基本テキスト『新・らくらくマクロ経済学入門』【パワーアップ】古典派 VS ケインズ派 Unit07 関連

試験情報

　地方上級、国税専門官では、周期的に出題されています。中小企業診断士、公認会計士でも、問題に組み込まれる場合があります。

基本問題 ▽▽▽▽▽▽

問題085　貨幣需要の考え方−1

　貨幣の需要に関する次の記述のうち、正しいものはどれですか。
1　古典的な貨幣数量説によれば、貨幣に対する需要は、物価上昇率と取引数量の増加関数になります。
2　マーシャルの k は、経済活動において国民所得を生み出す過程で、その経済に投入された貨幣ストックが何回回転したかを表すものです。
3　資産選択理論は、支払手段としての貨幣に関する分析です。
4　流動性選好表は、利子率と貨幣需要との間の右下がりの関係を表すものです。
（地方上級　改題）

問題085 の解答と解説

●**古典派の貨幣数量説**

──**フィッシャー交換方程式**

$$MV = PT$$　（M：貨幣量、V：貨幣の回転速度、P：物価水準、T：取引数量）

〈貨幣需要（M^D）〉

$$M^D = \frac{PT}{V}$$

で表されます。

> この式から、貨幣需要は物価水準と取引数量の増加関数になります。

選択肢 **1** は誤りです。

──**ケンブリッジ現金残高方程式**

〈貨幣需要（M^D）〉

$$M^D = kPY$$ で表されます。

〈導出法〉

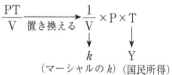

$$\frac{PT}{V} \xrightarrow{置き換える} \frac{1}{V} \times P \times T$$

（マーシャルの k）（国民所得）

※取引量（T）は国民所得（Y）とほぼ同じ水準になります。

> この式から、貨幣需要は名目所得（PY）に比例して決定されることがわかります。

マーシャルの k は貨幣の回転速度の**逆数**です。したがって、選択肢 **2** も誤りです。

◆古典的な貨幣数量説は、取引的動機に基づく貨幣需要に重点を置いたアプローチをしています。

◆物価水準（P）と物価上昇率 $\left(\dfrac{\Delta P}{P}\right)$ は異なります。

（補足）

　V は貨幣の回転速度であり、その逆数である $\dfrac{1}{V}$ はマーシャルの k と定義されます。
　このマーシャルの k は貨幣の1回転に要する期間の長さを表します。

●資産選択（ポートフォリオ）理論

　ポートフォリオ（portfolio）の語源は、「書類カバン」。1枚1枚の書類を個別に考えるのではなく、カバン全体を集合体として考えるという視点が由来です。つまり、1社の銘柄だけにこだわれば、予想が当たれば高い期待収益（リターン）を得ますが、予想が外れれば危険（リスク）も大きくなります。そこで、複数の銘柄を合理的に選択して、不確実性に伴うリスクを分散して自分にとって最も利益が高くなる組み合わせをします。

> この理論では、貨幣は安全資産（価値保蔵手段）として分析されています。→ 選択肢**3**の「支払手段」は誤りです。

●流動性選好表

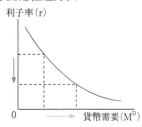

利子率（r）

0　　　　貨幣需要（M^D）

　ケインズによれば、貨幣需要（M^D）は利子率の減少関数になります。左図のような、両者の関係を示した右下がりのグラフを**流動性選好表**といいます。

　選択肢**4**が正解です。

発展問題　◇◇◇◇◇◇

問題086　**貨幣需要の考え方－2**

　以下の文章を読み、〈イ〉～〈ル〉のカッコにあてはまる言葉を答えてください。
　貨幣数量説では貨幣量Mと取引量Tとの関係は次式で示されます。
　　$MV = PT$　…①
ただし、Pは物価水準で、Vは〈イ〉です。上式は恒等式であり、〈イ〉の定義式ともみなされます。この関係を所得との関係で示したものが、
　　$MV = PY$　…②
です。Yは実質国民所得です。①や②は〈ロ〉と呼ばれます。これに対し、〈ハ〉学派の現金残高方程式は、
　　$M = kPY$　…③
と表されます。ここでkは、〈ニ〉と呼ばれています。③式は②式と異なり、貨幣の〈ホ〉を示しています。
　ケインズは様々な資産を大きく貨幣と〈ヘ〉の2つに分類し、株式なども〈ヘ〉と〈ト〉であるとして、後者に含めています。そして貨幣の保有動機として③式で考慮されている〈チ〉だけでなく、〈リ〉に基づく貨幣保有をも強調しました。その後、〈ヌ〉のフリードマンは貨幣数量説の再構築において貨幣をサービスをもたらす資産と同様に扱い、トービンはケインズの〈リ〉を〈ル〉理論を用いて再構築しました。

（公認会計士　改題）

問題086の解答と解説

イ	貨幣の回転速度	ロ	交換方程式	ハ	ケンブリッジ	ニ	マーシャルのk
ホ	需要関数（需給均衡）	ヘ	債券	ト	同等	チ	取引的動機
リ	投機的動機	ヌ	マネタリスト	ル	資産選択（ポートフォリオ）		

（補足）

資産選択（ポートフォリオ）理論

　トービンは、安全資産である貨幣と危険資産（株式など）をどのように組み合わせるべきかという考えを提唱し、ケインズの流動性選好説を再構築しました。

流動性選好説

　貨幣は何とでも交換でき、また、貨幣を受け取ることを誰も拒まないことから、最も流動性が高い資産といえます。
　この貨幣を借りる場合、借り賃として「利子」が必要となりますが、その利子率は貨幣の需要と供給のバランスで決定されます。

マクロ参照　Unit07

◆ケインズは投機的動機に基づく貨幣需要に関して、金融資産を債券に限定していましたが、トービンはケインズの考えを支持するとともに株式にも注目し、株価に基づく投資意思決定の理論を構築していきました。

Unit
20 IS-LM分析
投資関数の各論

出題者の狙い 投資意思決定については、割引現在価値に換算して計算ができることが最大の課題です。また、加速度原理やトービンの q 理論などは計算式を把握している必要があります。

解答のポイント 試験で出題される問題の作業自体に労力は必要なく、その計算の理論的な背景を理解していれば、多少ひねられても解答を導き出せることが多いです。

▶基本テキスト『新・らくらくマクロ経済学入門』Unit11、【パワーアップ】割引現在価値関連

試験情報

国家総合、公認会計士試験では、単独で出題されなくても計算知識の必要な問題が多く、地方上級、中小企業診断士では、定期的に出題されます。

基本問題 ◇◇◇◇◇◇

問題087　ケインズの投資意思決定

　下表は、ある企業の投資プロジェクト案です。投資家は、ケインズの投資決定理論に基づき、これらのプロジェクト案を実施するかどうかを判断します。この場合、正しいのはどれですか。なお、利子率は10%とします。

プロジェクト案	設備利用期間	設備費用	毎期予想収益
A案	2年	1,200億円	605億円
B案	3年	3,200億円	1,331億円
C案	2年	8,500億円	4,840億円

1　A案、B案、C案ともに実施します。
2　A案、B案は実施し、C案は実施しません。
3　B案は実施し、A案、C案は実施しません。
4　B案およびC案は実施し、A案は実施しません。

（地方上級、国税専門官　改題）

考え方と解法のポイント

プロセス-1　投資意思決定の考え方

　今、単純に製造のために「ある機械を買う」という投資をイメージしてみます。すると、投資を行うためには以下の式が成り立つはずです。

$$V \quad > \quad C$$
（需要価格）　（供給価格）

　ここで、需要価格（V）は投資家が購入してもよいと考える金額であり、実際に販売されている価格として供給価格（C）があります。

　つまり、需要価格（V）が供給価格（C）を上回れば、機械を購入する（投資する）ことになります。

プロセス-2　需要価格

　次に、投資家がどのように需要価格（V）を求めたのかを考えましょう。

　まず、機械を購入することで得られるであろう予想の収益を R^e とします。これは、機械を利用している期間で発生しますから、例えば3年の利用期間であれば、3年間にわたって収益をあげることができます。

◆ R^e の e は expectation（予想）の頭文字 です。

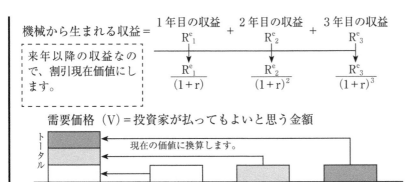

機械から生まれる収益 =

需要価格（V）= 投資家が払ってもよいと思う金額

> 需要価格（V）は、利用期間から生まれる期待収益の割引現在価値の総和として表されます。

プロセス－3　需要価格と供給価格の比較

最後に、問題文から実際にかかる費用として設備費用が供給価格（C）であり、プロジェクト A、B、C の需要価格（V）と比較をして、需要価格（V）の方が大きければ実施する（投資する）ことになります。

問題087 の解答と解説

需要価格（V）は、各プロジェクトの予想収益の割引現在価値として求めます。

 情報

予想収益の割引現在価値の計算は、やや複雑な計算式になりますが、おおよその大小さえわかればよく、正確な計算までは要求しない出題が多いです。

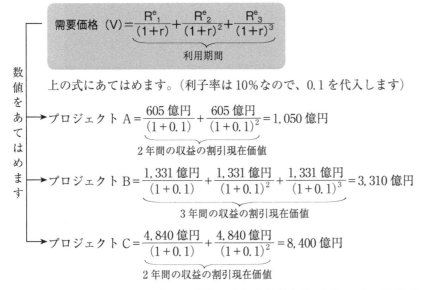

$$需要価格（V）= \frac{R^e_1}{(1+r)} + \frac{R^e_2}{(1+r)^2} + \frac{R^e_3}{(1+r)^3}$$
利用期間

数値をあてはめます

上の式にあてはめます。（利子率は 10% なので、0.1 を代入します）

→ プロジェクト A $= \frac{605 億円}{(1+0.1)} + \frac{605 億円}{(1+0.1)^2} = 1,050 億円$
2 年間の収益の割引現在価値

→ プロジェクト B $= \frac{1,331 億円}{(1+0.1)} + \frac{1,331 億円}{(1+0.1)^2} + \frac{1,331 億円}{(1+0.1)^3} = 3,310 億円$
3 年間の収益の割引現在価値

→ プロジェクト C $= \frac{4,840 億円}{(1+0.1)} + \frac{4,840 億円}{(1+0.1)^2} = 8,400 億円$
2 年間の収益の割引現在価値

これらのプロジェクトの中で、実際に支払う供給価格（C）である設備費用より大きいものは、プロジェクト B のみです。

〈プロジェクト B〉

需要価格（V）> 供給価格（C）
3,310 億円　　　3,200 億円

したがって、**3** が正解です。

発展問題 ▭▭▭▭▭

問題088　その他の投資理論－1（加速度原理）

　t期の売上高（国民所得）を100兆円、t－1期の売上高（国民所得）を80兆円、資本係数（加速度係数）を1.5とします。売上高（国民所得）の増加と投資の間にタイムラグがないとした場合、加速度原理に基づいて計算したときのt期の投資額はいくらになりますか。

1　15兆円　　**2**　20兆円　　**3**　25兆円　　**4**　30兆円

（地方上級　改題）

◆**t－1期**
　これはt期の1期前、つまりt期の前期を表します。

考え方と解法のポイント

プロセス－1　国民所得と投資

　加速度原理とは、投資が国民所得の変化分に比例して増減するという考え方です。まず、国民所得と投資の関係には、以下のようなプロセスが働くことが考えられます。

ΔK＝I
　工場設備など資本ストックの増加（ΔK）は、投資（I）によって生まれます。

プロセス－2　資本係数（加速度係数）

　加速度原理を説明するために、**資本係数**というツールを用意します。これは以下のような例で見ていきましょう。

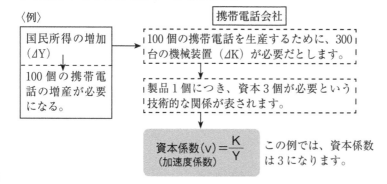

　マクロ経済学では、生産の増加（ΔY）は、国民所得の増加（ΔY）と同様に見ていきます。

プロセス－3　加速度原理

　最後に加速度原理に基づく計算式を導出します。

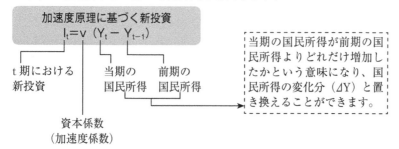

　以上より、加速度原理に基づく新投資は国民所得の変化分に資本係数（v）を掛けて求めることになります。

問題088 の解答と解説

　加速度原理に基づく t 期の新投資を I_t、資本係数（加速度係数）を v とすると、$I_t = v(Y_t - Y_{t-1})$ となり、与えられた数値を代入します。

　　$I_t = 1.5 \times (100\,兆円 - 80\,兆円)$

　　$I_t = 30\,兆円$

　したがって、**4** が正解になります。

発展問題 ▽▽▽▽▽▽

問題089　その他の投資理論－2（トービンの q）

　トービンの q 理論に関する記述のうち、妥当なものはどれですか。

1　平均の q とは、$\dfrac{既存の資本の買換費用総額}{企業の市場価値}$ です。

2　q 理論では、法定の減価償却期間が大幅に短縮された場合、投資は増加します。

3　限界の q とは、$\dfrac{資本のレンタルコスト}{投資の限界効率}$ です。

4　q 理論では、株式市場が活況を呈し、平均株価が上昇した場合、投資は減少します。

（地方上級、中小企業診断士　改題）

問題089 の解答と解説

プロセス－1	トービンの（平均の）q

　トービンの（平均の）q とは、

$$q = \frac{企業の市場価値}{既存の資本の買換費用総額}$$

で示されます。

分子	企業の市場価値	株式市場が評価する企業の株価の時価総額＋負債総額
分母	既存の資本の買換費用総額	現在、企業が持っている資本設備（土地や工場など）を新たに買い換えるとかかる費用の総額

　このとき、

　　q＞1　ならば、投資する
　　q＜1　ならば、投資しない

となります。

　これは、q＞1 の場合、企業の市場価値が企業の持つ資本設備よりも大きいということは、市場がこの企業の成長力、収益力を資本設備の大きさ以上に評価しているということです。そのような成長力がある企業の資本設備はもっと拡大するべきであるということになります。

　加速度原理によれば、新投資が国民所得（生産水準）に依存するのではなく、国民所得（生産水準）の増加分に依存します。

　これは、間違いやすく、よく試験に出るところです。

◆q は単純に「キュー」と読みます。

1 　誤り。分母と分子が逆さまになっています。

2 　正しい。減価償却期間はその生産設備の利用期間に応じて決められるものであり、大幅な短縮は新技術製品の登場などの影響で「著しい陳腐化（時代遅れ）」になったために、利用期間の短縮と同時に既存資本の価値の減少であり、分母の減少はトービンのqを大きくさせます。

3 　誤り。次のプロセス－2の解説を参照。

4 　誤り。平均株価の上昇は、企業の市場価値（分子）の増加であり、トービンのqは大きくなり、投資は増加します。

プロセス－2 　トービンの（限界の）q

　トービンの（限界の）qとは、新たに追加的に1単位投資を行ったときの期待収益（割引現在価値で計算）と資本コストの比として表され、

$$q = \frac{\text{投資の限界効率（資本の期待利潤率）}}{\text{市場利子率（資本コスト）}}$$

となります。

分子	投資の限界効率	投資財1単位の収益力を示します。
分母	市場利子率	投資財1単位の調達の費用を示します。

└→ 選択肢**3**は誤りです。

　したがって、**2**が正解です。

MEMO

Unit
21

IS-LM分析

IS-LM分析の計算

難易度	難易度は高難度順にAA、A、B、Cで表示。出題率は高出題率順に☆、◎、○、◇で表示。
B	

資格試験別・予想出題率		
国家総合		◇
国家一般		○
地方上級		◇
国税専門官		☆
公認会計士		☆
不動産鑑定士		◎
中小企業診断士		☆
外務専門職		○

出題者の狙い 基本的には、与えられた式を財市場と貨幣市場に分類し、整理できるかが試され、連立方程式を使って均衡点における利子率や国民所得を求めます。応用問題では、財市場や貨幣市場に関する個別の式の理解力も必要になります。

解答のポイント 計算式のみの出題になりますが、その背後には必ずグラフが存在します。多少ひねられた問題は作図をしながら解きます。

▶基本テキスト『新・らくらくマクロ経済学入門』Unit11～14関連

試 験 情 報

公務員では最頻出ですが、グラフや文章問題が多く、計算問題としては周期的に出題されます。また、不動産鑑定士、公認会計士では計算の知識がかなり要求されます。

入門問題 ◇◇◇◇◇◇

問題090　均衡国民所得

> ある国の経済が、
> $Y = C + I + G$
> $C = 52 + 0.6(Y - T)$
> $I = 80 - 12r$
> $L = 120 + 0.5Y - 10r$
> $\dfrac{M}{P} = 170$、$G = 20$、$T = 20$
>
> | | |
> |---|---|
> | Y：国民所得　C：消費　I：投資 | |
> | G：政府支出　T：税収　r：利子率 | |
> | L：実質貨幣需要　M：名目貨幣供給 | |
> | P：物価水準 | |
>
> で示されるとき、均衡国民所得はいくらになりますか。
> **1**　100　　**2**　200　　**3**　300　　**4**　400
>
> （国税専門官　改題）

考え方と解法のポイント

　与えられた式を財市場と貨幣市場で分類します。この問題は国民所得を求める計算ですが、Unit16のように財市場のみの分析によって導出する場合とは異なり、貨幣市場の計算式が含まれていることに注意しましょう。

　つまり、この問題は乗数理論によって国民所得を求めるのではなく、IS曲線とLM曲線の連立方程式によって国民所得を求めていくことになります。

プロセス-1　財市場の均衡

　IS曲線は、財市場を均衡する利子率（r）と国民所得（Y）の関数です。
　問題の財市場に関係する式

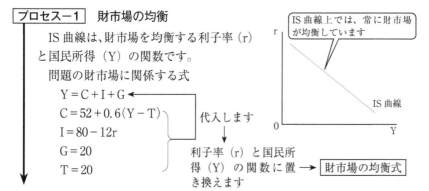

IS曲線上では、常に財市場が均衡しています

IS曲線

重要

IS曲線

　IS曲線は、投資と貯蓄が均等し、常に財市場が均衡する利子率（r）と国民所得の関数です。

マクロ参照 Unit11

重要

LM曲線

　LM曲線は、貨幣需要と貨幣供給が均等し、常に貨幣市場が均衡する利子率（r）と国民所得の関数です。

マクロ参照 Unit12

プロセス－2

　LM曲線は、貨幣市場を均衡する利子率（r）と国民所得（Y）の関数です。

　問題の貨幣市場に関係する式

〈貨幣の需要〉

$$L = 120 + 0.5Y - 10r$$

〈貨幣の供給〉

$$\frac{M}{P} = 170$$

――均等します――

$$L = \frac{M}{P}$$

利子率（r）と国民所得（Y）の関数に置き換えます → 貨幣市場の均衡式

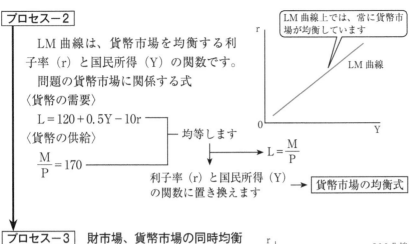

LM曲線上では、常に貨幣市場が均衡しています

LM曲線

◆ IS-LM分析では、財市場と貨幣市場が同時均衡し、均衡国民所得（Y*）と均衡利子率（r*）が決定します。

プロセス－3　財市場、貨幣市場の同時均衡

財市場の均衡式　　貨幣市場の均衡式

連立方程式によって、均衡国民所得（Y*）と均衡利子率（r*）を求めます。

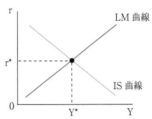

LM曲線

IS曲線

問題090 の解答と解説

　まず、最初に問題文の式を財市場と貨幣市場に分類し、整理します。

重要

LM曲線で使用する貨幣供給では、実質貨幣供給を用います。

$$\frac{M（名目貨幣供給）}{P（物価）}$$

財市場

$Y = C + I + G$	…①
$C = 52 + 0.6(Y - T)$	…②
$I = 80 - 12r$	…③
$G = 20$	…④
$T = 20$	…⑤

貨幣市場

$L = 120 + 0.5Y - 10r$	…⑥
$\frac{M}{P} = 170$	…⑦

貨幣需要（L）＝貨幣供給$\left(\frac{M}{P}\right)$

①に②～⑤を代入し、整理します。

$$Y = 52 - 0.6(Y - 20) +$$
$$80 - 12r + 20$$
$$0.4Y = 140 - 12r$$

なので⑥＝⑦の式をつくり、整理します。

$$120 + 0.5Y - 10r = 170$$
$$0.5Y = 50 + 10r$$

連立方程式をつくります。

$$\begin{cases} 0.4Y = 140 - 12r \\ 0.5Y = 50 + 10r \end{cases}$$

問題では、均衡国民所得（Y*）のみの解答なので、rを消去します。

$$\begin{array}{r} 2Y = 700 - 60r \\ +)\ 3Y = 300 + 60r \\ \hline 5Y = 1,000 \end{array}$$

これを解いて、Y* ＝ 200 になります。したがって、**2** が正解です。

入門問題 ◇◇◇◇◇

問題091 財政政策の発動－1（国債の市中消化）

マクロモデルが次のように与えられたとします。

C = 40 + 0.8Y

I = 40 − 20 i

G = 30

L = 90 + 0.2Y − 20 i

M = 100

	C：消費　I：投資　Y：所得

C：消費　I：投資　Y：所得
G：政府支出　i：利子率
L：貨幣需要　M：貨幣供給

このモデルにおいて、景気拡大策として政府支出が新たに20増加され、その財源が国債の市中消化によって賄われたとき、均衡国民所得と均衡利子率はいくらになりますか。ただし、物価水準は1で一定とします。

	均衡国民所得	均衡利子率
1	300	2.5
2	350	3.0
3	400	3.5
4	450	2.0

（国家Ⅱ種　改題）

考え方と解法のポイント

拡張的財政政策

右図において、国民所得がY₁にある経済では、完全雇用国民所得（Yf）に満たないために失業が発生しており、景気拡大策が必要になります。

景気拡大策
①金融緩和政策→LM曲線の右シフト
②拡張的財政政策→IS曲線の右シフト

この問題では、②の措置がとられ、拡張的財政政策として政府支出の増加（⊿G）が行われた結果、国民所得はY₁からYfへ増加しています。そして、国民所得の増加に伴って利子率も上昇することが考えられます。

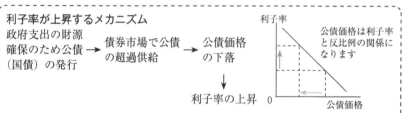

利子率が上昇するメカニズム
政府支出の財源確保のため公債（国債）の発行 → 債券市場で公債の超過供給 → 公債価格の下落 → 利子率の上昇

公債価格は利子率と反比例の関係になります

なお、拡張的財政政策によってIS曲線を右シフトさせるものとしては、政府支出のほかに減税があります。

重要

公債発行による拡張的財政政策

2つの出題パターンがあります。

市中消化の場合

IS曲線の右シフトのみ

この問題では、公債発行の場合を取り上げていますが、通常の財政政策と同様に考えることができます。

中央銀行引受の場合

IS曲線、LM曲線とも右シフト

マクロ参照 Unit19

◆ IS-LM分析では、政府支出が拡大すると、利子率も変化するために投資も変動することから、政府支出乗数の効果分だけの国民所得が拡大するとは限りません。

したがって、乗数を使って解答することができず、通常は連立方程式をつくることになります。

補足

公債価格は、

$$公債価格 = \frac{利息}{利子率}$$

で表され、利子率の減少関数になります。

マクロ参照 Unit07

問題091 の解答と解説

補足

物価水準が1

これは実質貨幣供給と名目貨幣供給が同じになることを意味します。

実質貨幣供給 $\left(\dfrac{M}{P}\right) = \dfrac{M（名目貨幣供給）}{1}$

プロセス-1 初期の均衡点（E）における国民所得と利子率

まず、政府支出の増加前の経済における国民所得と利子率を求めます。そのために、問題文の式を財市場と貨幣市場に分類し、整理します。

財市場
$Y = C + I + G$ …①
$C = 40 + 0.8Y$ …②
$I = 40 - 20i$ …③
$G = 30$ …④

貨幣市場
$L = 90 + 0.2Y - 20i$ …⑤
$M = 100$ …⑥

①の式は問題では与えられていませんが、国民所得の決定式として用意。②～④を①に代入し、整理します。

L（貨幣需要）＝M（貨幣供給）として式をつくります。

〈LM 曲線〉

$90 + 0.2Y - 20i = 100$

↓

$0.2Y = 10 + 20i$

〈IS 曲線〉

$Y = 40 + 0.8Y + 40 - 20i + 30$

↓

$0.2Y = 110 - 20i$

連立方程式

$$\begin{cases} 0.2Y = 110 - 20i \\ 0.2Y = 10 + 20i \end{cases}$$

これを解いて、

$Y = 300$、$i = 2.5$

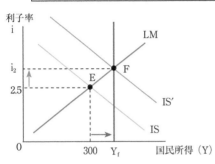

プロセス-2 政府支出増加後の均衡点（F）における国民所得と利子率

次に、政府支出増加後の経済における国民所得と利子率を求めます。

財市場
$Y = C + I + G$ …①
$C = 40 + 0.8Y$ …②
$I = 40 - 20i$ …③
G＝50 …④ ※Gを20増加させ50にする。

貨幣市場
$L = 90 + 0.2Y - 20i$ …⑤
$M = 100$ …⑥

〈LM 曲線〉

$0.2Y = 10 + 20i$

〈IS 曲線〉 $0.2Y = 130 - 20i$

連立方程式

$$\begin{cases} 0.2Y = 130 - 20i \\ 0.2Y = 10 + 20i \end{cases}$$

これを解いて、

$Y = 350$、 $r = 3$

IS-LM 分析では、政府支出の増加が国民所得と利子率を同時に増加させていることがわかります。よって、正解は **2** です。

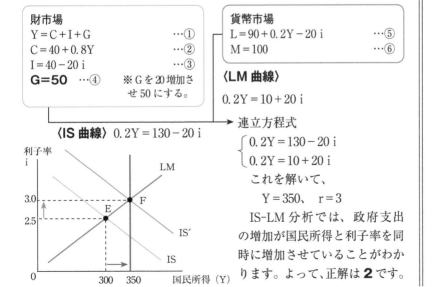

問題092　財政政策の発動－2（国債の中央銀行引受け）

ある経済において、
財市場では、

$Y = C + I + G$

$C = 1,000 + 0.8Y$

$I = 200 - 1,000r$

貨幣市場では、

$L = 3Y - 10,000r$

$M = 10H$

C：消費　I：投資　Y：国民所得	
G：政府支出　r：利子率	
L：貨幣需要　M：貨幣供給	
H：ハイパワード・マネー	

という関係が成立しています。このとき、政府支出が10だけ追加的
に行われ、その財源を中央銀行引受けの国債で賄うと、国民所得はいく
ら増加しますか。

1 20　　**2** 22　　**3** 36　　**4** 40

（国家Ⅰ種　改題）

考え方と解法のポイント

　公債（国債）の発行を財源に財政政策を実施する場合、その公債を誰に引
き受けてもらうかによって効果が異なってきます。

プロセス－1　公債（国債）を市中消化によって賄った場合

　市中消化は、市中の企業や消
費者、民間銀行に公債（国債）
を購入してもらい、それを財源
として、拡張的財政政策である
政府支出を増加させることです。

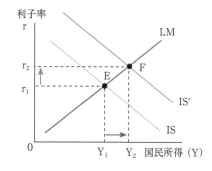

↓

　この場合、国民所得の増
加（$Y_1 \rightarrow Y_2$）と利子率の上昇
（$r_1 \rightarrow r_2$）が起きます。

プロセス－2　公債（国債）を中央銀行引受けによって賄った場合

　中央銀行（日銀）が公債（国
債）を引き受けた場合、政
府支出という形で中央銀行
が直接コントロールできる
現物の貨幣（ハイパワード・
マネー）が市場に出てしま
うことになります。

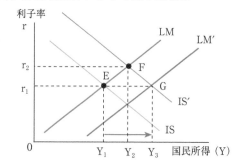

↓

　この場合、政府支出に
よってIS曲線が右シフトによる国民所得の増加（$Y_1 \rightarrow Y_2$）と貨幣供給
の増加によってLM曲線の右シフト（$Y_2 \rightarrow Y_3$）が起きます。

補足

　公債（国債）の中央
銀行引受けは有効需要
を過大に創出してしま
うことから、インフレ
の原因になるため、財
政法では原則として禁
止されています。

マクロ参照 Unit19

プロセス−3　LM曲線のシフトの考え方

貨幣供給
M＝10H

貨幣　　信用創造
供給　　乗数

ハイパワード・
マネー

貨幣供給の増加　　　　　　政府支出の増加

$\Delta M = 10\Delta H$　　　同値　　　ΔG

　ここで、方程式をつくる際に考えることは、中央銀行引受けの場合、政府支出の増加（ΔG）と同額のハイパワード・マネー（ΔH）が拠出されているということです。

問題092 の解答と解説

財市場

$Y = C + I + G$　　　　　　…①
$C = 1,000 + 0.8Y$　　　…②
$I = 200 - 1,000r$　　　…③

貨幣市場

$L = 3Y - 10,000r$　　　…④
$M = 10H$　　　　　　　…⑤

①に②、③を代入し、整理します。

$Y = 1,000 + 0.8Y + 200 - 1,000r + G$
$0.2Y = 1200 - 1,000r + G$
$Y = 6,000 - 5,000r + 5G$ …⑥

IS曲線

④＝⑤とし、整理します。

$3Y - 10,000r = 10H$
$3Y = 10H + 10,000r$ …⑦

LM曲線

連立方程式

$\begin{cases} Y = 6,000 - 5,000r + 5G \cdots ⑥ \\ 3Y = 10H + 10,000r \cdots ⑦ \end{cases}$

⑥を2倍してrを消去します。

$5Y = 12,000 + 10G + 10H$
$Y = 2,400 + 2G + 2H$

各変数の増加分に
注目します。

$\Delta Y = 2\Delta G + 2\Delta H$

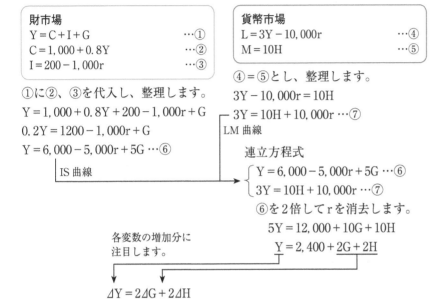

　中央銀行引受けの場合、政府支出（ΔG）とハイパワード・マネーが同額になることから、$\Delta G = \Delta H = 10$ を代入すると、$\Delta Y = 40$ が求められます。したがって、**4** が正解になります。

基本問題 ▽▽▽▽▽▽

問題093　クラウディング・アウト

　ある国の経済が、

$Y = C + I + G$
$C = 0.8Y$
$I = 60 - r$
$G = 20$
$\dfrac{M}{P} = Y - 2r$、$M = 330$、$P = 1$

C：消費　I：投資　Y：国民所得	
G：政府支出　r：利子率	
M：マネーサプライ	
P：物価水準	

で示されています。政府が政府支出を増加して 34 にしたとき、クラウディング・アウトされる民間投資はいくらになりますか（完全雇用国民所得の水準は無視します）。

1　5　　**2**　10　　**3**　15　　**4**　20

（地方上級　改題）

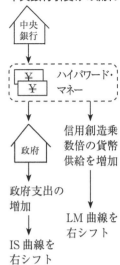

中央銀行引受けの流れ

中央
銀行

↓

¥／¥　ハイパワード・
　　　マネー

↓

政府

↓　　　　　信用創造乗
政府支出の　数倍の貨幣
増加　　　　供給を増加

↓　　　　　↓
IS曲線を　　LM曲線を
右シフト　　右シフト

　中央銀行引受による拡張的財政政策は、同時に拡張的金融政策を行うことと同じ効果になります。

考え方と解法のポイント

　財市場のみを取り扱った45度分析とIS-LM分析における拡張的財政政策の効果の違いはクラウディング・アウトにあります。

プロセス－1　政府支出の効果とクラウディング・アウト

　政府支出が増加すると、国民所得は乗数倍 $\left(\dfrac{1}{1-c}\right)$ の波及効果で国民所得を $(Y_1 \rightarrow Y_2)$ へ増加させます。

　国民所得の増加（ΔY）が貨幣需要（ΔM^D）を増加させ、利子率（r）の上昇を誘発します。

　利子率（r）の上昇は、民間投資（I）を減少させ、その分の国民所得も減少 $(Y_2 \rightarrow Y_3)$ させます。

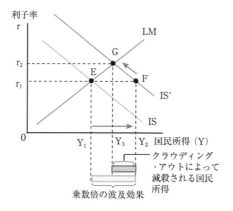

プロセス－2　クラウディング・アウトのメカニズム

①→②→③→④の手順で見ていきます。

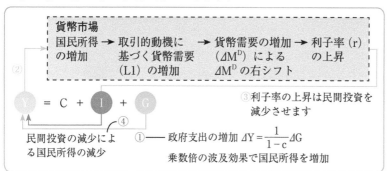

　貨幣市場
　国民所得　→　取引的動機に　→　貨幣需要の増加　→　利子率（r）
　の増加　　　　基づく貨幣需要　　（ΔM^D）による　　の上昇
　　　　　　　　（L1）の増加　　　ΔM^D の右シフト

Y　=　C　+　I　+　G

③利子率の上昇は民間投資を減少させます

④

民間投資の減少による国民所得の減少

①──政府支出の増加 $\Delta Y = \dfrac{1}{1-c}\Delta G$
　　乗数倍の波及効果で国民所得を増加

　有効需要の原理にしたがって、国民所得の大きさは消費（C）、民間投資（I）、政府支出（G）の大きさで決まりますが、IS-LM分析では貨幣市場を含めた分析なので、利子率の上昇による民間投資の減少による国民所得の減殺分（④）によって乗数倍の波及効果にはならないことが考えられます。

プロセス－3　計算法

　この設問では、「クラウディング・アウトによる民間投資」の大きさが問題になっていますので、最初に投資関数をピックアップします。

投資関数
　$I = 60 - r$

投資は利子率の減少関数になっています。

──（A）初期の均衡点（G＝20のとき）における利子率を求め、それを投資関数に代入し、そのときの投資の水準を求めます。

（B）政府支出（G）を34に増加したときの利子率を求め、それを投資関数に代入し、投資の水準を求めます。

（A）と（B）における投資水準の差がクラウディング・アウトによって減少した投資の大きさになります。

重要

クラウディング・アウト
　IS-LM分析において、政府支出（G）が乗数倍 $\left(\dfrac{1}{1-c}\right)$ の波及効果にならないのは、利子率上昇に伴う投資の減少というクラウディング・アウトが原因です。

マクロ参照　Unit14

補足

　貨幣需要（M^D）の増大は貨幣需要関数を右にシフトさせ、利子率を上昇させます。

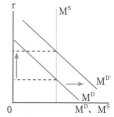

マクロ参照　Unit10

問題093 の解答と解説

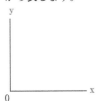
プロセス－1 初期の均衡点（E）における利子率を求める。

まず、政府支出前の経済における利子率を求めます。そのために、問題文の式を財市場と貨幣市場に整理します。

財市場
$Y = C + I + G$ …①
$C = 0.8Y$ …②
$I = 60 - r$ …③
$G = 20$ …④

貨幣市場
$\dfrac{M}{P} = Y - 2r$ …⑤
$M = 330$ …⑥
$P = 1$ …⑦

①に②〜④を代入し、整理します。

〈IS 曲線〉
$Y = 0.8Y + 60 - r + 20$
$0.2Y = 80 - r$（IS 曲線）

⑤に⑥、⑦を代入し、整理します。

〈LM 曲線〉
$330 = Y - 2r$
$Y = 2r + 330$（LM 曲線）
連立方程式
$\begin{cases} 0.2Y = 80 - r \text{（IS 曲線）} \\ Y = 2r + 330 \text{（LM 曲線）} \end{cases}$

r を求めるために Y を消去します。
$\begin{cases} 5r = -Y + 400 \text{（IS 曲線）} \\ 2r = Y - 330 \text{（LM 曲線）} \end{cases}$

$\begin{array}{r} 5r = -Y + 400 \\ +)\ 2r = Y - 330 \\ \hline 7r = 70 \\ r = 10 \end{array}$

投資関数
$I = 60 - r$
$I = 60 - 10$
$I = 50$

投資関数に代入

プロセス－2 政府支出を 34 にしたときの利子率

財市場
$Y = C + I + G$ …①
$C = 0.8Y$ …②
$I = 60 - r$ …③
G＝34 …④

貨幣市場
$\dfrac{M}{P} = Y - 2r$ …⑤
$M = 330$ …⑥
$P = 1$ …⑦

〈IS 曲線〉
$Y = 0.8Y + 60 - r + 34$
$0.2Y = 94 - r$

〈LM 曲線〉
$Y = 2r + 330$
連立方程式
$\begin{cases} 0.2Y = 94 - r \text{（IS 曲線）} \\ Y = 2r + 330 \text{（LM 曲線）} \end{cases}$

r を求めるために Y を消去します。
$\begin{cases} 5r = -Y + 470 \text{（IS 曲線）} \\ 2r = Y - 330 \text{（LM 曲線）} \end{cases}$

$\begin{array}{r} 5r = -Y + 470 \\ +)\ 2r = Y - 330 \\ \hline 7r = 140 \\ r = 20 \end{array}$

投資関数
$I = 60 - r$
$I = 60 - 20$
$I = 40$

投資関数に代入

民間投資が政府支出の増加にともなうクラウディング・アウトによって10小さくなっていることがわかります。よって、**2** が正解になります。

基本問題　▽▽▽▽▽▽

問題094　完全雇用国民所得の達成

ある国の経済が、

$Y = C + I + G$

$C = 40 + 0.7（Y - T）$

$I = 80 - 6r$

$T = 0.2Y$

$L = 100 + 0.4Y - 10r$

$M = 220$

$P = 1.1$

$Y_f = 300$

> C：消費　I：投資　Y：国民所得
> G：政府支出　r：利子率　T：租税
> M：貨幣供給量　L：貨幣需要量
> P：物価水準　Y_f：完全雇用国民所得

で示されています。政府支出により完全雇用を達成しようとすると、必要な政府支出はいくらになりますか。ただし物価は一定とします。

1　20　　**2**　21　　**3**　23　　**4**　24

（国税専門官　改題）

問題094 の解答と解説

プロセスー1

財市場
$Y = C + I + G$　　　　　…①
$C = 40 + 0.7（Y - T）$　…②
$I = 80 - 6r$　　　　　　…③
$T = 0.2Y$　　　　　　　…④

①に②～④を代入し、整理します。
〈IS 曲線〉
$0.44Y = 120 - 6r + G$

貨幣市場
$L = 100 + 0.4Y - 10r$　…⑤
$M = 220$　　　　　　　…⑥
$P = 1.1$　　　　　　　　…⑦

$\dfrac{M}{P}$（貨幣供給）＝ L（貨幣需要）

として式をつくります。
〈LM 曲線〉
$0.4Y = 100 + 10r$

◆貨幣供給は実質貨幣供給（M^S）の水準です。
$M^S =$
$\dfrac{M（名目貨幣供給）}{P（物価）}$

連立方程式
$\begin{cases} 0.44Y = 120 - 6r + G & （IS 曲線） \\ 0.4Y = 100 + 10r & （LM 曲線） \end{cases}$

不要な r を消去し、Y と G だけの式にして関係を見ます。

$\begin{array}{l} 4.4Y = 1,200 - 60r + 10G （IS 曲線） \\ +)\ 2.4Y = 600 + 60r　　　　（LM 曲線） \\ \hline 6.8Y = 1,800 + 10G \end{array}$

プロセスー2　完全雇用の水準

完全雇用国民所得（Y_f）の水準に合致させます。

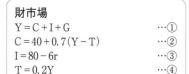

$G = 0.68Y - 180$

政府支出によって、どれだけ国民所得に波及するのかが式で表されます。

完全雇用国民所得（Y_f）が300なので、これをYに代入すると、G＝24が求められます。したがって、**4** が正解になります。

基本問題　▽▽▽▽▽

問題095 **均衡予算**

ある国のマクロ経済において、

$Y = C + I + G + B$
$C = C_0 + 0.9(Y - T)$
$I = I_0 - 100r$
$B = B_0 - 0.05Y$
$0.05Y - 50r = M$

で示されています。

> C：消費　I：投資　Y：国民所得
> G：政府支出　r：利子率　T：租税
> B：純輸出　M：貨幣供給量（一定）
> C_0：基礎消費（一定）
> I_0：独立投資（一定）
> B_0：輸出（一定）

政府支出 G を 1 兆円だけ増加させ、同時に増税によって税収 T を同額だけ増加するといった均衡予算をとった場合、国民所得はいくら増加しますか。

1　2,000 億円　　**2**　4,000 億円　　**3**　1 兆円　　**4**　2 兆円

（国家 I 種、地方上級　改題）

補足

純輸出（B）

純輸出とは、輸出（X）－輸入（M）として表されます。

$B = \underset{\text{輸出関数}}{B_0} - \underset{\text{輸入関数}}{0.05Y}$

$X = B_0$　$M = 0.05Y$

考え方と解法のポイント

均衡予算

増税（ΔT）　--収入-->　**政府**　--支出-->　政府支出（ΔG）

---同額---

$\Delta T = \Delta G$ とおきます

政府支出を行う際に、政府が均衡予算をとるということは、財政収支（歳入である税収と歳出である政府支出）を同額にするということです。

問題095 **の解答と解説**

プロセス－1

> 財市場
> $Y = C + I + G + B$　　…①
> $C = C_0 + 0.9(Y - T)$　　…②
> $I = I_0 - 100r$　　…③
> $B = B_0 - 0.05Y$　　…④

①に②～④を代入し、整理します。

〈IS 曲線〉

$Y = C_0 + 0.9(Y - T) + I_0$
$\qquad - 100r + G + B_0 - 0.05Y$

$0.15Y = C_0 - 0.9T + I_0 - 100r$
$\qquad + G + B_0$（IS 曲線）

> 貨幣市場
> $0.05Y - 50r = M$　　…⑤

〈LM 曲線〉

$0.05Y - 50r = M$

$r = \dfrac{0.05}{50}Y - \dfrac{M}{50}$

として、IS 曲線へ代入（代入法）によって連立方程式を解きます。

$0.15Y = C_0 - 0.9T + I_0$
$\qquad - 100\left(\dfrac{0.05}{50}Y - \dfrac{M}{50}\right) + G + B_0$

$\downarrow$

$0.25Y = C_0 - 0.9T + I_0 - 2M + G + B_0$

$\downarrow$

乗数みたいなものです

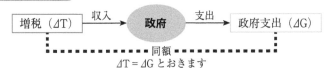

$Y = 4(C_0 - 0.9T + I_0 + 2M + G + B_0)$

ここまで整理ができたら、必要となる文字だけをピックアップします。

増税による効果	$\Delta Y = 4 \times (-0.9)\Delta T$
政府支出による効果	$\Delta Y = 4 \times \Delta G$

◆乗数のように 4 をカッコの外に出していますが、4 でくくっているだけで、計算しやすいようにしています。

プロセス－2　均衡予算の導入

$$\Delta Y = 4 \times (-0.9)\Delta T \qquad\qquad \Delta Y = 4 \times \Delta G$$

均衡予算なので、$\Delta T = \Delta G$ とし、同時に実施するので足し合わせます。

$$\Delta Y = 4 \times (-0.9)\Delta G + 4 \times \Delta G$$
$$\Delta Y = (4 - 3.6)\Delta G$$
$$\Delta Y = 0.4\Delta G$$

　政府支出（ΔG）が増加すると、国民所得はその 0.4 倍の波及効果で増加することがわかります。したがって、1 兆円の政府支出の増加は 4,000 億円の国民所得を増加させることから、**2** が正解になります。

発展問題　▽▽▽▽▽

問題096　IS 曲線、LM 曲線の構造

　ある国の経済が、
$$Y = C + I + G,\quad C = c(Y - T)$$
$$I = A - ar,\quad T = tY$$
$$kY - br = \frac{M}{P}$$

C：消費　I：投資　Y：国民所得	
G：政府支出　r：利子率　T：租税	
t：税率　M：貨幣供給量	
P：物価水準　A：独立投資	
a、b、c、k はパラメーター	

で示されています。この場合、IS 曲線と LM 曲線の図に関する記述で妥当なものはどれですか。

1　IS 曲線は税率が高いほど、より垂直になります。

2　IS 曲線は投資の利子弾力性が大きいほど、より垂直になります。

3　IS 曲線は限界消費性向が大きいほど、より垂直になります。

4　LM 曲線は貨幣需要の所得弾力性が大きいほど、より水平になります。

5　LM 曲線は物価水準が高いほど、より垂直になります。

（地方上級、不動産鑑定士　改題）

考え方と解法のポイント

　IS 曲線や LM 曲線の形状に関する問題です。与えられた式を整理して、縦軸の r（利子率）＝〜にすると傾きや切片の意味が理解できるはずです。

プロセス－1　IS 曲線を分析する

財市場
$$Y = C + I + G \qquad\cdots①$$
$$C = c(Y - T) \qquad\cdots②$$
$$I = A - ar \qquad\cdots③$$
$$T = tY \qquad\cdots④$$

①に②〜④を代入し、整理します。

〈IS 曲線〉
$$Y = c(Y - tY) + A - ar + G$$
$$\downarrow$$
$$(1 - c + ct)Y = A - ar + G$$

ここで r ＝〜の式に変形します。

$$r = -\frac{(1 - c + ct)}{a}Y + \frac{A + G}{a}$$

次に、この式を分析していきます。

...

rの式で表すことによって、IS 曲線の傾きは、c、t または a の大きさが影響することがわかります。

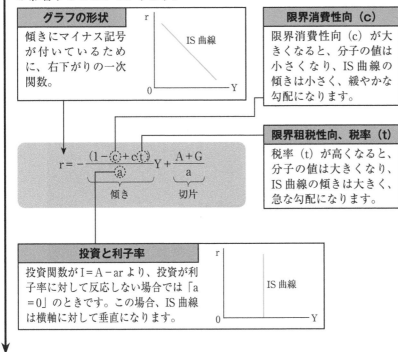

（補足）

直接的に式としては出現していませんが、間接的に貯蓄に関しても触れておきます。

限界貯蓄性向（s）

限界消費性向（c）が大きくなることは、限界貯蓄性向（s）が小さくなることと同じです。限界貯蓄性向の減少は分子の値を小さくさせ、IS 曲線の傾きは小さくなり、緩やかな勾配になっていきます。

（補足）

IS 曲線における投資の利子弾力性

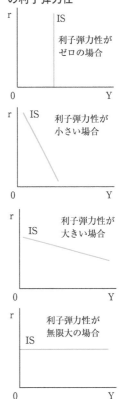

プロセス−2 LM 曲線を分析する

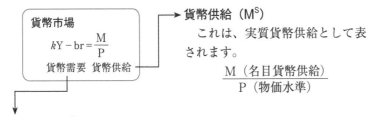

貨幣供給（M^S）

これは、実質貨幣供給として表されます。

$$\frac{M（名目貨幣供給）}{P（物価水準）}$$

貨幣需要（M^D）の分類

貨幣需要は、「所得（Y）に依存する取引的動機と予備的動機に基づく貨幣需要」と「利子率（r）に依存する投機的動機に基づく貨幣需要」に分類されます。

$$M^D = kY - br$$

kY：取引的動機＋予備的動機に基づく貨幣需要（L1）が所得の増加関数で表されています。

$-br$：投機的動機に基づく貨幣需要（L2）は利子率の減少関数になります。

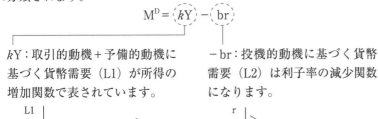

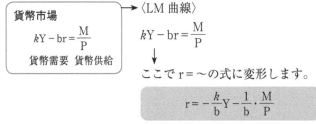

〈LM曲線〉

$$kY - br = \frac{M}{P}$$

↓

ここで r = 〜の式に変形します。

$$r = -\frac{k}{b}Y - \frac{1}{b} \cdot \frac{M}{P}$$

次に、この式を分析していきます。

　rの式で表すことによって、LM曲線の傾きは、k または b の大きさが影響することがわかります。

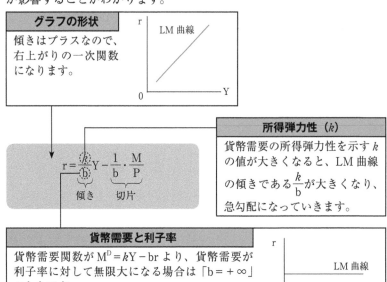

グラフの形状

傾きはプラスなので、右上がりの一次関数になります。

所得弾力性 (k)

貨幣需要の所得弾力性を示す k の値が大きくなると、LM曲線の傾きである $\frac{k}{b}$ が大きくなり、急勾配になっていきます。

$$r = \frac{k}{b}Y - \frac{1}{b} \cdot \frac{M}{P}$$

貨幣需要と利子率

貨幣需要関数が $M^D = kY - br$ より、貨幣需要が利子率に対して無限大になる場合は「$b = +\infty$」のときです。
これは、流動性の罠の状況にあると考えられ、LM曲線は横軸に対して水平になります。

補足

LM曲線における貨幣需要の利子弾力性

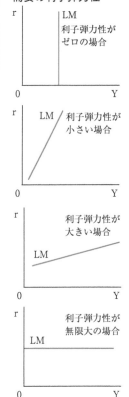

問題096 の解答と解説

1　正しい。IS曲線は、税率が高いほど、より垂直になります。

2　誤り。IS曲線は、投資の利子弾力性が大きいほど、より水平になります。

3　誤り。IS曲線は限界消費性向が大きいほど、より水平になります。

4　誤り。LM曲線は、貨幣需要の所得弾力性が大きいほど、より垂直になります。

5　誤り。物価水準はLM曲線の傾きに影響を与えません。

したがって、**1** が正解になります。

MEMO

Unit 22　AD-AS分析
物価と所得水準

出題者の狙い　問題が難しそうに見え、多くの受験生が避けがちの分野です。しかし、グラフを基礎とした解法パターン自体は容易であり、経済学の学習をグラフ中心に取り組んできたかどうかが試されます。

解答のポイント　総需要曲線は、その導出過程を理解していれば連立方程式で解けます。インフレ需要、インフレ供給の問題はパターン化されているので、機械的に処理し、深入りしないことを勧めます。

▶基本テキスト『新・らくらくマクロ経済学入門』Unit16、17、18 関連

試験情報

　国家総合では頻出です。国税専門官でも出題される傾向が強まっています。国家一般、地方上級では定期的に出題されています。

基本問題　▽▽▽▽▽▽

問題097　総需要曲線（AD 曲線）

ある経済が以下のモデルで示されています。

$Y = C + I$

$C = 20 + 0.4Y$

$I = 100 - r$

$L = 100 + 0.4Y - r$

$M = 200$

Y：国民所得
C：消費　　I：投資　　r：利子率
L：貨幣需要　M：名目貨幣供給

この経済の総需要曲線として正しいものはどれですか。

1　$P = \dfrac{200}{Y - 20}$　　**2**　$P = \dfrac{100}{Y - 20}$　　**3**　$P = \dfrac{200}{Y - 40}$　　**4**　$P = \dfrac{100}{Y - 40}$

（国税専門官　改題）

考え方と解法のポイント

総需要曲線（AD 曲線）の求め方

IS-LM 分析

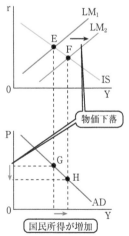

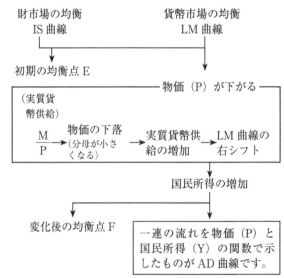

財市場の均衡
IS 曲線

貨幣市場の均衡
LM 曲線

初期の均衡点 E

物価（P）が下がる

（実質貨幣供給）
$\dfrac{M}{P}$ → 物価の下落（分母が小さくなる） → 実質貨幣供給の増加 → LM 曲線の右シフト

国民所得の増加

変化後の均衡点 F　　一連の流れを物価（P）と国民所得（Y）の関数で示したものが AD 曲線です。

重要　用語

総需要曲線（AD 曲線）
　総需要曲線（AD 曲線）は、財市場と貨幣市場を均衡させる実質国民所得（Y）と物価（P）の組み合わせです。

マクロ参照　Unit16

問題097 の解答と解説

総需要曲線（AD 曲線）は、財市場（IS 曲線）と貨幣市場（LM 曲線）の同時均衡を表す物価（P）と国民所得（Y）の関数になります。

プロセス－1 財市場（IS 曲線）と貨幣市場（LM 曲線）の整理

財市場

$Y = C + I$　…①
$C = 20 + 0.4Y$　…②
$I = 100 - r$　…③

①に、②③を代入して整理します。

$r = 120 - 0.6Y$
（IS 曲線の導出）

貨幣市場

貨幣市場の均衡式は、
$$\frac{M(名目貨幣供給)}{P(物価)} = L(貨幣需要)$$

問題に記されていない物価（P）を除いて、数値をあてはめます。

$$\frac{200}{P} = 100 + 0.4Y - r$$

$$r = 100 + 0.4Y - \frac{200}{P}$$

（LM 曲線の導出）

プロセス－2 総需要曲線（AD 曲線）の導出

IS 曲線とLM曲線を連立させれば、総需要曲線（AD 曲線）になります。

$$\begin{cases} r = 120 - 0.6Y \\ r = 100 + 0.4Y - \frac{200}{P} \end{cases}$$

$$120 - 0.6Y = 100 + 0.4Y - \frac{200}{P}$$

$$\frac{200}{P} = Y - 20 \rightarrow P = \frac{200}{Y - 20} \quad (AD 曲線の導出)$$

したがって、正解は **1** になります。

◆ IS 曲線、LM曲線から総需要曲線（AD 曲線）を導出するには、利子率（r）を消去するように連立方程式を組みます。

発展問題　▨▨▨▨▨

問題098 AD-AS 分析の計算問題

政府と海外部門を除外したマクロ経済モデルが次のように与えられています。

$C = 30 + 0.6Y$
$I = 20 - 2i$
$L = 0.2Y - 4i$
$$\frac{M}{P} = \frac{400}{P}$$

C：消費　I：投資
i：利子率　P：物価
L：貨幣需要　$\frac{M}{P}$：実質貨幣供給

この経済の総供給関数が、$P = \frac{1}{6}Y$ で与えられているとすると、総需要曲線と総供給曲線の均衡点における国民所得と物価水準はいくらになりますか。

	国民所得	物価水準		国民所得	物価水準
1	60	10	**2**	120	20
3	180	30	**4**	240	40
5	300	50			（国家Ⅱ種　改題）

考え方と解法のポイント

まず、IS 曲線、LM 曲線から AD 曲線を導出します。その後、AD 曲線と AS 曲線から国民所得と物価水準を求めます。

問題098 の解答と解説

プロセス−1 IS-LM 分析

IS 曲線と LM 曲線をつくり、それを Y＝○P というように、国民所得と物価の関数にできれば、それが総需要曲線です。

IS 曲線（財市場の均衡）	LM 曲線（貨幣市場の均衡）

Y＝C＋I より、
問題で Y はないのでこちらで用意します。

$$Y=30+0.6Y+20-2i$$
$$0.4Y=50-2i \quad \cdots（IS 曲線）$$
↓計算しやすいように…
$$0.8Y=100-4i \quad \cdots（IS 曲線）$$

$L=\dfrac{M}{P}$ より、

$$0.2Y-4i=\dfrac{400}{P} \quad \cdots（LM 曲線）$$
↓計算しやすいように…
$$0.2Y=\dfrac{400}{P}+4i \quad \cdots（LM 曲線）$$

IS 曲線＝LM 曲線の交点が AD 曲線になるのでイコールで結び付けます。2 つの式の中の「i（利子率）」は AD 曲線に不要なので消去します。

$$\begin{cases} 0.8Y=100-4\!\!\!/i & \cdots\text{IS 曲線} \\ 0.2Y=\dfrac{400}{P}+4\!\!\!/i & \cdots\text{LM 曲線} \end{cases} \quad より、$$

$$Y=100+\dfrac{400}{P} \quad \cdots\text{総需要（AD）曲線}$$

プロセス−2 AD-AS 分析

すでに、総供給（AS）曲線は与えられているので、AD 曲線と連立方程式をつくって解けば、解答になります。

$$P=\dfrac{1}{6}Y より、 Y=6P \quad \cdots\text{総供給（AS）曲線}$$

総需要（AD）曲線＝総供給（AS）曲線より、

$$\begin{cases} Y=100+\dfrac{400}{P} & \cdots\text{総需要（AD）曲線} \\ Y=6P & \cdots\text{総供給（AS）曲線} \end{cases}$$

$$6P=100+\dfrac{400}{P} \quad （両辺に P を掛け算します）$$
$$6P^2-100P-400=0 \quad （移項します）$$
$$3P^2-50P-200=0 \quad （2 で割り算します）$$

この式の因数分解をしなければならないのですが、受験生のほとんどが解けないと思われます。そこで、解答を見ると、P は、10、20、30のいずれかなので、代入してゼロになれば、それが答えです。P＝20 で解答に合致します。それを、総供給（AS）曲線に代入して、Y＝120 を求めます。

一応、参考までに因数分解をすると、$(P-20)(3P+10)=0$ になるようです。

したがって、正解は **2** になります。

補足

IS-LM 曲線から AD 曲線にする際、利子率（r または i）を方程式から消して、整理します。

情報

面倒な因数分解などで途中の計算にムダな時間をつくらないようにしましょう。答えは必ず解答欄にあります！

《解説》

インフレ需要曲線・インフレ供給曲線

物価水準は総需要曲線（AD曲線）と総供給曲線（AS曲線）によって求めることができました。今度は、物価上昇率（インフレ率）という「率」に着目した場合、インフレ需要曲線とインフレ供給曲線という2つの曲線によって求めます。

インフレ需要曲線

総需要曲線（AD曲線）と実態は同じモノです。異なった部分は、総需要曲線（AD曲線）の縦軸が物価水準であるのに対して、インフレ需要曲線の縦軸は物価上昇率（インフレ率）になることです。

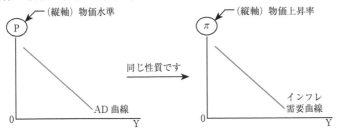

（補足）

物価上昇率は、πと$\dfrac{\Delta P}{P}$のどちらの記号でも可能です。

◆インフレ需要曲線の右シフト

インフレ需要曲線は、総需要曲線（AD曲線）と実態は同じモノなので、同様の理由で右へシフトします。

総需要曲線 の右シフト	インフレ需要曲線 の右シフト
政府支出の増加 （財政政策）	→ 政府支出の 増加率の上昇
貨幣供給の増加 （金融政策）	→ 貨幣供給の 増加率の上昇

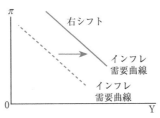

インフレ供給曲線

インフレ供給曲線は、フィリップス曲線とオーカンの法則によって導き出されます。

オーカンの法則については初めて登場したので、ここで紹介をしておきます。

◆「オーカン」は「オークン」とも呼ばれています。

| プロセス－1 | オーカンの法則 |

失業率と国民所得の間に負の相関関係があることが発見され、オーカンの法則と名づけられました。

右図のように右下がりのグラフになります。

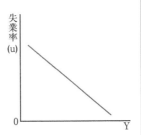

◆オーカンの法則は、横軸をGDPギャップとして表しましたが、試験では簡便なYとして示されている場合が多くあります。

プロセス－2 簡便4象限法

　次に、フィリップス曲線を用意して、オーカンの法則と合わせてインフレ供給曲線を導出します。

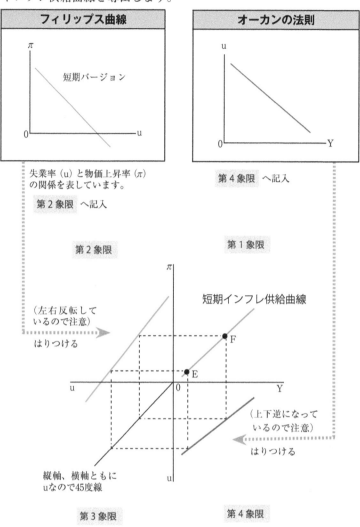

フィリップス曲線
　物価上昇率（π）と失業率（u）がトレード・オフの関係にあることが示されます。
　左図では、便宜的に直線で描いています。

 Unit18

　まず、第2象限に短期フィリップス曲線、第4象限にはオーカンの法則を表したグラフを描き、それぞれの任意の点から四角形をつくり、E点、F点を第1象限に定め、それを結び短期インフレ供給曲線が導出されます。

プロセス-3 長期インフレ供給曲線

さらに、インフレ供給曲線がフィリップス曲線を前提に導出されるため、垂直な長期フィリップス曲線の場合、長期インフレ供給曲線も横軸に対して垂直で描かれます。

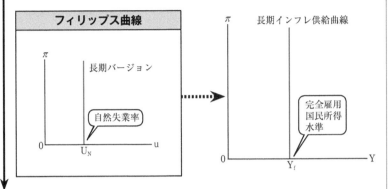

自然失業率と完全雇用

　長期フィリップス曲線は、自然失業率（u_N）の水準で横軸に対し、垂直になります。

　この自然失業率の水準は、完全雇用に対応するために、長期フィリップス曲線は、完全雇用所得水準（Y_f）上で垂直になります。

プロセス-4 裁量的政策の有効性

最後に、インフレ需要曲線、インフレ供給曲線を使って、裁量的な金融政策や財政政策の有効性について見ていきます。

①裁量的金融政策の実施
↓
②貨幣供給量の増加率の上昇
　インフレ需要曲線の右シフト
　↓（インフレ D→インフレ D′）
③短期においては B 点で均衡するために、国民所得（Y）と物価上昇率（π）を増加させます。

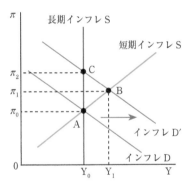

国民所得	$Y_0 \to Y_1$ 増加
物価上昇率	$\pi_0 \to \pi_1$ 増加

↓

④長期においては C 点で均衡します。この場合、国民所得（Y）は変化せずに、物価上昇率（π）のみが増加しています。

国民所得	$Y_0 \to Y_0$ 変化なし
物価上昇率	$\pi_0 \to \pi_2$ 増加

図中
・インフレ需要曲線
→インフレ D
・短期インフレ供給曲線
→短期インフレ S
・長期インフレ供給曲線
→長期インフレ S

発展問題 ▱▱▱▱▱

問題099　インフレ需要曲線、インフレ供給曲線

マクロの動学モデルが

$$\pi = \pi^e + \lambda\,(Y - Y_f)$$
$$Y = Y_{-1} + \mu\,(m - \pi)$$
$$\pi^e = \pi_{-1}$$

で示されています。

π：インフレ率　π^e：期待インフレ率
Y：産出量（国民所得）
Y_f：完全雇用国民所得
m：貨幣供給増加率　Y_{-1}：前期の産出量
π_{-1}：前期のインフレ率
λ, μ：正のパラメーター

　今期以降、貨幣供給増加率 m が上昇したときのインフレ率と産出量 Y に関する次の記述のうち、妥当なものはどれですか。ただし、前期までの経済は長期均衡の状態にあったとします。

1　π は短期的にも長期的にも上昇します。

2　π は短期的にも上昇しますが、長期的には不変です。

3　Y は短期的にも長期的にも増加します。

4　Y は短期的にも増加しますが、長期的には減少します。

（地方上級　改題）

問題099 の解答と解説

　問題の数式に惑わされず、インフレ需要曲線とインフレ供給曲線のグラフを使って、貨幣供給量の増加における短期的と長期的な効果を比較します。

プロセス―1

　インフレ需要曲線、短期インフレ供給曲線、長期インフレ供給曲線の3本のグラフを用意します。初期の均衡点は A 点です。

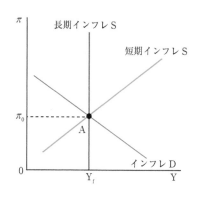

プロセス―2

　貨幣供給増加率の上昇は、インフレ需要曲線を右へシフトさせます。
　短期的には B 点で均衡し、π の上昇、Y の増加を達成しますが、長期的には、C 点で均衡し、π のみが上昇します。

したがって、**1** が正解になります。

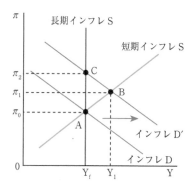

発展問題 ▽▽▽▽▽▽

問題100 総需要曲線、総供給曲線

総需要曲線と総供給曲線

$$Y = \alpha \left(\frac{M}{P} \right)$$

$$Y = Y_f + \beta (P - P^e)$$

| Y：産出量　Y$_f$：完全雇用産出量 |
| P：物価水準　M：貨幣供給量 |
| P^e：期待物価水準　α、βは正の定数 |

で示されているとします。物価水準に関して適合的期待と合理的期待の
2つの場合を考えます。

　　P^e＝P$_{-1}$　＜P$_{-1}$：前期の物価水準＞

が成立し、他方、合理的期待とは、

　　P^e＝P　＜P：当期の物価水準＞

が成立することを意味します。

　前期まで、経済は長期均衡の状態にあるものとして、今期、もし貨幣
供給量Mが増加すると、産出量Yと物価水準はどのように変化します
か。

1　期待が適合的である場合、YもPも不変です。

2　期待が適合的である場合、Yは増加し、Pは上昇します。

3　期待が適合的である場合、Yは減少し、Pは上昇します。

4　期待が合理的である場合、Yは増加し、Pは上昇します。

（地方上級　改題）

問題100の解答と解説

　問題によって、「短期」「長期」という表現以外の出題もあります。これら
が整理できれば、解法パターンにそのままあてはめられます。

	状況	表現	内訳
短期	期待物価上昇率が前期の物価水準に等しい（$\pi^e = \pi_{-1}$）	適応的期待 適合的期待	短期においては、人々が貨幣錯覚を起こしていて、前期の物価水準をもとに行動している。
長期	期待物価上昇率が当期の物価水準に等しい（$\pi^e = \pi$）	合理的期待	長期においては、人々が貨幣錯覚がなく、当期（現実）の物価水準をもとに行動している。

　まず、総供給曲線（S）について、短
期Sと長期Sとに分けます。

　貨幣供給量Mの増加は、総需要曲線
DをD′へシフトさせます。

　人々の期待が適合的な場合（短期）で
は、均衡点がB点になりPの上昇、Y
の増加を実現しますが、期待が合理的（長
期）の場合では、均衡点はC点になり
Pのみの上昇になります。

　したがって、**2**が正解です。

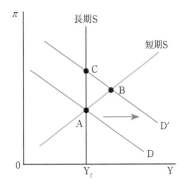

期待物価上昇率（π^e）

　人々が考える物価水
準であり、短期では貨
幣錯覚を起こしてい
て、長期では貨幣錯覚
がない状態になりま
す。肩の「e」は、
expectation（予想）
の頭文字です。

発展問題　▢▢▢▢▢▢

問題101　インフレ供給曲線とインフレ需要曲線の計算問題

　ある経済のインフレ供給曲線とインフレ需要曲線が次のように与えられています。

$$\pi_t = \pi_t^e + 2(Y_t - Y_F)$$
$$\pi_t = m_t - (Y_t - Y_{t-1})$$

π_t	：t期の物価上昇率
π_t^e	：t期の期待物価上昇率
Y_t	：t期の国民所得
Y_F	：完全雇用国民所得
m_t	：t期のマネーサプライ増加率

　この経済はt期まで長期均衡にあり、$Y_F = 100$、$m_t = 3$です。中央銀行がt＋1において、$m_{t+1} = 6$としたとき、t＋1期における、国民所得と物価上昇率の組み合わせで正しいものはどれですか。

　ただし、期待物価上昇率は$\pi_t^e = \pi_{t-1}$で決定されるものとします。

	国民所得（Y_{t+1}）	物価上昇率（π_{t+1}）
1	98	5
2	98	6
3	100	6
4	101	5
5	101	6

（国税専門官　改題）

考え方と解法のポイント

　一見、難解な印象を持ちますが、計算パターンは決まっています。

　①t＋1期の式をつくり、②期待物価上昇率が前期の物価水準に等しい（適応的期待）のか、当期の物価に等しい（合理的期待）のかを確認して、数値をあてはめます。

問題101 の解答と解説

プロセス－1　t＋1期の形にする

　　与えられた式

$$\pi_t = \pi_t^e + 2(Y_t - Y_F) \quad \cdots ①$$
$$\pi_t = m_t - (Y_t - Y_{t-1}) \quad \cdots ②$$

　インフレ需要・インフレ供給の計算問題はt＋1期、つまり来期の状態が問題になります。やり方は下に添えているtにすべて1を足し算すれば来期（t＋1期）にすることができるということです。

$$\begin{cases} \pi_{t+1} = \pi_{t+1}^e + 2(Y_{t+1} - Y_F) & \cdots ③ \\ \pi_{t+1} = m_{t+1} - (Y_{t+1} - Y_t) & \cdots ④ \end{cases}$$

プロセス－2　数値のあてはめ

　1　前期まで、長期均衡にあったので、$Y_t = Y_F = 100$

補足

　2つ式が与えられています。下の式はマネーサプライが入っているのでインフレ需要曲線だと思われますが、特にわからなくてもよいです。インフレ需要・インフレ供給の計算問題は作業のみに特化してあまり深く考えないことです。

2 同様に、長期均衡にあったので、$m_t = \pi_t = 3$

これは、t 期まで長期均衡するということなので、$Y_t = Y_{t-1} = Y_F$（完全雇用）であり、これを問題文の $\pi_t = m_t - (Y_t - Y_{t-1})$ にあてはめると、$m_t = \pi_t$ になります。

3 期待物価上昇率は $\pi_t^e = \pi_{t-1}$ なので、$\pi_{t+1}^e = \pi_t = 3$

これは期待物価上昇率 π_t^e は前期の物価水準 π_{t-1} に依存するという適応的期待を示しています。

4 これに、問題文で与えられている $m_{t+1} = 6$

1〜4 をすべて③、④の式に代入します。すると、

$$\begin{cases} \pi_{t+1} = 3 + 2(Y_{t+1} - 100) & \cdots⑤ \\ \pi_{t+1} = 6 - (Y_{t+1} - 100) & \cdots⑥ \end{cases}$$

あとは、方程式を解くだけです。

プロセス−3 方程式を解く

2つの式を等式で結んで、

$6 - (Y_{t+1} - 100) = 3 + 2(Y_{t+1} - 100)$

この方程式を解くと、

$Y_{t+1} = 101$

これを、⑤、⑥のいずれに代入して、

$\pi_{t+1} = 5$

したがって、**4** が正解です。

Unit 23　経済成長論
経済成長論

出題者の狙い　経済成長論は、マクロ経済学の中で最も難易度が高いところといわれていますが、数学的な背景やグラフにこだわらず、公式を理解してツールとして使えるかが試されます。

解答のポイント　ハロッド゠ドーマー・モデルでは計算問題の他、文章問題も出題されますので、公式までの展開を多少理解しておく必要があります。新古典派モデルでは、コブ゠ダグラス型生産関数の展式を覚えていれば解答できる問題がほとんどです。

▶この経済成長論は、基本テキストの『新・らくらくマクロ経済学入門』ではふれていません。

《解説》

ハロッド゠ドーマー型経済成長論

考え方

これまでの学習の中で政策目標としてあげられてきた「完全雇用国民所得（Y_f）」について考えてみましょう。

完全雇用国民所得とは、現行の労働者がすべて働いていて、生産設備もフル稼働の状態で実現する国民所得です。

そこで、現行の労働者が増加したり、生産設備が増加した場合、今の状態でY_fは固定されるのではなく、動くと考えら

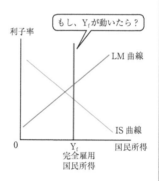

もし、Y_fが動いたら？

利子率／LM曲線／IS曲線／国民所得／Y_f　完全雇用国民所得／0

れます。そして、Y_fに応じて国民所得も増加し、経済が成長していくことが考えられます。

ケインズの弟子のハロッドは、ドーマーと共にケインズの理論を動学化させ、どのように経済が成長していくのかを理論づけていきました。

プロセス-1　**仮定**

ドラえもんは、ポケットの中から完成させた財をのび太くんに提供していますが、現実の世界では、いきなり完成品を提供することはできません。その前提の製造が必要となります。

まず、財を製造するために必要となる生産要素が2種類あると仮定します。それが労働（L）と資本（K）です。

ここで重要なことは、労働（L）と資本（K）の関係が「**非代替的**」であるということです。これは、労働（L）ができることを資本（K）はできないし、資本（K）ができることを労働（L）はできないということです。

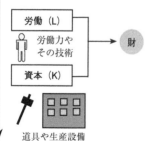

労働（L）　労働力やその技術　→　財

資本（K）

道具や生産設備

プロセス-2 生産関数

　2種類の生産要素が非代替的である場合、生産関数は右のようなL字型になります。例えば、右の生産量上では、どこでも1個つくる（Y=1）ことが可能です。

　このグラフの特徴は、労働（L）と資本（K）が組み合わされて生産されることを示していることです。つまり、右図において労働（L）が1、資本（K）が1で1個の生産ができるのであって、もし、資本が2あったとしても1個しかつくることができません。

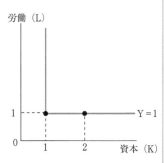

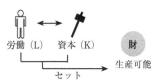

労働（L）　資本（K）　　　**財**
　　　　　　　　　　　生産可能
　　　セット

　これは、どちらか一方だけが多くあっても意味がなく、資本と労働の比率が不一致の場合、どちらか小さい方の数で生産が決定されることになります。

（補足）

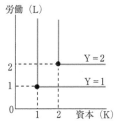

　もし、資本が2、労働が2そろえば、2個の生産量（Y=2）が可能になります。

（用語）

　L字型の生産関数は、固定係数型生産関数、またはレオンティエフ型生産関数とも呼ばれます。

プロセス-3 数式化

　次に、このように決まる生産関数を式で表します。

┌─**労働**─────────────┐
　労働の投入量をL、生産量をYとします。

　そこで生産量1個につき、投入される労働の大きさをaとすると、式で表せます。

$$a = \frac{L}{Y}$$

このaを労働係数と呼びます。

これをY＝～の形にします。

$$Y = \frac{L}{a}$$
└────────────────────┘

┌─**資本**─────────────┐
　資本の投入量をK、生産量をYとします。

　そこで生産量1個につき、投入される資本の大きさをbとすると、次の式で表せます。

$$b = \frac{K}{Y}$$

このbを資本係数と呼びます。

これをY＝～の形にします。

$$Y = \frac{K}{b}$$
└────────────────────┘

　　→ そこで生産関数は次のようになります。

$$Y = \min\left[\frac{L}{a}, \frac{K}{b}\right]$$

　minは最小値で、労働と資本の投入のうち、どちらか小さい方で生産量（Y）が決定されると読みます。

◆minはminimum（最小値）の省略形です。

プロセス-4 自然成長率

　もし、ある国の経済において$\frac{L}{a} < \frac{K}{b}$の場合、資本の方が大きいので生産量（Y）は、$Y = \frac{L}{a}$という労働の大きさで決定されることになります。このように成長する経済を自然成長率（G_n）といいます。

自然成長率 （G_n）＝n＋λ　（n：労働人口増加率、λ：技術進歩率）

（補足）

　経済が自然成長率の値で成長するということは、労働が常に完全雇用されているということです。

◆λはラムダと読みます。

| プロセス-5 | 保証（適正）成長率 |

もし、ある国の経済において$\dfrac{L}{a} > \dfrac{K}{b}$の場合、労働の方が大きいので生産量（Y）は、$Y = \dfrac{K}{b}$という資本の大きさで決定されることになります。

ただし、単純に資本が増えれば経済が成長するというのは言いすぎであり、その資本が完全に利用されることによって、経済が成長していくのです。そこで、資本は投資が行われることによって増加していきますが、企業家にとって最も望ましい投資量として、増加した**資本が完全に利用されていることを保証している、保証（適正）成長率**があります。これについて説明していきます。

まず、資本の増加として「投資」の性質については、ハロッド=ドーマー・モデルでは「**投資の二重性**」でそれが説明されています。

> **投資の二重性**
> ①投資需要は所得を創立させる効果（乗数理論）
> ②投資は生産能力を増加させて供給量を増大させる効果

ケインズの乗数理論では、企業が設備投資をすることで、経済全体の需要を増加させますが、それと同時に投資によって生産設備（資本ストック）も増加させるので、経済全体の供給能力も増加させます。

つまり、これら2つの投資の効果（①需要の増加と、②供給能力の増加）がちょうど同じであれば、財市場の需給が一致し、バランスのとれた経済成長ができるのです。

＝＝＝＝ 需要サイド ＝＝＝＝

①投資需要は所得を創立させる効果

$$Y = \dfrac{1}{1-c} I$$

Y：所得
c：消費性向
I：投資

s（貯蓄性向）= 1 − c

$$Y = \dfrac{1}{s} I$$

I = sY とします。

> 国民所得が増大すれば、消費が拡大するために、その消費に追いつくように生産を拡大させなければなりません。したがって、生産設備（資本ストック）を拡大させるために投資が行われます。

需要と供給が一致
$$sY = w\varDelta Y$$
$$\dfrac{\varDelta Y}{Y} = \dfrac{s}{w}$$

保証（適正）成長率 $(G_w) = \dfrac{s}{w}$

＝＝＝＝ 供給サイド ＝＝＝＝

②投資は生産能力を増加させて供給量を増大させる効果

| プロセス-3 | より、

$$Y = \dfrac{K}{b}$$
$$\varDelta Y = \dfrac{1}{b} \varDelta K$$

b（資本係数）を w（適正な資本係数）に置き換えます。

$$\varDelta Y = \dfrac{1}{w} \varDelta K$$

ΔK（資本の増加）は投資（I）によって行われます。ΔK = I

$$\varDelta Y = \dfrac{1}{w} I$$
$$I = w\varDelta Y$$

保証成長率の「保証」とは、需要サイドの需要拡大と供給サイドの生産能力拡大の一致を「保証」するという意味で、この成長率では、常に需給のバランスが達成されています。

用語

w（適正な資本係数）
　資本設備が完全に利用されているとき、生産を1個追加させるために必要な資本（K）の増加量のこと。

補足

$\dfrac{\varDelta Y}{Y}$

　ΔY は、経済がどれくらい変化したのかを示し、それを Y で割ることによって、経済成長率を表します。

保証（適正）成長率は、企業家が利潤最大化の立場から最適であると判断した生産設備の完全利用から得られる成長率であり、この水準では常に財市場は均衡し、生産されたものはすべて売りつくされています。

$\boxed{\text{プロセス－6}}$ 均斉成長

経済が、**自然成長率**(G_n)＝**保証（適正）成長率**(G_w)であれば、完全雇用と生産設備の完全利用が達成されていて、均斉がとれた経済成長がなされている状態になります。

> **均斉成長**：自然成長率(G_n)＝保証（適正）成長率(G_w)
>
> $$n + \lambda = \frac{s}{w}$$

補足

均斉成長では、資本(K)の成長率と労働(L)の成長率が等しくなります。

$\boxed{\text{基本問題}}$ ▽▽▽▽▽▽

$\boxed{\text{問題102}}$ **ハロッド＝ドーマー型成長理論－1**

次の記述のうち、ハロッド＝ドーマー型成長理論に関して正しいものはどれですか。ただし、貯蓄性向は0.2、資本係数は5とします。
1 保証成長率は0.4です。
2 労働生産性の上昇率（技術進歩率）が0.02で均斉成長の状態にあるとき、労働人口増加率が労働生産性の上昇率（技術進歩率）を上回っています。
3 労働生産性の上昇率（技術進歩率）が0.02で均斉成長の状態にあるとき、自然成長率は貯蓄性向に等しい。
4 労働人口成長率が0.02で、労働生産性の上昇率（技術進歩率）が0.03にあるとき、保証成長率は自然成長率を下回っています。

（国税専門官　改題）

問題102の解答と解説

1 ×　保証成長率$(G_w) = \dfrac{s}{w}$より、$\dfrac{0.2}{5} = 0.04$です。

2 ×　均斉成長にあることから、自然成長率(G_n)＝保証成長率(G_w)として、数値を代入していきます。

自然成長率(G_n)＝保証（適正）成長率(G_w)

$$n + \lambda = \frac{s}{w} \rightarrow n + 0.02 = \frac{0.2}{5}$$

$$n = 0.02$$

労働生産性の上昇率（技術進歩率）と労働人口増加率(n)が等しいことがわかります。

3 ×　2より自然成長率(G_n)は、$n + \lambda = 0.02 + 0.02 = 0.04$となり貯蓄性向0.2とは異なります。

4 ○　自然成長率(G_n)は、$n + \lambda = 0.02 + 0.03 = 0.05$になり、保証成長率$(G_w)$0.04は自然成長率$(G_n)$を下回ります。

したがって、**4**が正解です。

基本問題 基本問題　▽▽▽▽▽▽

問題103　ハロッド＝ドーマー型成長理論－２

経済成長モデルが、

$$Y = \min\left[\frac{K}{5},\ L\right]$$

$$Y = C + I$$

$$C = (1 - s)Y$$

$$\Delta K = I$$

$$\Delta L = 0.02L$$

（Y＝国民所得、K＝資本、L＝労働、C＝消費、I＝投資、s＝貯蓄率、ΔK＝Kの増加分、ΔL＝Lの増加分）で示されています。

資本の完全利用と労働の完全雇用が常に維持される経済成長が実現するためには、貯蓄率 s はいくらでなければなりませんか。

1　0.1　　**2**　0.15　　**3**　0.2　　**4**　0.25

（地方上級　改題）

問題103 の解答と解説

問題の「資本の完全利用と労働の完全雇用が常に維持される経済成長」とは、均斉成長なので、式にあてはめられるように関連するものをピックアップしていきます。

◆計算に必要な式だけをうまくピックアップして整理しましょう。

プロセス－1　資本係数

資本係数を求めます。

$$Y = \min\left[\frac{K}{5},\ L\right]$$

↓

$Y = \dfrac{K}{5}$ となり、資本係数（w）は $\dfrac{K}{Y} = 5$ となります。

プロセス－2　労働人口増加率

次に労働人口増加率を求めます。

労働人口増加率（n）は、労働人口の増加分である ΔL を労働人口の L で割った $\dfrac{\Delta L}{L}$ で表すことができます。

ΔL＝0.02L より、

労働人口増加率（n）＝ $\dfrac{\Delta L}{L} = 0.02$

プロセス－3　均斉成長

自然成長率（G_n）＝保証（適正）成長率（G_w）

$n = \dfrac{s}{w}$ （この問題では、技術進歩率（λ）がありません）

$0.02 = \dfrac{s}{5}$

s＝0.1 となります。

以上より、**1** が正解となります。

◇◇◇◇◇◇

問題104 ハロッド＝ドーマー型成長理論－3

経済成長モデルが下記のように示されています。

$$Y = \min\left[\frac{K}{6},\ L\right] \quad \text{＜生産関数＞}$$

$$Y = C + I + G$$

$$C = 0.8\,(Y - T)$$

$$G = T = tY$$

$$\Delta K = I$$

$$\Delta L = 0.03L$$

Y＝国民所得　K＝資本
L＝労働　C＝消費
I＝投資　G＝政府支出
T＝税金　t＝税率
s＝貯蓄率
ΔK＝Kの増加分
ΔL＝Lの増加分

資本の完全利用と労働の完全雇用が常に維持される経済成長を実現するため、必要な税率 t の値はいくらになりますか。

1 0.05　　**2** 0.1　　**3** 0.15　　**4** 0.2

(国家Ⅰ種　改題)

問題104の解答と解説

これまでの問題では、政府活動がないことを前提に説明してきました。しかし、この問題では政府活動（G、T）が入っているので、改めて保証成長率（G_w）がどのように表されるのか検討していきます。

プロセス－1 保証成長率（G_w）・需要サイド

需要サイドは問題文のマクロ・モデルの式より導出できますが、最初に文字のみの式で表現していきます。

$$\begin{cases} Y = C + I + G & \cdots① \\ C = c(Y - T) & \cdots② \\ G = T = tY & \cdots③ \end{cases}$$

①式に②、③を代入します。

$\rightarrow Y = c(Y - tY) + I + tY$

$Y = cY - ctY + I + tY$

ここで、I＝〜の式にします。

$I = Y - cY + ctY - tY$　（Yでくくります）

$I = (1 - c + ct - t)Y \quad \cdots④$

◆ $G = T = tY$
　この式は均衡予算として表されています。

プロセス－2 保証成長率（G_w）・供給サイド

供給サイドについては、これまでと同様のものを使います。

$I = w\Delta Y \quad \cdots⑤$　　（w＝資本係数）

◆資本係数
$$w = \frac{K}{Y}$$

プロセス－3 需要＝供給

投資の二重性より需要サイド、供給サイドの両面から導出された投資効果を1つの式にまとめます。

$I = (1 - c + ct - t)Y \quad \cdots④$　＜需要サイド＞

$I = w\Delta Y \quad \cdots⑤$　＜供給サイド＞

④＝⑤より、

$Y(1 - c + ct - t) = w\Delta Y$（需給一致）

保証（適正）成長率（G_w）

$$G_w = \frac{\varDelta Y}{Y} = \frac{1-c+ct-t}{w}$$

$$= \frac{(1-c)(1-t)}{w}$$

$(1-c)$ は s（貯蓄性向または貯蓄率）なので、以下の式になります。

$$G_w = \frac{s(1-t)}{w}$$

これが政府活動が入った場合の保証（適正）成長率（G_w）です。

この式に問題文の数字をあてはめます。

$C = 0.8(Y-T)$ より、$c = 0.8$ なので、$s = 0.2$

また、$Y = \dfrac{K}{6}$ より、$w = \dfrac{K}{Y} = 6$

これらを G_w の式に代入して、

$$G_w = \frac{0.2(1-t)}{6}$$

プロセス－4　自然成長率（G_n）

$\varDelta L = 0.03L$ より、労働人口増加率（n）$= \dfrac{\varDelta L}{L} = 0.03$

プロセス－5　均斉成長

◆この問題では、技術進歩率（λ）がありません。

自然成長率（G_n）＝保証（適正）成長率（G_w）

$$\frac{0.2(1-t)}{6} = 0.03 \quad より、t = 0.1$$

したがって、**2** が正解です。

《解説》

新古典派成長論

ハロッド = ドーマー型の成長論に対して、新古典派の成長論があります。新古典派成長論では、ハロッド = ドーマー型成長論との違いとして、資本（K）と労働（L）の代替がなされることを仮定しました。

これは、ロボットの登場によって、最適な資本（K）と労働（L）が選択できることを意味します。

右図では、例えば1個の生産量を実現するためにさまざまな生産要素の組み合わせが可能であることを示しています。

また、価格調整メカニズムを前提としていて、保証成長率と自然成長率が均衡し、常に完全雇用が達成され、それが長期的に維持されることになります。

定常状態では、資本ストックの成長率と労働量の成長率が一致し、さらに、その値が産出量の成長率になります。

労働（L）

新古典派生産関数

5

2

0　　1　　　3　　資本（K）

Y = 1

補足

定常状態

資本の完全利用が達成された状態であり、長期均衡のことです。

情報

試験で「貯蓄率の上昇と経済成長率の関係」の問題が出題されることがあります。産出量の成長率は労働量の成長率に依存するので、貯蓄率が上昇しても経済成長率には影響を与えません（ただし、資本・労働比率が上昇し、労働者1人あたりのGDPの水準は高くなります）。

発展問題 ▢▢▢▢▢▢

問題105 新古典派成長論－1

新古典派の経済成長モデルが次のように示されています。

$Y_t = 0.4\ K_t^{\frac{1}{2}} L_t^{\frac{1}{2}}$

$Y_t = C_t + I_t$

$C_t = 0.8 Y_t$

$K_{t+1} = K_t + I_t$

$L_{t+1} = 1.02 L_t$

（Y_t：t期の産出量、K_t：t期の資本量、L_t：t期の労働量、C_t：t期の消費、I_t：t期の投資）

このとき、資本・労働比率 $\dfrac{K_t}{L_t}$ は時間の経過とともにいくらの値に収束しますか。

1 12　**2** 16　**3** 20　**4** 24　**5** 28

（国家Ⅱ種　改題）

◆tはt期なので、t+1は来期を表します。

◆資本・労働比率＝労働者1人あたりの資本量（k）

考え方と解法のポイント

新古典派成長論（ソロー=スワン・モデル）の計算問題は難しそうに見える印象がありますが、骨格はハロッド=ドーマー・モデルと同じで、「1人あたりの～」の形に置き換えているだけです。ハロッド=ドーマー・モデルの計算と並行して練習を重ねましょう。

問題105 の解答と解説

新古典派成長論では価格調整メカニズムを前提としていて、保証（適正）成長率（G_w）と自然成長率（G_n）の均衡が達成され、長期的に維持されることになります。

※解説では、計算式を見やすくするために、下付きの「t」の文字は省略しています。

プロセス－1　ハロッド=ドーマー・モデルの式を確認する。

ハロッド=ドーマー成長論でも G_w（保証成長率）と G_n（自然成長率）の均斉成長が実現します。しかし、それが達成されるのは偶然に過ぎないもので不安定なものだと説明されました。

◆技術進歩率（λ）はありません。

G_w（保証成長率）= G_n（自然成長率）

$\dfrac{s}{w} = n$　（s：貯蓄率、w：資本係数、n：労働人口増加率）

これを変形させていきます。

$\dfrac{s}{w} = n$

↓

$s \times \dfrac{1}{w} = n$　分数の形を分解します。

$s \times \dfrac{Y}{K} = n$ ◀┈┈┈

$\dfrac{s \times Y}{K} = n$

資本係数（w）は、

$w = \dfrac{K}{Y}$

（K：資本量、Y：産出量）で表されるので、逆数なら

$\dfrac{1}{w} = \dfrac{Y}{K}$

になります。

プロセス−2 新古典派成長論の式に構成

新古典派の経済成長モデルは、「労働者1人あたりの〜」という視点でハロッド=ドーマー・モデルの式を再構築していきます。

$$\frac{s \times \boxed{Y}}{\boxed{K}} = n$$

労働者1人あたりの産出量にするためにLで割り算します。 → $\dfrac{Y}{L} = y = f(k)$

これをy、または$f(k)$とします。

労働者1人あたりの資本量にするためにLで割り算します。 → $\dfrac{K}{L} = k$

これをkとします。

y＝f(k)とは

産出量はKとLの関数なので、Y＝F(K, L)と書き表せます。

これを労働者1人あたりの産出量にするためにLで割り算して、

$$\frac{Y}{L} = F\left(\frac{K}{L}, 1\right)$$ より、

$$y = f(k)$$ として、1人あたりの生産関数となります。

プロセス−3 定常状態の条件式

新古典派の経済成長モデルは常に定常状態（長期均衡）が安定的であり、G_w（保証成長率）とG_n（自然成長率）の均斉成長が実現します。計算問題はこの状態を前提として、次の条件式に数値をあてはめて解くことになります。

> G_w（保証成長率）＝G_n（自然成長率）
>
> $$\frac{s \times f(k)}{k} = n$$

ただし、$\dfrac{Y}{L} = f(k)$　　　$\dfrac{K}{L} = k$

　　（1人あたりの産出量）　（1人あたりの資本量）

そして、sが貯蓄率とします。

プロセス−4 条件式に必要な数字を入れる

条件式で用意するのは、

①s（貯蓄率）、②$f(k) = \dfrac{Y}{L}$、③$k = \dfrac{K}{L}$、それと④nです。

問題では、$k = \dfrac{K}{L}$を求めることになっています。

まず、①は消費性向が0.8なので、貯蓄性向（貯蓄率）s＝0.2です。また、自然成長率（n）も問題の式より、n＝0.02だとわかります。計算が必要なのは②になるので、以下で求めます。

②の$f(k)$を求めます。問題文のコブ=ダグラス型生産関数を労働量（L）で割り算します。

$$f(k) = \frac{Y}{L} = \frac{0.4K^{\frac{1}{2}}L^{\frac{1}{2}}}{L} = 0.4K^{\frac{1}{2}}L^{\frac{1}{2}} \times L^{-1}$$

$$= 0.4K^{\frac{1}{2}}L^{-\frac{1}{2}} = 0.4\left(\frac{K}{L}\right)^{\frac{1}{2}}$$

ここで、$\dfrac{K}{L} = k$なので、これを代入すると、

$$f(k) = 0.4k^{\frac{1}{2}}$$ に整理ができます。

消費性向と貯蓄性向を足し合わせると1になります。

自然成長率（G_n）については、t期のLがt＋1期では1.02Lに増加したので、

$$n = \frac{\Delta L}{L} = 0.02$$

指数計算

$$\frac{1}{L} = L^{-1}$$

$$A^m \times A^n = A^{m+n}$$

プロセス-5 数式を代入して解答する

新古典派成長モデル

$\dfrac{s \times f(k)}{k} = n$ に、s、n、f(k) の数値をあてはめます。

$\dfrac{0.2 \times 0.4k^{\frac{1}{2}}}{k} = 0.02$ （両辺に k を掛け算して整理）

$4k^{\frac{1}{2}} = k$ （両辺を2乗します）

$16k = k^2$ （k で割り算します）

$k = 16$ $k = \dfrac{K}{L} = 16$

よって、**2**が正解です。

◆解説を見やすくするために、下付きの「t」の文字は省略しています。

発展問題 ◇◇◇◇◇

問題106 新古典派成長論－2

ソロー・スワンのモデルにおいて、コブ=ダグラス型の生産関数が、

$Y = K^{0.5}L^{0.5}$

であるとします。ただし、ある期間において、Kは資本ストック、Lは労働量、Yは産出量です。また、労働量の成長率が5％で貯蓄率が0.3であるとします。さらに、資本減耗や技術革新がないと仮定するとき、定常状態における労働量1単位あたりの資本の大きさ（資本労働比率）はいくらになりますか。

1 4　**2** 16　**3** 25　**4** 36　**5** 49

（国家一般職　改題）

考え方と解法のポイント

新古典派成長論の計算問題は、計算式のみで行う手法とグラフによって求める手法があります。どちらも結局は方程式を解くだけです。

問題106 の解答と解説

計算式で求めるケース

プロセス-1 必要な数字を集める

ソロー・スワンのモデル（新古典派成長モデル）の式を用意し、数値をあてはめていきます。

> G_w（保証成長率）＝ G_n（自然成長率）
>
> $\dfrac{s \times f(k)}{k} = n$

ただし、$\dfrac{Y}{L} = f(k)$ （労働量1単位あたりの産出量）

$\dfrac{K}{L} = k$ （労働量1単位あたりの資本の大きさ）

s は貯蓄率とします。

この定常状態の式に用意するのは、① s（貯蓄率）、② $f(k) = \dfrac{Y}{L}$、③ $k = \dfrac{K}{L}$、それと④ n です。問題では、$k = \dfrac{K}{L}$ を求めることになっています。

まず、①は貯蓄率 s＝0.3 です。また、④自然成長率は、n＝0.05 です。計算が必要なのは②になります。以下で求めます。

補足

$k = \dfrac{K}{L}$

は資本量を労働量で割り算しているので、労働量1単位あたりの資本の大きさ（資本労働比率）になります。

$$f(k) = \frac{Y}{L} = \frac{K^{0.5}L^{0.5}}{L} = K^{0.5}L^{0.5} \times L^{-1} = K^{0.5}L^{-0.5} = \left(\frac{K}{L}\right)^{0.5}$$

（問題文のコブ=ダグラス型生産関数をあてはめます）

ここで、$\frac{K}{L} = k$ なので、これを代入すると、

$$f(k) = k^{0.5} \text{ に整理ができます。}$$

補足

指数計算
$$\frac{1}{L} = L^{-1}$$
$$A^m \times A^n = A^{m+n}$$

プロセス-2 数式を代入して解答をだす

$\frac{s \times f(k)}{k} = n$ より、s、n、$f(k)$ の数値をあてはめます。

$\frac{0.3 \times k^{0.5}}{k} = 0.05$ 　この方程式を解きます。

$0.3k^{0.5} = 0.05k$ 　（両辺に k を掛け算します）

$30k^{0.5} = 5k$ 　（整数の形にします）

$900k = 25k^2$ 　（2乗します）

$36 = k$ 　（$25k$ で割り算します）

労働量１単位あたりの資本の大きさ（k）は 36 になります。

以上より、**4** が正解です。

◆労働量１単位あたり
＝労働者１人あたり

グラフで求めるケース

プロセス-1 新古典派成長論の式に構成

新古典派の経済成長モデルは、「労働者１人あたりの～」という視点
でハロッド=ドーマー・モデルの式を再構築していきます。

> ハロッド=ドーマー・モデル
> G_w（保証成長率）＝ G_n（自然成長率）
> $$\frac{s}{w} = n$$

ここで、$\frac{1}{w} = \frac{Y}{K}$ 　より、以下のように書き換えられます。

労働者１人あたりの産出量に
するためにLで割り算します。 ▶ $\frac{Y}{L} = y$

これを $f(k)$、または y とします。

$\frac{s \times Y}{K} = n$

労働者１人あたりの資本量に
するためにLで割り算します。 ▶ $\frac{K}{L} = k$

これを k とします。

＝ y

> G_w（保証成長率）＝ G_n（自然成長率）
> $$\frac{s \times y}{k} = n$$

$\frac{s \times Y}{K} = n$ 　として、

＝ k

長期均衡の式はこのようにします。

$\frac{s \times y}{k} = n$ 　（両辺に k を掛け算します）

$sy = nk$　（両辺を s で割り算します）

$y = \dfrac{nk}{s}$ または、$y = \dfrac{n}{s}k$ になります。

| プロセス-2 | グラフ化 |

次に、縦軸に労働者1人あたりの産出量（y）、横軸には労働者1人あたりの資本量（k）のグラフを用意します。そこで、

$y = \dfrac{n}{s}k$ は、傾き $\dfrac{n}{s}$ の一次関数になるので、右図のように書き表せます。

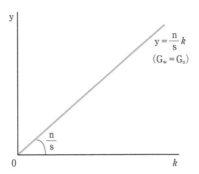

さらに、問題文で与えられている労働量の成長率（n）が5%、貯蓄率（s）の0.3を代入します。

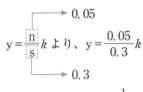

$y = \dfrac{n}{s}k$ より、$y = \dfrac{0.05}{0.3}k$

整理して、$y = \dfrac{1}{6}k$

理論上、望ましい成長経路としてのグラフが完成します。

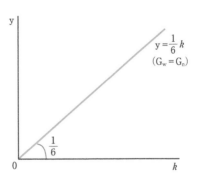

| プロセス-3 | 現実の成長経路 |

一方で、現実の成長経路をグラフ化させます。現実の成長経路というのは問題文のコブ=ダグラス型の生産関数より、1人あたりの産出量（y）として求められます（労働量 L で割り算します）。

コブ=ダグラス型の生産関数

$Y = K^{0.5}L^{0.5}$ より、労働者1人あたりの産出量は、

$$y = \dfrac{Y}{L} = \dfrac{K^{0.5}L^{0.5}}{L} = K^{0.5}L^{0.5} \times L^{-1} = K^{0.5}L^{-0.5} = \left(\dfrac{K}{L}\right)^{0.5}$$

ここで、$\dfrac{K}{L} = k$ なので、これを代入すると、$y = k^{0.5}$ になります。

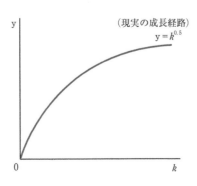

（補足）

$y = \dfrac{n}{s}k$

→ 傾き

（補足）

指数計算

$\dfrac{1}{L} = L^{-1}$

$A^m \times A^n = A^{m+n}$

プロセス－4 望ましい成長経路、現実の成長経路の2つのグラフをまとめる

　新古典派成長モデルでは、定常状態が維持されるので、2つのグラフの連立方程式より、労働者1人あたりの資本の大きさ（k^*）が達成されます。

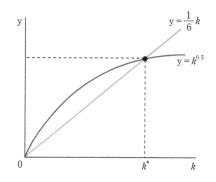

$$\begin{cases} y = \dfrac{1}{6}k \\ y = k^{0.5} \end{cases} \quad より、\ k^{0.5} = \dfrac{1}{6}k \quad （両辺を2乗します）$$

$$k = \dfrac{1}{36}k^2 \quad （両辺を36倍します）$$

$$36k = k^2 \quad （両辺を k で割り算します）$$

$$36 = k$$

　労働量1単位あたりの資本の大きさ（k）は36になります。
以上より、**4**が正解です。

発展問題 ◇◇◇◇◇

問題107 **新古典派成長論－3**

　ソローの新古典派成長モデルの枠組みで考えます。マクロ生産関数が次のように与えられているとします。

$$Y_t = \sqrt{K_t L_t}$$

　ここで、Y_t は t 期の産出量、K_t は t 期の資本ストック、L_t は t 期の労働人口です。労働人口は時間を通じて一定で、$L_{t+1} = L_t > 0$ です。一方、資本ストックは貯蓄率を s、資本減耗率を δ とすると、

$$K_{t+1} - K_t = sY_t - \delta K_t$$

のように増加します。以上において、貯蓄率 s = 0.2、資本減耗率 δ = 0.05 であるとします。資本ストックと労働人口の初期値が正のとき、定常状態における労働1単位あたりの資本ストックはいくらになりますか。

1 4　**2** 10　**3** 16　**4** 18　**5** 20

（国家一般職　改題）

考え方と解法のポイント

　新古典派成長論の計算問題は、資本減耗が含まれるケースも出題されます。保証成長率の数値から引き算をするだけの作業です。ここでも計算式とグラフによって求める手法を確認します。

（情報）
　古典派成長論の計算問題は、平方根を前提とした問題となるために、正答が4、9、16、25、36 などの2乗の数値になることが多いです。

（補足）
$k^{\frac{1}{2}} = \sqrt{k}$
とも書けます。

問題107 の解答と解説

計算式で求めるケース

プロセス−1 ハロッド=ドーマー・モデルの式を確認する

この問題のように、古典派モデルに関する式の中に難解な形の式が入っている場合もありますが、どんな意味なのか考える必要はなく、普段、自分が使い慣れている式を使って解いていきます。ただし、この問題のように資本減耗がある場合には、これまでの式を一部、修正します。

$$G_w \text{（保証成長率）} = G_n \text{（自然成長率）}$$
$$\frac{s}{w} = n$$

ここで、資本減耗がある場合、資本減耗率 δ を保証成長率から引き算することになります。

$$G_w \text{（保証成長率）} = G_n \text{（自然成長率）}$$
$$\frac{s}{w} - \delta = n$$

s：貯蓄率
w：資本係数
n：労働人口増加率

となります。これを扱いやすいように変形させます。

$$\frac{s}{w} - \delta = n$$
↓
$$s \times \frac{1}{w} - \delta = n \quad \text{分数の形を分解します。}$$
$$s \times \frac{Y}{K} - \delta = n$$
$$\frac{s \times Y}{K} - \delta = n$$

> 資本係数（w）は、
> $$w = \frac{K}{Y}$$
> （K：資本量、Y：産出量）
> で表されるので、逆数なら
> $$\frac{1}{w} = \frac{Y}{K}$$
> になります。

プロセス−2 新古典派成長論の式に構成

新古典派の経済成長モデルは、「労働者1人あたりの〜」という視点でハロッド=ドーマー・モデルの式を再構成していきます。

◆分数は分母・分子を同じ数字で掛け算・割り算できます。

> 労働者1人あたりの産出量にするためにLで割り算します。 → $\frac{Y}{L} = y = f(k)$
> これを y、または f(k) とします。

$$\frac{s \times Y}{K} - \delta = n$$

> 労働者1人あたりの資本量にするためにLで割り算します。 → $\frac{K}{L} = k$
> これを k とします。

プロセス−3 定常状態の条件式

新古典派の経済成長モデルは、資本減耗分（δ）を含めた形に書き換えます。

$$G_w \text{（保証成長率）} = G_n \text{（自然成長率）}$$
$$\frac{s \times f(k)}{k} - \delta = n$$

G_w（保証成長率）は、資本減耗分（d）を差し引きます。

補足

資本減耗分とは、年数に応じて価値が減少した分で、その分、供給能力も減少します。

プロセス－4　必要な数字を条件式にあてはめる

G_w（保証成長率）＝G_n（自然成長率）

$$\frac{s \times f(k)}{k} - \delta = n$$　の定常状態の条件にあてはめます。

ただし、$\frac{Y}{L} = f(k)$（労働1単位あたりの産出量）

$\frac{K}{L} = k$（労働1単位あたりの資本ストック）

加えて、sを貯蓄率とします。

$$\underbrace{\frac{①\,s \times ②\,f(k)}{③\,k}} - \underbrace{\delta}_{} = \underbrace{n}_{④} \quad 0.05$$

条件式に用意するのは、①s（貯蓄率）、②$f(k) = \frac{Y}{L}$、③$k = \frac{K}{L}$、それと④n（自然成長率）です。問題では、$k = \frac{K}{L}$を求めることになっています（労働1単位あたりの資本ストック）。

まず、①は貯蓄率s＝0.2です。また、自然成長率（n）は問題の式より一定なのでn＝0です。計算が必要なのは②のみになり、以下で求めていきます。

$Y = \sqrt{KL}$ は、$Y = K^{\frac{1}{2}} L^{\frac{1}{2}}$ に書き直すことができます。

$$f(k) = \frac{Y}{L} = \frac{K^{\frac{1}{2}} L^{\frac{1}{2}}}{L} = K^{\frac{1}{2}} L^{\frac{1}{2}} \times L^{-1} = K^{\frac{1}{2}} L^{-\frac{1}{2}} = \left(\frac{K}{L}\right)^{\frac{1}{2}}$$

（問題文のコブ=ダグラス型生産関数を労働量Lで割り算します）

ここで、$\frac{K}{L} = k$ なので、これを代入すると、

$f(k) = k^{\frac{1}{2}}$ に整理ができます。

プロセス－5　条件式に数値をあてはめる

$\frac{s \times f(k)}{k} - \delta = n$ に、s、n、δ、$f(k)$ の数値をあてはめます。

$$\frac{0.2 \times k^{\frac{1}{2}}}{k} - 0.05 = 0$$

$0.2k^{\frac{1}{2}} = 0.05k$　（両辺に k を掛け算します）
$4k^{\frac{1}{2}} = k$　（両辺に20を掛け算して、2乗します）
$16k = k^2$　（k で割り算します）
$k = 16$

労働1単位あたりの資本の大きさ（k）は16になります。
よって、**3**が正解です。

補足
成長論の問題で限界貯蓄性向は、貯蓄性向、貯蓄率などいろいろな名称で出題されますがすべて同じ意味です。

情報
コブ=ダグラス関数が、
$Y = \sqrt{KL}$、または、
$Y = K^{\frac{1}{2}} L^{\frac{1}{2}}$
で出題される可能性が高いので、ある程度、計算パターンを覚えておくとよいでしょう。

◆解説を見やすくするために、下付きの「t」の文字は省略しています。

グラフで求めるケース

プロセス−1　新古典派成長論の式に構成

前問と同様に、「労働者1人あたりの〜」という視点でハロッド゠ドーマー・モデルの式を再構築していきます。

> **ハロッド゠ドーマー・モデル**
> G_w（保証成長率）＝ G_n（自然成長率）
> $$\frac{s}{w} - \delta = n$$

ここで、$\dfrac{1}{w} = \dfrac{Y}{K}$　より、以下のように書き換えられます。

◆分数は分母・分子を同じ数字で掛け算・割り算できます。

労働者1人あたりの産出量にするためにLで割り算します。 → $\dfrac{Y}{L} = y$
これを y、または f(k) とします。

$$\frac{s \times \boxed{Y}}{\boxed{K}} - \delta = n$$

労働者1人あたりの資本量にするためにLで割り算します。 → $\dfrac{K}{L} = k$
これを k とします。

$= y$

$\dfrac{s \times \boxed{Y}}{\boxed{K}} - \delta = n$　として、

$= k$

> G_w（保証成長率）＝ G_n（自然成長率）
> $$\frac{s \times y}{k} - \delta = n$$

長期均衡の式はこのようになります。

$\dfrac{s \times y}{k} - \delta = n$　（δ を移項します）

$\dfrac{s \times y}{k} = n + \delta$　（両辺に k を掛け算します）

$sy = (n + \delta)k$　（両辺を s で割り算します）

$y = \dfrac{(n + \delta)k}{s}$　または、　$y = \dfrac{n + \delta}{s}k$ になります。

プロセス−2　条件式をグラフ化

次に、縦軸に労働者1人あたりの産出量（y）、横軸には労働者1人あたりの資本量（k）のグラフを用意します。そこで、

$y = \dfrac{n + \delta}{s}k$ は、傾き $\dfrac{n + \delta}{s}$ の一次関数になるので、右図のように書き表せます。

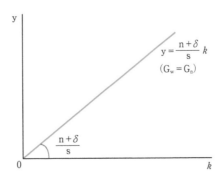

$y = \dfrac{n + \delta}{s}k$
$(G_w = G_n)$

$\dfrac{n + \delta}{s}$

補足

$y = \dfrac{\boxed{n + \delta}}{\boxed{s}}k$

→ 傾き

さらに、問題文で与えられている労働量の成長率（n）が0％、貯蓄率（s）が0.2、資本減耗率が0.05を代入します。

$$y = \frac{\boxed{n} \times \boxed{\delta}}{\boxed{s}} k \quad より、\quad y = \frac{0.05}{0.2} k$$

$\boxed{n} \to 0\%$　$\boxed{\delta} \to 0.05$　$\boxed{s} \to 0.2$

整理して、$y = \dfrac{1}{4} k$

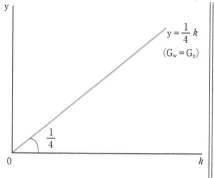

理論上、望ましい成長経路としてのグラフが完成します。

プロセス-3　現実の成長経路

　一方で、現実の成長経路をグラフ化させます。現実の成長経路というのは問題文のコブ=ダグラス型の生産関数を労働量Lで割り算して、1人あたりの産出量（y）によって求められます。

コブ=ダグラス型の生産関数
$Y = \sqrt{KL}$ は、$Y = K^{\frac{1}{2}} L^{\frac{1}{2}}$ に書き直します。

$$y = \frac{Y}{L} = \frac{K^{\frac{1}{2}} L^{\frac{1}{2}}}{L} = K^{\frac{1}{2}} L^{\frac{1}{2}} \times L^{-1}$$

$$= K^{\frac{1}{2}} L^{-\frac{1}{2}} = \left(\frac{K}{L}\right)^{\frac{1}{2}}$$

ここで、$\dfrac{K}{L} = k$ なので、これを代入すると、

$y = k^{\frac{1}{2}}$ に整理ができます。

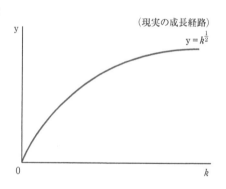

（現実の成長経路）

プロセス-4　望ましい成長経路、現実の成長経路の2つのグラフをまとめる

　新古典派成長モデルでは、定常状態が維持されるので、2つのグラフの連立方程式より、労働者1人あたりの資本の大きさ（k^*）を求められます。

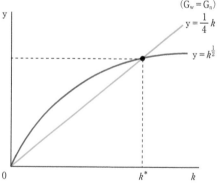

$$\begin{cases} y = \dfrac{1}{4} k \\ y = k^{\frac{1}{2}} \end{cases} \quad より、\quad k^{\frac{1}{2}} = \frac{1}{4} k \quad （両辺を2乗します）$$

$$k = \frac{1}{16} k^2 \quad （両辺を16倍します）$$

$$16k = k^2 \quad (両辺を\,k\,で割り算します)$$
$$16 = k$$

労働量1単位あたりの資本の大きさ（k）は16になります。

以上より、**3**が正解です。

基本問題　▽▽▽▽▽▽

問題108 ┃ **新古典派成長論（成長会計）－1**

> ある経済のマクロ的生産関数が次のように与えられています。
> $$Y = AK^{0.4}L^{0.6}$$
> ここで、Yは実質GDP、Aは技術水準、Kは資本量、Lは労働量の大きさを示します。この経済におけるGDP成長率が3％、資本の成長率が4％、労働の成長率が1％であるとき、この経済の技術水準はいくらになりますか。
>
> **1**　0.5％　　**2**　0.8％　　**3**　1.1％　　**4**　1.4％　　**5**　1.7％
>
> （国家一般職　改題）

考え方と解法のポイント

新古典派成長論では、代替可能な生産関数であるコブ=ダグラス型を用いることによって、各生産要素が現実の経済成長にどの程度、貢献したのか、その寄与度を測定することが可能です。

コブ=ダグラス型生産関数は右肩に数字を持った生産関数でそれは何乗とかという指数、つまり数学的な意味ではなく、それぞれの生産要素に収入がどのくらいの割合で支払われるか（分配されるのか）という意味になります。

$$Y = A \cdot K^{\alpha} \cdot L^{1-\alpha}$$
コブ=ダグラス型生産関数

→ 資本分配率（α）：名目国民所得のうち、資本へ支払われる分です。

→ 労働分配率（$1-\alpha$）：名目国民所得のうち、労働へ支払われる分です。

そして、生産量（Y）、資本ストックの量（K）、労働供給量（L）とその分配率から計算をした場合、逆算してA（技術進歩率・全要素生産性）の大きさが求められますが、これはKやLの増加分では説明しきれないYの増加分として、技術進歩や全要素生産性という言葉で説明しています。

次に、このコブ=ダグラス型生産関数から、成長会計の方程式をつくります。

コブ=ダグラス型生産関数
↓
$$Y = A \cdot K^{\alpha} \cdot L^{1-\alpha}$$

成長理論（成長会計）の方程式

$$\frac{\Delta Y}{Y} = \frac{\Delta A}{A} + \alpha \times \frac{\Delta K}{K} + (1-\alpha) \times \frac{\Delta L}{L}$$

$\dfrac{\Delta Y}{Y}$ ＝経済成長率　　$\dfrac{\Delta L}{L}$ ＝労働人口率　　α ＝労働分配率（Lの指数）

$\dfrac{\Delta A}{A}$ ＝技術進歩率　　$\dfrac{\Delta K}{K}$ ＝資本増加率　　$(1-\alpha)$ ＝資本分配率（Kの指数）

として、表されます。

（補足）

成長理論の方程式の導出には、数学的な背景があります（知る必要はありません）。両辺を対数にして、時間で微分をする作業を行った結果、導出しています。

$\log Y = \log A + \alpha \log K$
$\quad\quad + (1-\alpha) \log L$

このツールを使って、問題文の数値を代入すればよいのですが、もう1つ重要なツールが隠されています（以下の式はどのように使うのか、解説時に説明します）。

成長会計の方程式を使う場合のヒント

①掛け算は足し算になる。

$$A = B \times C \longrightarrow \frac{\Delta A}{A} = \frac{\Delta B}{B} + \frac{\Delta C}{C}$$

②割り算は引き算になる。

$$A = B \div C \longrightarrow \frac{\Delta A}{A} = \frac{\Delta B}{B} - \frac{\Delta C}{C}$$

問題108 の解答と解説

コブ＝ダグラス型生産関数

$$Y = A \cdot K^{0.4} \cdot L^{0.6}$$

成長会計の方程式を用意します。

$$\frac{\Delta Y}{Y} = \frac{\Delta A}{A} + 0.4 \times \frac{\Delta K}{K} + 0.6 \times \frac{\Delta L}{L}$$

さらに、問題文より、

$$\frac{\Delta Y}{Y} = 3\% \quad \frac{\Delta K}{K} = 4\%$$

$$\frac{\Delta A}{A} = 技術進歩率 \quad \frac{\Delta L}{L} = 1\%$$

をあてはめます。

$$3 = \frac{\Delta A}{A} + 0.4 \times 4 + 0.6 \times 1$$

$$\frac{\Delta A}{A} = 0.8$$

技術水準は 0.8 です。したがって、**2** が正解です。

発展問題 ◇◇◇◇◇

問題109 新古典派成長論（成長会計）－2

ある経済の生産関数が、

$$Y = AK^{0.3}L^{0.7}$$

で示されています。ここで、Y は生産量、A は全要素生産性、K は資本ストック、L は労働投入量の大きさを示します。この経済における経済成長率（生産量の増加）が4％、労働者1人あたりの資本ストックの増加率が2％、労働投入の増加率が1％であるとき、全要素生産性の増加率はいくらになりますか。

1 1.2%　**2** 1.6%　**3** 2.0%　**4** 2.4%　**5** 2.7%

（国家一般職　改題）

考え方と解法のポイント

　成長会計の方程式への数値のあてはめ問題ですが、その際に増加率の算出には①掛け算は足し算になる、②割り算は引き算になるという考え方が必要になります。

問題109 の解答と解説

プロセス－1　成長会計の方程式を用意する

コブ＝ダグラス型生産関数
$$Y = A \cdot K^{0.3} \cdot L^{0.7}$$

成長会計の方程式

$$\frac{\Delta Y}{Y} = \frac{\Delta A}{A} + 0.3 \times \frac{\Delta K}{K} + 0.7 \times \frac{\Delta L}{L}$$

を用意します。

プロセス－2　数値のあてはめ

問題文で与えられている数値を確認します。

①経済成長率が4%　$\frac{\Delta Y}{Y} = 4$

②労働者1人あたりの資本ストックが2%

　労働者1人あたりの資本ストックは全体の資本 K を労働投入量 L で割り算します。これは、成長会計の方程式に入れるには「引き算」にします。

$$\frac{K}{L} = K \div L \text{ なので、} \quad \frac{\Delta K}{K} - \frac{\Delta L}{L} = 2 \text{ になります。}$$

③労働投入増加率が1%　$\frac{\Delta L}{L} = 1$

②式に③を代入して、

$$\frac{\Delta K}{K} - 1 = 2 \text{ より、} \quad \frac{\Delta K}{K} = 3 \text{ を求めます。}$$

プロセス－3　成長会計の方程式に組み入れ

最後に、それぞれの数字を代入します。

$$\frac{\Delta Y}{Y} = \frac{\Delta A}{A} + 0.3 \times \frac{\Delta K}{K} + 0.7 \times \frac{\Delta L}{L}$$

$$4 = \frac{\Delta A}{A} + 0.3 \times 3 + 0.7 \times 1$$

$$\frac{\Delta A}{A} = 2.4$$

したがって、**4** が正解です。

◆割り算は引き算になる。
$$A = B \div C$$
↓
$$\frac{\Delta A}{A} = \frac{\Delta B}{B} - \frac{\Delta C}{C}$$

問題110　成長会計の方程式の応用問題（フィリップス曲線）

名目賃金 W、労働人口を L、物価水準 P、産出量を Y としたとき、労働の分配率 α は、

$$\alpha = \frac{WL}{PY}$$

と表されます。また、フィリップス曲線は次のように与えられているとします。

$$g_w = -(U - U_N)$$

ここで、g_w は名目賃金上昇率、U は失業率、U_N は自然失業率です。今、自然失業率が5%、労働の分配率が短期的に不変（$\alpha = 0.7$）とします。さらに労働の生産性 $\left(\frac{Y}{L}\right)$ の上昇率が1%である場合、失業率が3%になるためのインフレ率はいくらになりますか。

1 0%　**2** 1%　**3** 2%　**4** 3%　**5** 4%

（国家一般職　改題）

考え方と解法のポイント

上昇率（増加率、変化率）を求める際に、

①掛け算は足し算になる、②割り算は引き算になる

という考え方を使って、方程式を組み立てる必要があります。

問題110 の解答と解説

プロセス－1　「変化率」の方程式にする

この問題で求めるものは、インフレ率（物価上昇率）の $\frac{\Delta P}{P}$ です。問題文の中でPは労働分配率 α の中にあるので、これを成長の方程式を使って整理し、芋づる式に解いていきます。

$$\alpha = \frac{WL}{PY} \longrightarrow \alpha = W \times L \div (PY)$$

成長の方程式を使って、「変化率」の形にします。その際に掛け算は足し算に、割り算は引き算の形にします。

$$\frac{\Delta\alpha}{\alpha} = \frac{\Delta W}{W} + \frac{\Delta L}{L} - \frac{\Delta P}{P} - \frac{\Delta Y}{Y}$$ となります。

α の値は 0.7 となっていますが、短期的に「不変」なので、

$$\frac{\Delta\alpha}{\alpha} = 0$$ です。

$$\frac{\Delta W}{W} + \frac{\Delta L}{L} - \frac{\Delta P}{P} - \frac{\Delta Y}{Y} = 0$$

$$\frac{\Delta P}{P} = \frac{\Delta W}{W} + \frac{\Delta L}{L} - \frac{\Delta Y}{Y}$$

を求めることになります。

補足

フィリップス曲線の計算は成長会計の方程式とセットになります。

①掛け算は足し算になる。

$$A = B \times C$$

$$\frac{\Delta A}{A} = \frac{\Delta B}{B} + \frac{\Delta C}{C}$$

②割り算は引き算になる。

$$A = B \div C$$
↓
$$\frac{\Delta A}{A} = \frac{\Delta B}{B} - \frac{\Delta C}{C}$$

プロセス-2 | 各項目の数値を求める

まず、方程式の中で、$\dfrac{\Delta W}{W}$ から解いていきます。これは名目賃金上昇率なので、$\dfrac{\Delta W}{W} = g_w = -(U - U_N)$ を解くことによって求められます。自然失業率 $U_N = 5\%$、失業率 $U = 3\%$ なので、それらを代入します。

$$\frac{\Delta W}{W} = -(U - U_N) = -(3\% - 5\%) = 2\%$$

次に、$\dfrac{\Delta L}{L} - \dfrac{\Delta Y}{Y}$ ですが、これは労働の生産性 $\left(\dfrac{Y}{L}\right)$ を使って求めます。

$\dfrac{Y}{L}$ を「変化率」の形にするために、成長会計の方程式を使います。

↓

$Y \div L$ （割り算なので変化率は「引き算」の形になります）

↓

$\dfrac{\Delta Y}{Y} - \dfrac{\Delta L}{L}$ となり、問題文より労働生産性の変化率（上昇率）は 1% になります。

プロセス-3 | 方程式へあてはめ

$$\frac{\Delta P}{P} = \frac{\Delta W}{W} + \frac{\Delta L}{L} - \frac{\Delta Y}{Y}$$

を計算しやすいように変形させます。

$$\frac{\Delta P}{P} = \frac{\Delta W}{W} - \left(\frac{\Delta Y}{Y} - \frac{\Delta L}{L}\right)$$
$$= 2\% - 1\%$$
$$= 1\%$$

以上より、正解は **2** になります。

国民経済計算
産業連関表

Unit 24

出題者の狙い 産業連関表は、縦のライン（列）と横のライン（行）の関係を理解しているかどうかが問われます。

解答のポイント 産業連関表には3つの出題パターン①穴埋め問題、②国内総生産の算出、③投入係数を使った連立方程式があります。なかでも、①穴埋め問題の出題率が非常に高く、表の縦と横のラインでの方程式を手際よく解けるようにマスターしておくことです。また、投入係数を使った問題は連立方程式の処理パターンを覚えておく必要があります。

▶基本テキスト『新・らくらくマクロ経済学入門』Set up02、Unit22 関連

試験情報

公務員試験では定期的な出題となります。国家総合でも難易度は高くなく、処理パターンが決まっている場合が多いです。

《解説》

産業連関表とは？

「阪神優勝！経済効果○千億円！」というニュースを聞くと、「阪神優勝」が経済全体へ与える影響が大きいことがわかります。関連商品や優勝祝賀会での消費財の売上だけでなく、関連したすべての企業に影響を与えると考えられます。原材料やそれを運ぶ輸送機関、取引企業の需要も拡大するでしょう。

さらに、関連産業の従業員の賃金が上昇し、新規の雇用も促進され、それがまた需要に影響を与えます。このように、新たな需要が生み出されると、単独で経済が活動するのではなく、産業相互間あるいは産業と消費者間で密接に結びつき、互いに影響を及ぼし合います。このような経済取引を一覧表にしたものが「産業連関表」です。

入門問題 ◇◇◇◇◇

問題111　産業連関表ー1

次の表は、すべての国内生産がⅠ、Ⅱの2つの産業に分割されていると仮定した場合の単純な産業連関表です。空欄のA〜Cにあてはまる数字の組み合わせとして妥当なものはどれですか。

投入＼産出		中間需要		最終需要
		Ⅰ産業	Ⅱ産業	
中間投入	Ⅰ産業	20	A	25
	Ⅱ産業	30	25	B
付加価値		C	30	

	A	B	C
1	20	30	35
2	25	25	30
3	30	30	25
4	35	35	40

（地方上級　改題）

考え方と解法のポイント

プロセス－1　基本構造

　国民経済を構成する各産業は相互に結びつきながら生産活動を行っています。ある産業は他の産業から原材料などを購入（投入）して、生産を行い、その後、別の産業へ販売（産出）します。この一連の関係を一覧表にしたものが産業連関表です。

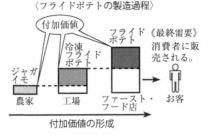

〈フライドポテトの製造過程〉

付加価値の形成

縦のライン（「列」といいます）
その産業の財の生産にあたって用いられた原材料などへの支払いの内訳（費用構成）が示されています。

横のライン（「行」といいます」）
その産業の財がどれだけ需要されたか（販売されたか）、その販売先の内訳（販路構成）が示されています。

投入	産出	中間需要		最終需要
		Ⅰ産業	Ⅱ産業	
中間投入	Ⅰ産業	20	A	25
	Ⅱ産業	30	25	B
付加価値		C	30	

プロセス－2　計算手法

①縦と横のラインの一致

投入	産出	中間需要		最終需要
		Ⅰ産業	Ⅱ産業	
中間投入	Ⅰ産業	20	A	25
	Ⅱ産業	30	25	B
付加価値		C	30	

Ⅰ産業は、Ⅰ産業から20、Ⅱ産業から30仕入れ、Cの付加価値をつけ生産しています。

投入	産出	中間需要		最終需要
		Ⅰ産業	Ⅱ産業	
中間投入	Ⅰ産業	20	A	25
	Ⅱ産業	30	25	B
付加価値		C	30	

Ⅰ産業は、Ⅰ産業に20、Ⅱ産業にA、消費者（最終需要）に25販売しています。

　ここで、Ⅰ産業について、

　　縦の合計（投入の合計）＝横の合計（産出の合計）

になることから、

　　　縦のライン　　横のライン

　　　$20+30+C = 20+A+25$

という方程式がつくられます。

　同様に、Ⅱ産業についても縦の合計（投入の合計）＝横の合計（産出の合計）として方程式をつくります。

　　　縦のライン　　横のライン

　　　$A+25+30 = 30+25+B$

補足

Ⅰ産業がⅠ産業からの仕入れ

　産業連関表は、産業ごとに区分けされています。例えば、Ⅰ産業が工業の場合、機械製造会社は部品会社から仕入れたり、部品会社は機械製造会社から仕入れたりします。これが表では、「Ⅰ産業がⅠ産業からの仕入れ」として計上されます。

　これは、「Ⅰ産業がⅠ産業へ販売」についても同様に考えてください。

プロセス−3　三面等価の原則

②三面等価の原則

投入＼産出		中間需要		最終需要
		Ⅰ産業	Ⅱ産業	
中間投入	Ⅰ産業	20	A	25
	Ⅱ産業	30	25	B
付加価値		C	30	

三面等価の原則から、付加価値の合計＝最終需要の合計になります。

$$C + 30 = 25 + B$$

以上の3つの方程式より、A、B、Cを求めることができます。

問題111 の解答と解説

産業連関表より、方程式をつくります。

$$20 + 30 + C = 20 + A + 25 \quad \cdots ①$$
$$A + 25 + 30 = 30 + 25 + B \quad \cdots ②$$
$$C + 30 = 25 + B \quad \cdots ③$$

この方程式では、A、B、Cのそれぞれの数値を求めることができないので、それぞれの関係から求めます。

まず、②より、A＝Bです。①より、A＝C＋5になり、A＝B＝C＋5の関係になっている選択肢を選びます。したがって、正解は**3**です。

基本問題　▽▽▽▽▽▽

問題112　産業連関表−2（国内総生産）

農業と工業の2部門からなる経済の産業連関表が次のように示されています。この国の国内総生産（GDP）はいくらになりますか。

投入＼産出	農業	工業	最終需要		産出量
			国内需要	純輸出	
農業	5	20	90	−15	100
工業	15	200	165	20	400
付加価値　賃金	40	120			
利潤	10	50			
地代	30	10			
投入量	100	400			

1 240　　**2** 255　　**3** 260　　**4** 275

（地方上級　改題）

考え方と解法のポイント

国内総生産（GDP）は、生産面、支出面、分配面という3面から計測することが可能です。したがって、国内総生産（GDP）を求める問題の場合、この3面いずれの計算手法で解答することも可能です。

国内総生産（GDP）
- 〈生産面〉産出量−中間生産物
- 〈支出面〉最終需要額
- 〈分配面〉付加価値の合計額

情報

試験では「穴埋め」問題の出題率が高いですが、最近は穴の数が増える傾向があり、5〜7か所という出題も少なくありません。

重要 **用語**

国内総生産（GDP）

1年間にどれだけの財やサービスが新たに生産されたかを金額で表したものです。

マクロ参照 Unit22

三面等価の原則と産業連関表の数値を合わせていきます。

〈国内総生産（GDP）の計算法〉

① ② ③

①生産面から GDP を求めます

産出量－中間生産物
産出量（100＋400）
　－中間生産物（5＋20＋15＋200）＝260

投入＼産出	農業	工業	最終需要		産出量
			国内需要	純輸出	
農業	5	20	90	－15	100
工業	15	200	165	20	400
付加価値　賃金	40	120			
利潤	10	50			
地代	30	10			
投入量	100	400			

②支出面から GDP を求めます

最終需要額
国内需要（90＋165）
　＋純輸出（－15＋20）＝260

③分配面から GDP を求めます

付加価値の合計
　賃金（40＋120）＋利潤（10＋50）＋地代（30＋10）＝260

どの計算法でも 260 となり、**3** が正解になります。

発展問題 ◇◇◇◇◇◇

問題113 **産業連関表－3（投入係数）**

　2つの部門からなる産業連関表が次のように示されています。今、第2部門の最終需要が50％増加した場合、第1部門の総生産量はいくら増加しますか。

投入＼産出	中間需要		最終需要	総生産量
	第1部門	第2部門		
第1部門	40	30	30	100
第2部門	20	40	40	100

1 10　　**2** 20　　**3** 30　　**4** 40

（国税専門官　改題）

考え方と解法のポイント

　ここでは、ある産業部門に一定の最終需要の増加があった場合、それが各産業の生産や費用の投入に対して、直接的および間接的にどのように影響を及ぼすのかが問われています。

　例えば、第2部門の生産量が増加すると、第2部門の原材料などの中間需要が増えます。これが一次的な波及効果であり、さらにその需要を受けた第1部門、第2部門が、その生産を行うために二次的な波及効果を生み出していきます。このような波及効果が継続して各産業間に連動し、総生産量はその総和として計算されていきます。

重要

三面等価の原則
　国内総生産（GDP）は、3つの視点から推測できます。

補足

三面等価の考え方
　例えば、A子さんがモノを生産して、その分の給料をもらい（分配）、その給料分の支出をすると考えたとき、どの面から見ても金額は同じになります。
　マクロ経済学では、それを国という大きな視点で計測します。

マクロ参照　Set up02

　ある産業が1単位生産を行うために、他産業（または自産業）に投入される財や原材料などの投入単位を**投入係数**といいます。

　この問題では、この投入係数を使って解くことになります。

プロセスー1　方程式をつくる準備

　　最終需要の増加にともなう総生産量の増加という横のラインの関係が問題になっているので、横のラインを記号化します。

投入＼産出	中間需要		最終需要	総生産量
	第1部門	第2部門		
第1部門	40	30	30	100
第2部門	20	40	40	100

↓記号化

投入＼産出	中間需要		最終需要	総生産量
	第1部門	第2部門		
第1部門	a	b	F_1	X_1
第2部門	c	d	F_2	X_2

表から出します。 →

方程式の構築

$$\begin{cases} a+b+F_1 = X_1 \\ c+d+F_2 = X_2 \end{cases}$$

プロセスー2　投入係数の導入

　　次に、各産業においてそれぞれ1単位つくるのに必要な原材料などの費用の大きさ（費用構成・縦のライン）として投入係数を求めます。

第1部門

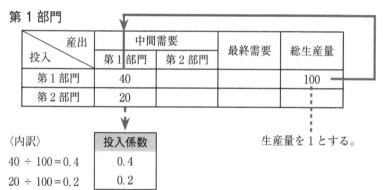

投入＼産出	中間需要		最終需要	総生産量
	第1部門	第2部門		
第1部門	40			100
第2部門	20			

生産量を1とする。

〈内訳〉

40 ÷ 100 ＝ 0.4

20 ÷ 100 ＝ 0.2

投入係数

0.4

0.2

第2部門

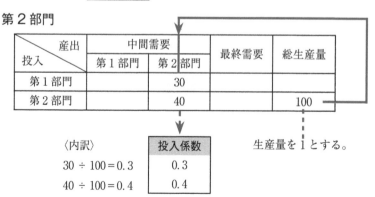

投入＼産出	中間需要		最終需要	総生産量
	第1部門	第2部門		
第1部門		30		
第2部門		40		100

生産量を1とする。

〈内訳〉

30 ÷ 100 ＝ 0.3

40 ÷ 100 ＝ 0.4

投入係数

0.3

0.4

(補足)

第1部門の生産量と投入量

　第1部門では、100個の生産を行うために、第1部門から40個、第2部門から20個を材料費などで仕入れを行います。
（1単位→1個と置き換えています）

(補足)

第2部門の生産量と投入量

　第2部門では、100個の生産を行うために、第1部門から30個、第2部門から40個を材料費などで仕入れを行います。
（1単位→1個と置き換えています）

プロセス-3 方程式へ投入係数のあてはめ

プロセス-1の方程式にプロセス-2の投入係数をあてはめます。X_1 を1として、縦のライン a と c を X_1 の式に変形します。

$$\begin{cases} a+b+F_1=X_1 \\ c+d+F_2=X_2 \end{cases}$$

$$\boxed{a \to 0.4X_1}$$
$$\boxed{c \to 0.2X_1}$$

X_2 を1として、縦のライン b と d を X_2 の式に変形します。

$$\begin{cases} a+b+F_1=X_1 \\ c+d+F_2=X_2 \end{cases}$$

$$\boxed{b \to 0.3X_2}$$
$$\boxed{d \to 0.4X_2}$$

方程式の構築

$$\begin{cases} 0.4X_1+0.3X_2+F_1=X_1 \\ 0.2X_1+0.4X_2+F_2=X_2 \end{cases}$$

投入係数の導入によって、方程式は、最終需要（F）と生産量（X）のみが未知数にされます。

補足

投入係数表

投入係数をまとめて、投入係数表がつくられます。

	第1部門	第2部門
第1部門	$\dfrac{a}{X_1}$	$\dfrac{b}{X_2}$
第2部門	$\dfrac{c}{X_1}$	$\dfrac{d}{X_2}$

それぞれの投入係数は1以下の数値になり、生産量と中間生産物の投入量（縦のライン）の関係を示すことになります。

プロセス-4 最終需要（F）と総生産量（X）

最後に問題の数値を方程式にあてはめます。

「第2部門の最終需要が50％増加した場合」というのは、方程式上では F_2 の増加になります。

$$\boxed{\text{増加した第2部門の最終需要：}40\times0.5=20}$$

また、第1部門の最終需要は変化していないので、F_1 の増加はゼロです。これら、F_1、F_2 を代入して方程式は完成します。

方程式の完成

$$\begin{cases} 0.4X_1+0.3X_2+0=X_1 \\ 0.2X_1+0.4X_2+20=X_2 \end{cases}$$

最終需要の増加分のあてはめ

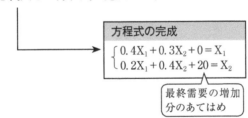

問題113 の解答と解説

第2部門の最終需要（F_2）における増加分（20）による、第1部門の総生産量（X_1）と第2部門の総生産量（X_2）の増加分への波及効果の連立方程式によって解きます。

$$\begin{cases} 0.4X_1+0.3X_2+0=X_1 \\ 0.2X_1+0.4X_2+20=X_2 \end{cases}$$

これを解いて、$X_1=20$、$X_2=40$ となります。

したがって、第2部門の最終需要が20増加すれば、第1部門の総生産量は20増加し、第2部門の総生産量は40増加することになります。

よって、**2** が正解です。

国民経済計算

難易度 難易度は高難度順に
AA、A、B、Cで表示。
C 出題率は高出題率順に
☆、◎、○、◇で表示。

資格試験別・予想出題率		
国家総合		◇
国家一般		◇
地方上級		◎
国税専門官		◇
公認会計士		◇
不動産鑑定士		◇
中小企業診断士		☆
外務専門職		◇

出題者の狙い 国民経済計算では、定義や「国内」・「国民」概念の相違など基本的な知識があるかが試されます。計算は足し算、引き算のみであり、用語が整理できれば得点源になります。

解答のポイント 統計上の「国民」ベースと「国内」ベースでの分類、「総」と「純」の区別などの用語知識を整理し、混同しないように注意します。

▶基本テキスト『新・らくらくマクロ経済学入門』Unit06、Unit22 関連

試験情報

地方上級、国家一般では頻出であるものの、出題が続くときもあれば、連続して出題されない年もあります。

入門問題 ◇◇◇◇◇

問題114 IS バランス式（投資・貯蓄バランス式）

民間貯蓄が 100、政府支出が 80、租税が 40、貿易・サービス収支が20 とすると、民間貯蓄と民間投資のバランスに関し、貯蓄・投資バランス論にもとづく結論として正しいものは次のうちどれですか。

1 貯蓄超過で超過額は 20 です。

2 貯蓄不足で不足額は 40 です。

3 貯蓄超過で超過額は 60 です。

4 貯蓄と投資は等しいです。

（裁判所事務官　改題）

考え方と解法のポイント

IS バランス式を使った財市場の問題です。

財市場の Y^D（総需要）、Y^S（総供給）を式で表し、均等式をつくります。

Y^D（総需要）$= C + I + G + X - M$

Y^S（総供給）$= C + S + T$

$Y^D = Y^S$ より、

$C + I + G + X - M = C + S + T$ を整理し、IS バランス式を導出します。

> C：消費　　S：貯蓄
> I：投資　　T：租税
> G：政府支出
> X：輸出
> M：輸入

IS バランス式
$$(S - I) + (T - G) = X - M$$
民間収支　　財政収支　　貿易収支

この式に、それぞれの数値を代入して解答します。

重要 **用語**

IS バランス論
I（投資）と S（貯蓄）の均等から、財市場の均衡を表すものです。

マクロ参照 Unit06

問題114 の解答と解説

問題の数値をあてはめます。
$$(S - I) + (T - G) = X - M$$
$$100 \quad\quad 40 \quad 80 \quad\quad 20$$

上式を解くと、投資（I）は 40 になります。したがって、投資（I）40 と貯蓄（S）100 を比較すると、貯蓄超過が 60 であり、**3** が正解になります。

（用語）

要素所得

出稼ぎ労働者が働い
て得る労働所得や海外
の保有資産（株や土地
など）から生み出され
る利潤などをいいま
す。

入門問題 ◇◇◇◇◇◇

問題115　国民経済計算－1

　ある国の経済において、国民経済計算の資料が次のように与えられる
とき、国内総生産（GDP）と国民所得（NI）の大きさの組み合わせとして、
正しいのはどれですか。ただし、海外からの要素所得の受け取りと海外
への要素所得の支払いはないものとします。

民間最終消費支出	600	政府最終消費支出	100
国内総固定資本形成	180	固定資本減耗	80
財貨・サービスの輸出	160	財貨・サービスの輸入	120
間接税	90	補助金	40

	GDP	NI
1	840	750
2	840	790
3	890	750
4	920	790

（地方上級　改題）

考え方と解法のポイント

プロセス－1　準備

　国民経済計算の問題では、先に「国民」ベースと「国内」ベースとの
整理をする必要があります。

〈考え方〉

　海外で活躍する日本
人野球選手の所得は、
日本人なので日本の国
民総生産（GNP）には

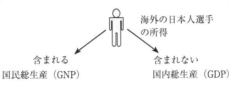
海外の日本人選手
の所得
含まれる
国民総生産（GNP）
含まれない
国内総生産（GDP）

含まれますが、日本に住んでいないので日本の国内総生産（GDP）に
は含まれないことになります。

　問題によって、「国民」ベースと「国内」ベースを混同する場合があ
るので、変換法を理解しておく必要があります。

　変換法　国民総生産（GNP）＝国内総生産（GDP）＋海外からの純所得

　海外からの純所得＝海外からの要素所得の受け取り－海外への要素所得の支払い

　この問題の場合、「海外からの要素所得の受け取りと海外への要素所
得の支払いはないものとします」としているので、国民総生産（GNP）
と国内総生産（GDP)は同一になります。

プロセス－2　GDPの計算

　最初に、国内総生産（GDP）の計算式へ数値をあてはめて求めます。

　ケインズのモデルで使った国民所得（Y）
　Y ＝ 消費（C）＋ 投資（I）＋ 政府支出（G）＋ 輸出（X）－ 輸入（M）

GDP＝民間最終消費支出＋設備投資＋政府支出＋財貨・サービスの輸出－財貨・サービスの輸入
　　　政府最終消費支出
　　　　　　　　　国内総固定資本形成

（補足）

海外からの純所得

　「海外からの要素所
得の受け取り」は、海
外に住む日本人の所得
のことですから、国民
総生産に含まれます。
　逆に、「海外への要
素所得の支払い」とは、
日本に住む外国人が稼
いだ所得のことですか
ら、国内総生産には含
まれますが、国民総生
産からは控除しなけれ
ばなりません。
　「海外からの要素所
得－海外への要素所得
＝海外からの純所得」
となります。

補足

固定資本減耗

　生産設備などは、使用すると年々価値が減少していきます。その分を除くことによって、より純粋な経済力を示すことができます。

間接税－補助金

　国内（国民）総生産や国内（国民）純生産は市場価格表示（実際に販売されている価格）で計測されています。これは、販売価格に消費税などの間接税が足され、政府から与えられた補助金が引かれた金額になっています。したがって、純間接税（間接税－補助金）を除くことで、より正確な経済力を示します。

プロセス－3　NI の計算

　次に、国民総生産（GNP）を求め、固定資本減耗と純間接税（間接税－補助金）を引いて国民所得を求めていきます。

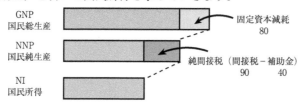

問題115 の解答と解説

　最初に国内総生産（GDP）を求めます。

国内総生産（GDP）＝民間最終消費支出＋政府最終消費支出＋国内総固定資本形成＋財貨・サービスの輸出－財貨・サービスの輸入

$$= 600 + 100 + 180 + 160 - 120$$
$$= 920$$

国民総生産（GNP）＝国内総生産（GDP）＋海外からの所得の純受取

$$= 920 - 0 = 920$$

国民所得（NI）＝国民総生産（GNP）－固定資本減耗－純間接税（間接税－補助金）

$$= 920 - 80 - (90 - 40) = 790$$

　したがって、正解は **4** になります。

基本問題　▱▱▱▱▱▱

問題116　国民経済計算－2

　下表は、ある国の経済活動の規模を表したものです。

　このときの空所 A～C の値の組み合わせとして妥当なものはどれですか。

国内総生産	515
国民純生産（市場価格表示）	420
国民所得（要素費用表示）	385
民間最終消費支出	A
政府最終消費支出	85
国内総資本形成	140
財貨・サービスの純輸出	5
海外からの所得の純受取	5
固定資本減耗	B
生産・輸入品に課せられる税（間接税）	40
補助金	C

	A	B	C
1	285	100	5
2	250	75	10
3	250	100	10
4	285	75	5

（地方上級　改題）

補足

国内総資本形成
国内総固定資本形成＋在庫品増加

国内総固定資本形成
民間の設備投資＋政府支出

問題116 の解答と解説

プロセス－1　国内総生産の整理

最初に、国内総生産が示されていることから、空所 A を求めることができます。

国内総生産＝民間最終消費支出＋政府最終消費支出＋国内総資本形成＋
　　　　　　財貨・サービスの純輸出

$$515 = \boxed{A} + 85 + 140 + 5$$

$$\boxed{A} = 285$$

プロセス－2　国民と国内

その他の空所 B 、 C を求めるために、「国民」ベースと「国内」ベースとに整理する必要があります。

国民総生産

国民総生産＝
国内総生産＋海外からの所得の純受取

$$515 + 5 = 520$$

国内総生産	515
国民純生産（市場価格表示）	420
国民所得（要素費用表示）	385
民間最終消費支出	A
政府最終消費支出	85
国内総資本形成	140
財貨・サービスの純輸出	5
海外からの所得の純受取	5
固定資本減耗	B
生産・輸入品に課せられる税（間接税）	40
補助金	C

表に出ていない「国民総生産」を求めることによって、「国民」ベースを必要とする空所を芋づる式で導いていきます。

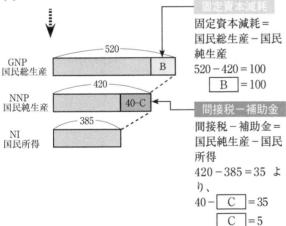

固定資本減耗

固定資本減耗＝
国民総生産－国民純生産

$$520 - 420 = 100$$

$$\boxed{B} = 100$$

間接税－補助金

間接税－補助金＝
国民純生産－国民所得

$$420 - 385 = 35 \text{ より、}$$

$$40 - \boxed{C} = 35$$

$$\boxed{C} = 5$$

このように、正解は **1** になります。

《解説》

国民経済計算のまとめ

国民経済計算の問題では、様々な用語が出題されます。それらの用語がどのように導出され、相互間でどのような関係にあるのかをここでまとめておきます。

プロセス—1　国民総生産（GNP）

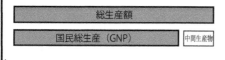

総生産額から、中間生産物を引き算して、**国民総生産（GNP）**を求めます。

プロセス—2　国内総生産（GDP）

そして、国民総生産（GNP）から、海外からの純所得（海外から入ってくる所得から海外へ出ていく所得を差し引いた額）を引き算して、**国内総生産（GDP）**を求めます。

プロセス—3　国民純生産（NNP）

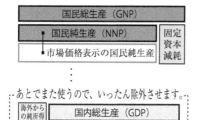

さらに、国民総生産（GNP）から、**固定資本減耗**を引き算して、**国民純生産（NNP）**を求めます。これは、市場価格表示の国民所得（市場価格表示の国民純生産）ともいわれます。

国民純生産の「生産」と言葉を使っていますが、有効需要の原理をもとに支出した額で計測されたもので、それが**市場**での**取引価格ベース**になっているということです。

プロセス—4　国民所得（NI）

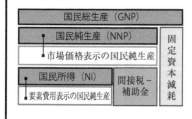

市場価格は財に間接税分が上乗せされ、補助金分が差し引かれているので、正しい計算にはこれらを取り除く必要があります。

この作業は、国民純生産（NNP）から「間接税−補助金」の形で引き算されることになり、それが**国民所得（NI）**（要素費用表示の国民純生産）と呼ばれます。

プロセスー5 国民所得（要素費用表示）

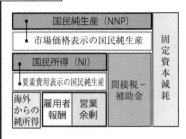

　この国民所得（NI）は、生産のために支払われた費用ベースになるので、国民所得（NI）は、分配された所得として、**雇用者報酬、営業余剰、海外からの純所得**の3つに分解することができます。

あっ！さっき出てきたよね！

プロセスー6 国内総生産の組み入れ

　ここで、「海外からの純所得」が再度登場したので、改めて、表の中に国内総生産（GDP）を組み入れます。

プロセスー7 経済理論との合流

　国内総生産（GDP）は経済理論の消費、投資、政府支出、輸出－輸入に分解することができます。ただし、政府活動は、政府消費（医療費など）と政府支出（公共投資）に分けられ、民間投資も在庫投資と設備投資に分けられます。

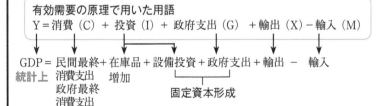

有効需要の原理で用いた用語
$Y =$ 消費（C）＋ 投資（I）＋ 政府支出（G）＋輸出（X）－輸入（M）

GDP＝民間最終＋在庫品＋設備投資＋政府支出＋輸出 － 輸入
統計上　消費支出　増加
　　　　政府最終　　　　└固定資本形成┘
　　　　消費支出

　政府と民間が行う実物投資は固定資本形成として表されます。具体的には公共事業、住宅投資、設備投資です。

プロセス－8　総まとめ

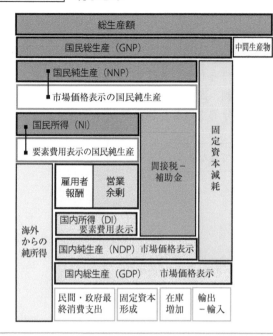

最後に、すべてまとめて表にします。どのように組み立てられたのか理解できれば、本試験でも有用に使えるはずです。

基本問題　▽▽▽▽▽▽

問題117　国民経済計算－3

　ある国の国民経済計算について、次のようにデータが提供された場合、妥当なものはどれですか。

民間消費支出	200兆円
政府消費支出	100兆円
総固定資本形成	100兆円
在庫投資	10兆円
純輸出	10兆円
海外からの要素所得の純受取	10兆円
固定資本減耗	90兆円
間接税	50兆円
補助金	10兆円

1　市場価格表示の国内総生産は、400兆円です。
2　要素価格表示の国内純生産は、360兆円です。
3　市場価格表示の国内純生産は、320兆円です。
4　市場価格表示の国民総生産は、320兆円です。
5　要素価格表示の国民所得は、300兆円です。

（地方上級　改題）

◆要素費用表示は要素
価格表示ともいいます。

考え方と解法のポイント

　以下の点に注意して計算を行います。

①「市場価格表示」と「要素価格表示」→間接税－補助金の差

②国内総生産と国民総生産の差→海外からの純所得の差

③総生産と純生産の差→固定資本減耗の差

問題117の解答と解説

　問題文の数値をあてはめてみましょう。

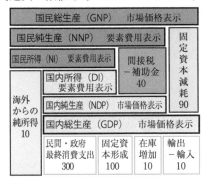

1　市場価格表示の国内総生産：300＋100＋10＋10＝420（兆円）

2　要素価格表示の国内純生産：420－90（固定資本減耗）－40（間接税－
補助金）＝290（兆円）

3　市場価格表示の国内純生産：420－90（固定資本減耗）＝330（兆円）

4　市場価格表示の国民総生産：420＋10（海外からの純所得）＝430（兆円）

5　要素価格表示の国民所得：430－90（固定資本減耗）－40（間接税－補
助金）＝300（兆円）

　最初に１を求めて、それに必要なものを差し引きして、芋づる式ですべて
を求めることが可能です。

　したがって、**5** が正解です。

著者紹介

茂木　喜久雄
（もぎ　きくお）

　資格試験における「経済学」のカリスマ講師。

　これまで、大手受験指導校において公務員（国家総合、国家一般、地方上級、外交官、国税専門官、裁判所職員）、不動産鑑定士、中小企業診断士、公認会計士、税理士受験生を指導、圧倒的な合格率を誇る。これまでに指導した総受講生は１万人を超える。

　銀行や商工会議所での研修や講演、大学エクステンション講座も実施し、全国各地で経済・財務・会計の幅広い分野においてコンサルティング業務にも携わる。

　米国のグローバル・リテイラーで、国や地域、業種がまたがる部署のオペレーション・ディレクターに従事していた頃に、言葉が思ったように通じない外国人従業員に対しての教育、モティベーションの向上や能力開発を行った経験を持つ。それが今日の短期合格システムの根幹にある「見てすぐわかる」というコンセプトに繋がった。同時に、全員が参加できる環境づくりのキャリアは「受験生と同じ目線で問題に向き合う」という出発点となった。

　お客様第一主義、常に消費者が主役であるという精神のもとに、受験生とは真剣勝負。親身になって取り組み、各人の要望にあった教育を、要望にあった思考で供給した蓄積と、合格者が残してくれたナマの声が本書の源流にある。

　現在は TriSmart. Co., Ltd 取締役社長。自身で茂木塾／茂木経済塾を主宰し、毎年多くの受験生に指導を行っている。北海道出身、元大学講師、早稲田大学大学院卒。

◎著者連絡先
〈茂木経済塾〉
公務員試験対策用　受験指導室
www.mogijuku.jp

NDC330　239p　26cm

試験対応　新・らくらくミクロ・マクロ経済学入門　計算問題編
（しけんたいおう　しん・けいざいがくにゅうもん　けいさんもんだいへん）

2021 年 1 月 26 日　第 1 刷発行

著者	茂木　喜久雄（もぎ　きくお）
発行者	鈴木　章一
発行所	株式会社 講談社
	〒112-8001　東京都文京区音羽 2-12-21
	販売　　（03)5395-4415
	業務　　（03)5395-3615
編集	株式会社 講談社サイエンティフィク
	代表　堀越　俊一
	〒162-0825　東京都新宿区神楽坂 2-14　ノービィビル
	編集　　（03)3235-3701
本文データ制作	株式会社 東国文化
カバー・表紙印刷	豊国印刷 株式会社
本文印刷・製本	株式会社 講談社